edition suhrkamp 2334

Neue Sozialwissenschaftliche Bibliothek
Herausgegeben von Josef Esser

In diesem Buch wird die Geschichte der Freiheit und ihrer Regierung bzw. Regulierung erzählt. Dabei zeigt sich: Die Sache der Freiheit war immer komplex und ihr Fall immer ernst. Feine Nuancen gab es zu beachten, und auf hohe Risiken mußte man sich vorbereiten. Zwar existierte für den Liberalismus, das »freiheitliche Lager«, keine Alternative. Doch wird man die Geschichte der Freiheit und ihrer Regierung so erzählen müssen, daß auch eine umstrittene Vor- und Frühgeschichte ins Blickfeld rückt. Und daß eine Freiheit »danach« sichtbar wird – von ihr leben die Postmodernen: Sie entdecken »Kinder der Freiheit«, deren erfrischende Spontaneität nichts mehr mit der pflichtgemäßen Vernünftigkeit früherer Generationen zu tun hat. Aber selbst innerhalb des Liberalismus lösen zahllose Strömungen mit je eigenen Freiheitsgraden einander ab: Sozialliberale, Ordoliberale, Neoliberale, Radikalliberale, Frühliberale, Altliberale. Durch das Dickicht all dieser Freiheiten schlägt diese Arbeit eine Schneise und verbindet dabei systematische mit historischen Überlegungen.

Wolfgang Fach, geb. 1944, lehrt politische Theorie und Ideengeschichte an der Universität Leipzig.

Wolfgang Fach

Die Regierung der Freiheit

Suhrkamp

edition suhrkamp 2334
Erste Auflage 2003

Originalausgabe

Satz: Jung Crossmedia, Lahnau
Druck: Nomos Verlagsgesellschaft, Baden-Baden
Umschlag gestaltet nach einem Konzept
von Willy Fleckhaus: Rolf Staudt
Printed in Germany
ISBN 3-518-12334-3

1 2 3 4 5 6 – 08 07 06 05 04 03

Inhalt

1. Das Risiko der Freiheit

»Freiheit. Absolute oder metaphysische, moralische und juristische Freiheit. Innere und äußere Freiheit. Rein menschliche, bürgerliche und politische Freiheit. Freiheiten. – Freiheit! Schmeichelndes, doch vieldeutiges Wort, gehaßt von den Tyrannen und Despoten, den Knechten unverständlich, von Thoren vielfach mißverstanden, von Fanatikern schrecklich mißbraucht, und dennoch die Losung aller Guten; ein begeisternder, die herrlichsten Großthaten erzeugender Zauberton, ein Haupttriebrad der Weltgeschichte, ein fortwährend von allen Denkenden und menschlich Fühlenden erstrebtes, doch schwer zu erreichendes und noch schwerer zu behauptendes Ziel. Lasset uns mit Ernst und Unbefangenheit nach dem Wesen dieser Freiheit, nach ihren Bedingungen und Gesetzen und nach den Wegen forschen, worauf man sie erringt und verliert.«

So beginnt der Artikel zum Stichwort »Freiheit« in Carl von Rottecks und Carl Welckers legendärem Staats-Lexikon von 1838, in dem das gesamte Wissen jener Jahre – der liberalen Gründerzeit in Deutschland – sich versammelt findet.

Die Sache der Freiheit war komplex und ihr Fall ernst. Feine Nuancen galt es zu beachten, und hoher Risiken mußte man gewärtig sein. Doch gab es eine bequemere Alternative oder überhaupt eine? Für den Liberalismus, das »freiheitliche« Lager, natürlich nicht.

Als das Staatslexikon sein Fazit zog, verfügten seine Autoren schon über einen reichen Schatz an gemischten Erfahrungen mit der kostbaren Freiheit. Und nicht als erste haben sie sich das Gehirn darüber zermartert, wie man es am besten anstellen könne, den Menschen *frei* und die Freiheit *sicher* zu machen. Ihre Lösung verbindet Differenzierung mit Dosierung: Es existieren unterschiedliche Freiheiten, von denen einige größer sein dürfen, andere eingeschränkt werden müssen, damit am Ende stabile Verhältnisse herauskommen.

Das ist eine reife Antwort, die nicht denkbar gewesen wäre ohne Vorläufer und Vorarbeiten. Einige davon standen damals bereits hoch im Kurs (wie Immanuel Kant oder David Hume), die Nachwirkungen anderer (darunter fallen Augustinus oder

Michel de Montaigne) sind erst sehr viel später erkannt worden.

Und: Die Rottecks und Welckers stehen natürlich auch nicht auf dem letzten Stand. Ihr Verständnis von Freiheit ist im Kern handwerklicher Natur: Eine »natürliche Folge des Gewerbetriebs«, heißt es im fünften Band des Lexikons, »ist ein größeres Vertrauen auf die eigene Kraft und dadurch ein lebhafteres Gefühl der Unabhängigkeit« (Rotteck/Welcker 1838ff., 741). Für Bauern vom alten Schlag, aber auch für die Arbeiter der neuen Generation galt beides nicht, und während der Ausschluß von »Landmännern« politisch zu verschmerzen war, sollte das Schicksal des »proletarischen« Elements alsbald in große Schwierigkeiten führen.

Das heißt: Man wird die Geschichte der *Freiheit* (Liberalität) und ihrer *Regierung* (Regulierung) so erzählen müssen, daß auch eine Vor- und Nachgeschichte ins Blickfeld rückt. Über exakte Zäsuren mag man streiten. Daß es jedenfalls eine »Freiheit vor dem Liberalismus« gibt, hat Quentin Skinner (1998) gezeigt; und davon, daß es auch eine danach gibt, leben unsere Postmodernen: Sie entdecken »Kinder der Freiheit«, deren erfrischende Spontaneität nichts mehr mit der pflichtgemäßen »Vernünftigkeit« früherer Generationen gemein hat (Beck 1997).

Zur Genüge diskutiert worden ist schließlich, daß selbst innerhalb des Liberalismus zahllose Stadien oder Varianten mit je eigenen Freiheitsgraden einander abgelöst haben: Sozialliberale, Ordoliberale, Neoliberale, Radikalliberale, Frühliberale, Altliberale usw.

Durch das Dickicht der Freiheit(en) schlägt diese Arbeit eine Schneise, *eine* von vielen möglichen. Deswegen kommt etliches nicht zur Sprache, dem aus anderer Warte Bedeutung zugemessen würde, und manches wird anders gewichtet als vielleicht gewohnt. Welchen Grund könnte es sonst auch geben, noch ein Buch über die Freiheit zu schreiben? *Amazon.com* führt über 3000 Titel im Programm.

Worum geht es hier? Diese Frage läßt sich in ein Postulat übersetzen: *Der Freiheit muß eine Gasse geschlagen werden* – die breit genug ist, damit Menschen sich ausleben können, die aber so befestigt ist, daß niemand »über die Stränge schlägt«. Daran haben viele Generationen besorgter Vordenker gearbeitet, teils mit-, teils gegeneinander, häufig auch ohne voneinander zu wissen: ein Diskurs, der seine Einheit erst im Rückblick und aus der Identität des Problems gewinnt. Im Volksmund heißt das: Erfahrungsschatz.

Erfahrungen freilich gelten nur innerhalb bestimmter Grenzen; wenn sich Lagen grundsätzlich ändern, wird aus dem »Schatz« eine Last in praktischen Dingen; und ein theoretischer Rückblick, der derartige Umbrüche übersieht, würde schlechterdings falsch.

Konkreter: Das *Freiheitsproblem* – verstanden als prekäre Spielraum-Fixierung – existiert nicht seit aller Ewigkeit. Sein Beginn läßt sich vielmehr ziemlich genau bestimmen: Er fällt zusammen mit dem Niedergang des vormodernen (»mittelalterlichen«) Weltbilds einer dank Gott »prästabilierten Harmonie« (so die Formel des Philosophen Leibniz). Der göttliche Kosmos hatte Risse bekommen – was für ihn tödlich war, denn ihn gab es entweder ganz oder gar nicht.

Diese Bedingungslosigkeit seiner Existenz verdankte der Welt-Raum seinem erst antiken, dann christianisierten Design, das drei Elemente miteinander verband (Lovejoy 1985). Erstens die Idee der *Fülle*: das Universum ist randvoll, so daß sich in ihm nichts mehr bewegt; jedes Ding, ob Mensch oder Tier oder Stein, hat seinen festen Platz gefunden, den es ein für allemal behält – auch deshalb, weil von »draußen« nichts und niemand mehr hereindrängt. Zweitens, als Folge davon, das Gesetz der *Kontinuität*: das Universum hat keine Lücken, alles Existierende schließt nahtlos aneinander an – denn Leerstellen würden anzeigen, daß die Schöpfung noch Platz für Entwicklung, Überraschung, ja Störungen hat (was dem Schöpfer ein schlechtes Zeugnis ausstellen und die Geschöpfe, jedenfalls ihre menschliche Kohorte, beunruhigen würde). Drittens das Prinzip der *linearen Abstufung*: es kommt in einem Bild wie der »Himmelsleiter« zum Ausdruck und besagt, daß das Universum hierarchisch geordnet ist: angefangen bei Gott, bis man über Engel, Menschen, Tiere ganz unten bei der unbelebten Natur ankommt. Dabei ist jede Kategorie wieder in sich abgestuft – bei den Menschen nach höheren oder niederen Ständen, deren jeder wiederum einen festen Platz mit unveränderlichen Rechten und Pflichten hat, bis hin zu starren Verhaltens-, Kleider-, ja Eßordnungen. Hermetisch völlig geschlossen und hierarchisch perfekt gegliedert – so stellt man sich die Gesellschaft damals vor:

»Wir müssen«, heißt es in einem englischen Pamphlet von 1536 unmißverständlich, »einer Religion anhängen, wir dürfen nur einem Herren dienen; ein Körper hat nur einen Kopf [...]. Die Adligen müssen einer Meinung sein, denselben Glauben haben und derselben Kirche angehören; sie müssen sich auf ein Oberhaupt verständigen. Die vornehmen Bürger werden ihnen folgen, und das gemeine Volk wird nicht lange auf sich warten lassen« (s. Herzog 1989, 43; 1998).

Sobald in diesem kristallisierten Gefüge Spannungen (ökonomischer, sozialer, religiöser, politischer Natur) auftreten, die Bewegungen, *Mobilität*, auslösen, gibt es bald kein Halten mehr – ein Baustein nach dem anderen beginnt zu wackeln, schließlich lassen sich auch massive Einstürze – Revolutionen nach französischer Art – nicht mehr abwehren. Vernunftapostel wie Kant oder Hegel haben diese Entwicklung bewundert, ja begrüßt, post festum jedenfalls, weil sie ins Reich der Freiheit führen sollte. Den Verlust an Ordnung sahen sie in der folgenden Restauration »aufgehoben«.

Wer näher am turbulenten Geschehen stand und das glückliche Ende nicht kannte, zeigte sich besorgter über die Energiebalance des bröckelnden Universums. Daß sich *happy slaves* in *masterless men* verwandelt hatten, gab Grund zur Sorge. Gefährlich waren diese herrenlosen Gesellen, weil sie, selbst außerhalb der geordneten Welt stehend, die Welt noch weiter in Unordnung stürzen konnten.

Von Thomas Hobbes stammt die Vorstellung, daß der »Mensch des Menschen Wolf« sei und daß daraus ein Krieg »aller gegen alle« entstünde (1984). Diebe, Banditen, Mörder, Raffsäcke, aber auch machtgierige Emporkömmlinge und vorsorgende Angsthasen schlagen aufeinander ein und machen sich das Leben schwer: »In einer solchen Lage ist für Fleiß kein Raum, da man sich seiner Früchte nicht sicher sein kann«, und es »herrscht, was das Schlimmste von allem ist, beständige Furcht und Gefahr eines gewaltsamen Todes – das menschliche Leben ist einsam, armselig, ekelhaft, tierisch und kurz« (Hobbes 1984, 96). Es herrscht ein *Überschuß an undisziplinierter Energie*.

Doch der umgekehrte Fall erscheint nicht weniger wahrscheinlich oder bedrohlich: ein *Defizit an disziplinierter Energie*, kurz »Arbeit« genannt. Dann lamentieren Beobachter über nutzlose herumlungernde Faulenzer, die ihre Pflichten nicht erfüllen, ja nicht einmal für die eigene Existenz sorgen und hoffen, auf Kosten anderer, überleben zu können. Bernard Mandeville war nur einer von vielen, dem dieses »Lumpengesindel« gegen den Strich ging:

»Ein Bettler bittet uns, jene Tugend«, gemeint ist die Barmherzigkeit, »um Christi willen zu üben, dabei geht seine ganze Absicht auf die Erregung unseres Mitleids. Er bietet seine Leiden und körperlichen Gebrechen unserem Auge von der schlimmsten Seite dar; in gewählten Ausdrücken schildert er uns sein wirkliches oder auch erdachtes Unglück; und während er Gott darum zu bitten scheint, daß er unser Herz aufschließe, bearbeitet er in Wirklichkeit unser Ohr. Der ruchloseste Kerl nimmt seine Zuflucht zur Religion und unterstützt die Wirkung seines dummen Geschwätzes durch den jämmerlichen Ton seiner Stimme und ein gekünstelt trauriges Gebärdenspiel« (Mandeville 1980, 290).

Schlechte Passivität (Faulheit) und schlechte Aktivität (Gewalt) können sogar zusammenfallen. Auch davon weiß Mandeville ein Lied zu singen:

»Mir ist glaubhaft versichert worden«, beklagt er die Chuzpe einiger Halunken, »daß ein Pack Lakaien zu solcher Unverschämtheit gelangt sind, daß sie einen Verband gegründet und Statuten geschaffen haben, durch die sie sich verpflichten, nicht für weniger als die und die Summe zu dienen, noch irgendwelche Lasten, Bündel oder Pakete über ein gewisses Gewicht hinaus (zwei oder drei Pfund) zu tragen – und was der Bestimmungen mehr sind, die den Interessen ihrer Dienstherren geradezu ins Gesicht schlagen und die Zwecke untergraben, denen sie dienen sollen« (Mandeville 1980, 337).

Was wäre dagegen zu machen? Mandeville wartet für seine Zeit – sie liegt immerhin rund dreihundert Jahre zurück – mit einem ungewöhnlich »progressiven« Vorschlag auf, der nicht einfach die biologische Lösung (den Hungertod) androht, sondern öffentlichen Nutzen aus dem privaten Elend schlagen will: »Es ist Sache des Staates, den Mängeln der Gesellschaft abzuhelfen« und dabei »die Armen zu dem zu bringen, was wir wollen« – daß sie arbeiten. Dafür taugen vor allem groß dimensionierte Infrastrukturprojekte (Kanal-, Straßen-, Brückenbau etc.) mit Langzeitwirkung:

»Wenn unser Land«, verkündet Mandeville, »durch gründliche Kulturarbeit in jedem Winkel bewohnbar gemacht und nutzbringend bewirtschaftet sein wird, so daß es im ganzen als der schönste und angenehmste Platz auf Erden gelten darf, dann werden alle hierauf gewendeten Kosten und Mühen durch die Lobpreisungen späterer Geschlechter in glorreicher Weise vergolten werden« (Mandeville 1980, 352).

Wissenschaftlich angeleitete *Politik* war eine Möglichkeit, den freien, genauer: freigesetzten und dadurch verwahrlosten Menschen auf den rechten (nützlichen) Kurs zu bringen – *gegen* seinen Willen, dessen natürliche Roheit jede Hoffnung auf Freiwilligkeit als riskante Utopie hätte erscheinen lassen.

Eine Politik *mit* dem freien Willen (im bescheidensten Sinne, d. h. ohne Zwang) ist zu jener Zeit ebenfalls angedacht worden. Voraussetzung dafür war eine raffinierte *Psychologie*, die es nicht bei zufälligen Impressionen und tiefsitzenden Ressentiments bewenden ließ (s. Hirschman 1980). Francis Bacon etwa wollte zeigen, wie »Affekte entzündet und angespornt werden; wie sie befriedigt und bezähmt werden; wie sie sich offenbaren, wie sie wirken, wie sie sich unterscheiden, wie sie zusammenwirken und einander verstärken, wie sie miteinander verwoben sind und wie sie einander bekämpfen und zusammenstoßen, und dergleichen Eigenheiten mehr; wobei letzteres in moralischen und politischen Fragen«, verkündet Bacon, »von besonderem Nutzen ist« – denn lehrt dieser Mechanismus doch, wie man »Affekt gegen Affekt einsetzt und den einen durch den anderen beherrscht: So wie wir das Tier mit Hilfe des Tieres hetzen und den Vogel mit Hilfe des Vogels jagen« (vgl. Hirschman 1980, 30f.).

Zwischen den Leidenschaften *balancieren*: dies schien vielen jenes heißersehnte Prinzip zu sein, das die neue »Herrenlosigkeit« bezähmen würde (Hirschman 1980, 28ff., Myers 1983, 50ff.). Später wurden weitere und subtilere Listen der Vernunft, oder besser: der Psyche, ge-, vielleicht auch: erfunden, darunter bereits das soziale Gewissen samt seinen vertrackten Mechanismen (Smith 1985). Gemeinsam war jenen »Entdeckungen«, daß sie die *naturbelassene* Psyche des Menschen zum Eckpfeiler der politischen Ordnung machen wollten.

Freilich, diese Selbstbescheidung sollte sich als äußerst riskant erweisen, weil die genauere Beschäftigung mit dem menschlichen Innenleben zunehmend ambivalente Resultate zeitigte und immer mehr asoziale (Kant: »ungesellige«) Charakterzüge ans Licht brachte. Zum anderen drohte sie leichtfertig Formierungspotentiale zu verschenken, die ein dritter Strang der Menschenbildung zur Verfügung stellt: die politische *Pädagogik*. Mandeville offeriert bereitwillig auch hier seinen Rat – und der besteht zunächst darin, Leute auf keinen Fall über ihre Verhältnisse hinaus zu zivilisieren. Im Hinblick auf jene »höflichen Manieren« etwa, »die der ärmeren Bevölkerung durch die Armenschulen eingepflanzt werden sollen«, zeigt er sich äußerst kritisch: Seiner Ansicht nach »ist jedes nennenswerte Maß hiervon bei Leuten aus dem Arbeiterstande eine völlig überflüssige, wenn nicht schädliche Eigenschaft, zum mindesten gibt es keine, die sie weniger nötig hätten. Nicht Komplimente sind das, was wir von ihnen brauchen, sondern ihre Arbeit und Dienstfertigkeit« (Mandeville 1980, 301).

Komplimente mögen im Lehrplan der Reichen ihren Platz haben, weil deren Zivilisation sie verlangt; doch alle anderen werden auf einfachere und nützlichere Erziehungskost gesetzt – ihre Bildung ist die Religion. Darum gilt:

»Der Sonntag ist unser Sabbat, der nützlichste Tag der Woche, der dem Gottesdienst und der Erbauung wie auch dem Ausruhen von körperlicher Arbeit vorbehalten ist, und es ist die Pflicht jeder Obrigkeit, diesem Tage besondere Sorgfalt zu widmen. Gerade die Armen und ihre Kinder sollten veranlaßt werden, sowohl vor- wie nachmittags zur Kirche zu gehen, da sie an keinem anderen Tage Zeit dazu haben. Durch Vorschrift und Beispiel sollten sie von Kindheit an dazu angehalten und daran gewöhnt werden, absichtliche Vernachlässigung sollte als höchst anstößig gelten, und falls direkter Zwang zu hart und vielleicht auch untunlich erschiene, so sollten wenigstens alle Lustbarkeiten streng verboten und die Armen von der Teilnahme an öffentlichen Vergnügungen, die sie anlokken und der Kirche entziehen könnten, zurückgehalten werden« (Mandeville 1980, 339).

Für die Privilegierten ist Gott vielleicht schon gestorben, doch den Massen enthält man dieses Ereignis besser vor, weil er ihr bester, wenn nicht einziger Präzeptor ist: bei ihm *lernen* sie jene Disziplin, die ihnen ansonsten – absehbar mühsam und mit zweifelhaftem Erfolg – eingeprügelt werden müßte. Raffiniertere Methoden sollten ebenso späteren Zeiten vorbehalten bleiben wie differenzierte Lernziele.

Damit sind die Felder der *modernen (»liberalen«) Anstren-*

gung, Freiheit in den Griff zu bekommen, abgesteckt: eine Trias aus politischer Psychologie, Pädagogik und Wissenschaft. Fast jeder Vordenker des Liberalismus hat sich, mehr oder minder ausdauernd, dieses gewaltige Programm aufgeladen.

Thomas Hobbes schreibt über »den Menschen«, diskutiert dessen Sinnesorgane, analysiert Gesetze der Sprache und des Wissens, beschreibt das Triebleben, katalogisiert die Affekte samt ihren Störungen, fragt, warum es Religion gibt, um dann daraus zu schließen, wie der *Leviathan* am besten zu konstruieren sei – dessen Stärke wiederum nicht zuletzt davon abhängt, daß es gelingt, den Menschen im rechten Glauben (staatsfromm statt papsttreu) zu erziehen (Hobbes 1986, 1991, 1994).

John Locke legt einen umfänglichen *Versuch über den menschlichen Verstand* vor, der die Binnenstruktur von Wissen, Wörtern und Wahrscheinlichkeit erkundet; des weiteren stammen von ihm ausführliche *Gedanken über Erziehung*, denen, angefangen bei kalten Füßen über den gesunden Stuhlgang und ungesunden Alkoholgenuß bis hin zum kindergerechten Umgang mit Gott, nichts entgeht; endlich mündet das alles systematisch in eine *Abhandlung über die Regierung*, deren Hauptinteresse darin besteht, die Regierungsgewalt so zu arrangieren, daß sie angesichts der Menschennatur »das große und hauptsächliche Ziel«, den Freiheits- oder Eigentumsschutz, nicht verfehlt (Locke 1981, 1983, 1988).

Adam Smith befaßt sich mit dem *Wohlstand der Nationen*, wie er als sachgesetzliche Folge des »unsichtbar« harmonisierenden Marktgeschehens entsteht. Dafür rühmt ihn die Nachwelt und vergißt darüber, daß er die *Theorie der ethischen Gefühle* für das wichtigere Buch gehalten hat – wo weder von Markt noch Wohlstand die Rede ist, wohl aber deren Voraussetzungen diskutiert werden: menschliche Gefühle, das schlechte Gewissen, moralische Standards, soziale Sanktionen, eben die außerökonomischen Bedingungen des ökonomischen Wachstums, einschließlich jener (individuellen resp. kollektiven) Lernprozesse, deren es bedarf, wenn dieses »ethische« Repertoire sich herausbilden soll, und der staatlichen Eingriffsreserve für alle Fälle, sprich: wenn das moralische Gewebe da oder dort reißt (Smith 1978, 1985).

Jean-Jacques Rousseau praktiziert Hobbes' Ratschlag, in sich selbst zu lesen (*nosce te ipsum*), durchleuchtet seine Biographie mit unermüdlicher Detailversessenheit nach psychologisch aufschlußreichen Momenten, veröffentlicht zur allgemeinen Belehrung das Resultat dieser Erinnerungsarbeit, publiziert des weiteren eine romanhafte Anleitung zur Erziehung, in der feinfühlig beschrieben ist, welch systematischer Anstrengung und wohlwollender Manipulation eine kindliche Seele bedarf, soll ihr das männliche Vernunftwesen erwachsen; daneben steht sein »Gesellschaftsvertrag« als einflußreicher Versuch, der Welt zu zeigen, wie sie an ihm genesen könne, ergänzt um praktische Anleitungen zur Umsetzung des Gezeigten an ausgewählten Beispielen der zeitgenössischen Staatenwelt (Rousseau 1985, 1989, 1991).

Immanuel Kant, wiewohl eigentlich überzeugt davon, daß der rechte Freiheitsgebrauch so selbstverständlich gelinge, daß ihn sogar ein achtjähriges Kind beherrsche, hat sich gleichwohl ausführlich mit der menschlichen Psyche, ihren Dimensionen, Gesetzen und Gefährdungen befaßt, war darüber hinaus bemüht, eine Art Charakterkunde, klassifiziert nach Temperamenten, zu entwickeln, ist in pädagogischen Abhandlungen gegen Altklugheit, Putzsucht und manch andere Kinderkrankheit zu Felde gezogen, um schließlich auch als Vordenker des Republikanismus Überlegungen dazu vorzulegen, wie man am besten so etwas wie eine politische Öffentlichkeit organisiert, die einerseits dem Souverän genügend Kontakt mit den Nöten seines Volkes verschafft und dieses andererseits nicht in Versuchung führt, seine Beschwernisse unangemessen laut- oder gar kampfstark vorzubringen (Kant 1974, 1983).

Es gibt fast keinen unter den Klassikern, der nicht allen drei Disziplinen – Politischer Psychologie, Politischer Pädagogik und Politischer Wissenschaft – seinen Stempel aufgedrückt hätte, mehr oder minder ausführlich, mehr oder minder nachhaltig. Das geschah weniger, weil es en vogue, womöglich gar Pflicht gewesen wäre, überall mitzumischen; dahinter steckt eher ein objektiver Zwang: die liberale Anstrengung, *Freiheit zu regieren*, ist ein komplexes empirisches Projekt, das Wissen und Politik, *knowledge and politics* (Unger 1984), systematisch integriert oder andernfalls scheitert. In Sachen »Mensch« kennzeichnet es damit den Übergang »von angewandter Theologie zur Sozialwissenschaft« (Dunn 1983).

Diese griffige Formel suggeriert freilich eine Homogenität,

die auf beiden Seiten – theologisch wie wissenschaftlich – nur ganz allgemein gilt, wobei man das Allgemeine auf unterschiedlichen Niveaus findet. Das Elend der alten Theologie war, daß sie im Zuge ihrer Anwendung zersplittert ist, wohingegen die neue Wissenschaft *ihre »liberale« Einheit erst als angewandte gewonnen hat.* Hobbes, Locke, Kant, Rousseau oder Adam Smith treffen sich dort, wo es um praktische (praktizierte) Freiheit geht, also um die Vorstellung, *welche Spielräume* man im Alltag *wie nutzen* sollte.

Abstrakt heißt die gemeinsame Antwort darauf: Freiheit muß sich mit *Verantwortung* paaren. Was aber meint »verantwortliches« Verhalten? Auch darüber herrscht weithin Einigkeit. Dazu gehört, erstens, die *Nützlichkeit* des Tuns – in Hegels emphatischer Begrifflichkeit ist das Nützliche »die *Wahrheit*, welche ebenso die *Gewißheit* seiner selbst ist. Dem Reiche der Wahrheit des *Glaubens* fehlt das Prinzip der *Wirklichkeit* oder Gewißheit seiner selbst als dieses einzelnen. Der Wirklichkeit oder Gewißheit seiner selbst als dieses *einzelnen* fehlt das *Ansich*. In dem Gegenstande der reinen Einsicht sind beide Welten vereinigt« – beide »Welten sind versöhnt und der Himmel auf die Erde herunter verpflanzt« (Hegel 1998, 430f.).

Man muß diese Bestimmung nicht bis in ihre geheimsten Gründe durchschauen, um zu erkennen, daß dabei etwas besonders Wichtiges auf dem Spiel steht. Noch müssen sich die Leute sorgen, den unergründlichen Anforderungen nicht gerecht zu werden, denn an anderer Stelle charakterisiert Hegel das geistige *juste milieu* ganz simpel als gewöhnliche »Rechtschaffenheit«.

Damit bringt er zugleich eine zweite Bedeutungsnuance ins Spiel, nämlich *Rechtlichkeit*, will heißen: die bereitwillige Beachtung legaler Schranken des sozialen Handelns: »Das Sittliche, insofern es sich an dem individuellen durch die Natur bestimmten Charakter als solchem reflektiert, ist die *Tugend*, die, insofern sie nichts zeigt als die einfache Angemessenheit des Individuums an die Pflichten der Verhältnisse, denen es angehört, *Rechtschaffenheit* ist.« Und: »Die *verschiedenen Seiten* der Rechtschaffenheit können ebensogut auch *Tugenden* genannt werden, weil sie ebensosehr Eigentum – obwohl in der Vergleichung mit anderen nicht besonderes – des *Individuums* sind« (Hegel 1986, 298f.).

Nochmals: Tugend meint keine »Aufgelegtheit zu *außeror-*

dentlichen Aufopferungen und Handlungen« (Hegel); rechtschaffen agiert schon, wer sich ganz »normal« verhält und »vernünftig« aufführt: »Das Vernünftige ist die Landstraße, wo jeder geht, wo niemand sich auszeichnet« (Hegel 1986, 67), weil, wer das Besondere will, meistens nur eine Verrücktheit begeht.

Endlich bindet sich der Freiheitsbegriff, allerdings eher heimlich, an ein drittes Element verantwortlichen Handelns: Freiheit ist (fast) immer eine Sache des Mannes, und verantwortliches Verhalten wird als *männliche* Tugend gefeiert. Erneut wird man – nach einigen Umwegen – bei Hegel fündig. Er verknüpft Freiheit zunächst mit Eigentum: »Das Vernünftige des Eigentums«, schreibt er, »liegt nicht in der Befriedigung der Bedürfnisse, sondern darin, daß sich die bloße Subjektivität der Persönlichkeit aufhebt. Erst im Eigentum ist die Person als Vernunft. Wenn auch diese erste Realität meiner Freiheit in einer äußerlichen Sache, somit eine schlechte Realität ist, so kann die abstrakte Persönlichkeit eben in ihrer Unmittelbarkeit kein anderes Dasein als in der Bestimmung der Unmittelbarkeit haben« (Hegel 1986, 102).

Mit anderen, einfacheren Worten: Freiheit erschöpft sich nicht im Eigentum an »Sachen« (etwa einem Kühlschrank), doch ohne die minimale Bedingung, daß jemand derartige Dinge erwerben kann, existiert überhaupt keine Freiheit. Kaufakte samt den dazugehörigen Vertragsschlüssen sollen indes reine Männersache sein – Frauen sind auf das Feld der Familie beschränkt (Hegel 1986, 317).

Hegels Antipoden, die Vertreter eines »liberaleren« Liberalismus, sind gegen diese Versuchung, Freiheit schleichend zu vermännlichen, kaum besser gefeit. Beim amerikabegeisterten Tocqueville findet sich dasselbe Vorurteil: Frei können nur Erwachsene sein – und den Wachstumsprozeß durchlaufen offenbar nur Männer: »Ein Mensch wird geboren; unbekannt verbringt er seine ersten Jahre mit den Freuden und Tätigkeiten der Kindheit. Er wird größer; er wird ein Mann« (Tocqueville 1976, 32). Der Mensch schreitet zum Manne fort – oder bleibt als Weib zurück. Verwandte Asymmetrien haben sich bis in unsere Tage gehalten, selbst wenn Frauen inzwischen mehr »dürfen« (Gilligan 1985).

Verantwortliche Freiheit ist so auszubilden, daß sie nicht eine unspezifische Mischung aus »Trieben, Begierden, Neigungen« (Hegel) bleibt und jeden Ordnungsplan a priori durchkreuzt. Zu diesem Zweck denkt man sich abwechselnd politikwissenschaftliche, psychologische und pädagogische Instrumente aus. Alles in allem keine einfache Geschichte und eine, deren Moral erst im Rückblick als Wechselgespräch der Meinungen erzählt werden kann.

Diese Diskurse sind als *Texte* überliefert – sie werden deshalb eine ebenso prominente Rolle spielen wie in anderen Untersuchungen Zahlenkolonnen oder statistische Tabellen. Man muß die Primärquellen kennen, um einschätzen zu können, was sekundäre Analysen daraus mit welchem Recht machen. Es ist alles andere als selbstverständlich, wenn man einen Diskurs über die »regierte« Freiheit zeit- und raumübergreifend (re-)konstruiert. Seine Teilnehmer werden in manchen Fällen, den einfacheren, durch ausdrückliche Verweise *gefunden*: X kommentiert, was vor ihm Y geschrieben hat, der seinerseits auf Z verweist, den es daraufhin drängt, X zu widerlegen. Was aber, wenn – der prekärere Fall – X, Y und Z voneinander gar keine Kenntnis nehmen, obwohl sie zum selben Thema etwas sagen? Dann ist der Vorschlag, sie zusammen zu lesen, offenkundig nur in dem Maße gerechtfertigt, wie sich plausibel zeigen läßt, daß es um unterschiedliche Entwicklungsstadien *eines* Themenkomplexes geht. Dabei werden Diskurse *erfunden*, allein auf der Grundlage von Texten, deren Kenntnis darum nicht allein informativ, sondern nachgerade konstitutiv ist.

Natürlich ist das Resultat nicht die »ganze Geschichte« – wer nichts verlautbart hat, bleibt außen vor. Als Regel scheint immer noch das Marxsche Diktum dienen zu können: Die herrschenden (und diskutierten) Gedanken sind die Gedanken der herrschenden (und diskutierenden) Klasse. Oder etwas weniger zugespitzt: »Literatur artikuliert die größeren sozialen, historischen, politischen und ökonomischen Strukturen, in die sie eingebettet ist« (Randall 2001, 190). So verstanden sind Diskurse, obwohl keineswegs das »Ganze«, alles andere als bloße Wolkenschiebereien selbstverliebter Gehirnvirtuosen. Eingebettet in ihre Zeit, artikulieren sie *deren* Problem: Feudal behütete Bauern werden gewaltsam vertrieben, »freigesetzt«; das Verblassen von Traditionen lockert mentale Fesseln; ungebildete Massen wissen mit ihrer Freiheit nichts Gescheites anzufangen; molochartige Großbürokratien gefährden freiheitlich-demokratische Lebensformen; Kriege befreien frustrierte Männer vom langweiligen Alltag usw.

Im nachhinein kann man in diese Debatten Ordnung bringen: Probleme provozieren Lösungen, geplante und ungeplante Wirkungen treten ein, Kettenreaktionen kommen ans Licht, alternative Antworten auf dieselben Fragen konkurrieren miteinander, einiges erscheint wichtiger als anderes. Daraus lassen sich dann *Erzählungen* machen – gute oder weniger gute, überzeugende oder weniger überzeugende.

Die Geschichte, die folgt, verbindet systematische mit historischen Überlegungen. An ihrem Anfang stehen *psychologische* Versuche, aus Menschen schlau zu werden, die in dem Sinne frei sind, daß ihr Verhalten nicht mehr genau festgelegten Regeln und sicheren Maßstäben folgt – was rundherum Unruhe erzeugt, weil alle auf alles gefaßt sein müssen. Um dieses riskante Subjekt regieren zu können, werden im Laufe der Zeit erkennungsdienstliche Anstrengungen vielfältigster Art unternommen, freilich mit insgesamt magerer Ausbeute (Kap. 2).

In gewisser Weise alternativ dazu empfehlen sich *pädagogische* Techniken, die den Menschen nach einem bestimmten Ideal formen wollen. Diese wechseln natürlich mit den Verhältnissen – im 17. Jahrhundert standen andere Qualitäten im Vordergrund als Generationen später; verbunden damit sind tiefgreifende Verwerfungen, was Adressaten, Institutionen und Methoden der Pädagogik betrifft: Mal geht es mehr um die charakterliche Perfektion, mal mehr um soziale Integration, mal erziehen private Erzieher, dann öffentliche Schulen, oder es wird den Leuten sogar angeraten, sich selbst hinzubiegen – immer aber steht am Ende die Vorstellung einer gelungenen Abstimmung zwischen Subjekt und System (Kap. 3).

Die politische *Wissenschaft* hält sich bereit, um Defizite der Menschenkunde und -erziehung auszubügeln. Sie offeriert eine Reihe institutioneller Vorkehrungen, die gewährleisten sollen, daß charakterliche Defekte, speziell politisch-kriminelle Energien, nicht in effektive Gewaltmanifestationen münden. Ihren Protagonisten zufolge kann man den Menschen nicht einfach verbieten, politisch aktiv zu werden; ihre »Freiheitsbewegungen« sollen vielmehr auf raffinierte Weise domestiziert werden:

durch Gewaltenteilung innerhalb des politischen Raums, mittels ausgeklügelter Zugangsvoraussetzungen zu diesem Raum und mit Hilfe einer paternalistischen Wohlfahrtsoffensive des Staates, der – unter dem lauten Protest dekadenzfixierter Kritiker – dafür sorgt, daß Partizipationswünsche entweder ganz zugedeckt oder wenigstens entschärft werden (Kap. 4).

Der Protest war vergebens, weil sich seit dem 19. Jahrhundert zwischen Staat und Subjekt unaufhaltsam ein neuer Bereich schiebt, der dem freiheitlichen (»männlichen«) Individualismus auf lange Zeit den Garaus machen sollte: das sogenannte »Soziale«. Damit sind einerseits institutionelle Phänomene angesprochen (die Bürokratisierung der Berufswelt), andererseits strategische Innovationen (Human Relations als Gegenstand wissenschaftlicher Befassung); zum dritten geht es ganz allgemein um Muster des sozialen Appeasement, mit deren Hilfe der gesellschaftliche Verkehr so perfekt geregelt wird, daß widerborstige Regungen weitestgehend entschärft, ja am Ende sogar vollkommen erstickt werden könnten (Kap. 5).

In dem Maße, wie sich dieses »Nivellement« durchgesetzt hat, ist es, so seine Gegner, auf Kosten der Freiheit geschehen. Ihrer Meinung nach hat sich die moderne Gesellschaft in eine sozialtechnokratisch verwaltete Produktions- und Konsummaschinerie verwandelt, die Emanzipationsregungen jedweden Genres bereits im Keime erstickt. In einer Art Gegenbewegung dazu melden sich postmoderne Stimmen unterschiedlichster Lager mit Vorschlägen, wie dieser Zugriff zu lockern sei, wobei in zeitgemäß modifizierter Form auch jene Bestrebungen ihre Renaissance erleben, die schon hundert Jahre vorher gegen den verweichlichten (und verweiblichten) Status quo protestiert haben (Kap. 6).

Den Abschluß (Kap. 7) bilden einige Gedanken darüber, ob nicht jede »zivilisierte« Freiheit insoweit »regiert« ist, als Freiheits*gewinne* keinesfalls automatisch Herrschafts*verluste* auf der anderen Seite voraussetzen. Diese Überlegung greift ein Argument auf, das bereits von Hegel entwickelt wurde: Gesellschaften, die es sich leisten (können), ihre Mitglieder an der langen Leine zu führen, holen mehr aus ihnen heraus. Dieser Verdacht richtet sich gegen eine derzeit grassierende Interpretationsmode, die den unbestrittenen Trend, staatlich umsorgte Menschen im Namen der Freiheit zu ent-sorgen, als Indiz dafür nimmt, daß wir in eine »zweite Moderne« (Ulrich Beck) eingetreten seien – mit ungeahnten Möglichkeiten »wirklicher«, d. h. authentischer Selbstentfaltung.

Den Band rundet eine kommentierte Bibliographie ab. Ihr Akzent weicht vom Gewohnten insofern etwas ab, als sie Lektürevorschläge macht, die nicht nur Schwerpunkte setzen, sondern auch den Anschluß ans Geläufige (und hier Vernachlässigte) herstellen: das sich eher aufs Normative kapriziert, also der Frage nachgeht, welche Freiheit wir eigentlich wollen *sollen*.

2. Die Erfassung des Menschen

Daß dem »System« daran liegt, über das Subjekt möglichst viel zu erfahren, ist nichts Neues. Was mit den Zeiten, Anlässen oder Zwecken variiert, sind Form und Tiefe der Informationsbeschaffung. So hat etwa das Spionagewesen an feudalen Höfen (Archer 1993) wenig gemein mit der Beichtpraxis in katholischen Kirchen (Foucault 1999, Hahn 1982).

Das Feld der »Intelligenz« verändert sich im allgemeinen kontinuierlich; in der Vielfalt seiner Modifikationen gibt es aber auch einen deutlichen Bruch: Man spioniert z.B. verdächtigen Figuren hinterher, um von ihrem verdeckten *Verhalten* auf verbotene *Gedanken* zu schließen; wer hingegen zur Beichte bestellt wird, soll seine verdeckten *Gedanken* äußern und dadurch verbotenes *Verhalten* offenbaren.

2.1 Komplikationen des Ich

Der liberale Geist errichtet, verkürzt gesagt, ein spionierendes, kein »beichtendes« Regime. Ihn interessieren Handlungen mehr als Gedanken, und diesen läßt er mehr Auslauf als jenen: »Niemand behauptet, daß Handlungen ebenso frei sein dürften wie Meinungen« (Mill 1974, 77). Allerdings bleibt seinen Größen keineswegs verborgen, daß die (sei es moralisch gewollte, sei es technisch erzwungene) Selbstbeschränkung »informationelle« Kosten mit sich bringt – weshalb sie eifrig versuchen, die freien Gedanken gewissermaßen zu erraten.

Erpicht darauf, in die Gedankenwelt einzudringen, sind eigentlich alle – wer wollte, ja müßte sein Gegenüber nicht durchschauen, wenn menschliche Reaktionen rätselhaft werden, weil sie nicht mehr (durch Regeln oder Gebote) außengeleitet scheinen? Hobbes' Menschen werden nicht zuletzt deshalb einander Wölfe, weil sie einander nicht trauen können, und belauern muß jeder jeden, weil niemand genau wissen kann, was der Nachbar im Schilde führt (Blits 1989). Wenn einer nicht einfach mit seinesgleichen »verkehrt«, sondern »regiert«, dann kann er zwar Wissenslücken durch Machtpotentiale kompensieren, doch

»brauchbar« sind seine Untertanen für ihn immer nur in dem Maße, wie sich deren Innenleben ihm erschließt. Mandevilles Masseneinsatz für nationale Großprojekte baut noch auf die Primitivpsychologie einer Sklavenhaltermentalität oder, bestenfalls, Manufakturgesinnung ohne jede liberale Raffinesse.

Anders gesagt: Solange Interventionen unterstellen konnten, es gelte einfach den Teufel oder jedenfalls das *Böse* auszutreiben, mochte bei Kindern die Rute, im fortgeschrittenen Alter der Kerker genügen, um ans Ziel zu kommen (Foucault 1981, Greven 1988, 1991). Und solange man sich seiner Sache deshalb sicher war, weil Handlungen als unweigerlich interessengesteuert galten, das *Interesse* aber weder sich verbergen könne noch »lüge« (Gunn 1986), bedurfte es auch keines tieferen Blicks in die Psyche (Hirschman 1980, 57ff.). Schließlich gibt es da auch noch das cartesianische Versicherungsangebot: Descartes' *Cogito, ergo sum* verkündet den Suchenden die frohe Botschaft, daß sie als Denkende festen Grund finden könnten, ein sicheres Fundament der Gedanken, die, verläßlich auf ihm ruhend, Gott und die Welt (er-)finden würden (Descartes 1963, Gillespie 1999).

Ihrer unterschiedlichen Besessenheit ungeachtet, teilen teuflische, profitliche und denkende Menschen den einen Grundzug, daß sie relativ einfache, eindimensionale Gemüter besitzen: Der Böse oder das Geld oder die Logik haben die Seele entweder im Griff oder eben nicht. Händler sind Händler, Hexen sind Hexen, Denker sind Denker. Die Regierung der Freiheit hingegen muß, wie ihr früh klar wird, mit *gespaltenen* oder jedenfalls *komplexen* Persönlichkeiten rechnen, in deren Brust zwei Seelen (mindestens) wohnen und Unbekanntes, Unklares, Ungewisses lauert. Dem Wissen ums komplizierte Innenleben hat Georg Simmel vor rund 100 Jahren eine besonders prägnante Fassung gegeben. Von *außen* betrachtet scheint es, »als hätte jeder Mensch einen tiefsten Individualitätspunkt in sich, der von keinem andern, bei dem dieser Punkt qualitativ abweichend ist, innerlich nachgeformt werden kann« (Simmel 1983, 280).

Und da jeder von jedem »qualitativ abweicht«, sieht keiner in keinen hinein. Doch es kommt noch schlimmer – niemand blickt bei *sich selbst* so recht durch, denn: »Wir sind alle Fragmente, nicht nur des allgemeinen [sprich: idealtypischen] Menschen, sondern auch unser selbst. Wir sind Ansätze«, Ansätze

»zu der – prinzipiell nicht mehr benennbaren – Individualität und Einzigkeit unser selbst, die wie mit ideellen Linien gezeichnet unsre wahrnehmbare Wirklichkeit umgibt« (Simmel 1983, 281).

Diese fatale Undurchsichtigkeit der Seele nimmt in ihrer modernen Gestalt hauptsächlich drei Formen an: sie erscheint als Irritation durch das *Versenken* des Selbst in sich, durch die *Verstellung* des Selbst gegenüber anderen (und umgekehrt), sowie durch die *Verwandlung* des Selbst in etwas anderes (auch als Folge von zuviel Verstellung).

Als – verfrühter – Pionier der *(Selbst-)Versenkung* gilt heute Augustinus; das *Augustinian self* hat es geschafft, den liberalen Geist bis in die Gegenwart hinein zu beschäftigen (Mitchell 1995, 40ff.; Connolly 1993, Hundert 1992, Taylor 1996). Augustinus stellt sich die psychologische Schlüsselfrage selbst: Warum tue ich Böses? Weil ich *will*? Er weiß es nicht so recht:

»Und ich bemühte mich einzusehen«, spricht er in den *Bekenntnissen* zu Gott, »was ich sagen hörte, freie Willensentscheidung sei die Ursache unseres bösen Tuns und dein Urteil Ursache unseres Leidens, aber klar einsehen konnte ich es nicht. [...] Daß ich einen Willen hatte, wußte ich so gewiß, wie daß ich lebte. So war ich denn auch ganz gewiß, daß, wenn ich etwas wollte oder nicht wollte, kein anderer als ich selbst es wollte und nicht wollte, und mehr und mehr leuchtete es mir ein, daß hier die Ursache meiner Sünde liegen mußte. Was ich aber wider Willen tat, das war, wie ich sah, mehr ein Leiden als Tun« (Augustinus 1994, 166).

Also: Er will das Böse, sonst würde es nicht geschehen, aber »eigentlich« will er es ja nicht. Handeln ist Leiden, Aktivität ist Passivität, Ich ist nicht Ich. Zum Verzweifeln.

Augustinus' Versenkung ist eine unendliche Reise ins dunkle Selbst: *in interiore homine* spielt sich Schleierhaftes, ja Beunruhigendes ab. Später wird man vermuten, die Bodenlosigkeit der Seele sei konstruiert – La Rochefoucauld hält sie für eine nichtintendierte Folge unseres verwirrenden Sozialverhaltens: »Wir sind so gewohnt, uns vor anderen zu verstellen, daß wir uns am Ende vor uns selbst verstellen« (1988, 19). Das Leiden des Augustinus indes fällt in eine andere Kategorie, denn er würde sein Innerstes anderen am liebsten offenbaren, *könnte* er nur:

»Welch qualvolle Geburtswehen mußte mein Herz aushalten, welche Seufzer, mein Gott, stieß es aus! Derweil ich so in der Stille angestrengt grübelte, waren die stummen Qualen meines Geistes ein lautes Schreien zu deinem Erbarmen. Du allein wußtest, was ich litt, kein Mensch. Wie wenig war's doch, was ich aussprechen und meinen vertrautesten Freunden zu Gehör bringen konnte!« (Augustinus 1994, 174)

Die Qualen der Unsicherheit lassen sich nicht vermitteln – sie sitzen so tief, sind so privat, daß sie draußen, dort, wo das normale Leben mit seinen kommunikativen Routinen regiert, niemand nachvollziehen kann. Seit Freud weiß man, wie hoffnungslos sich die Psyche verrennt, und richtet dafür eigene Behandlungs- und Verwahrmethoden ein. Den weniger schweren Fällen wird geraten, »Vernunft anzunehmen«; dann, so das Kalkül, kehren wieder allseits beherrschbare Verhältnisse ein.

Daß das eine Rechnung ohne den Wirt (die Vernunft) ist, hat ein anderer Introspektor erfahren und für die Nachwelt aufgezeichnet: Michel de Montaigne. Die Vernunft, notiert er, »hat nun einmal immer einen schiefen, humpelnden Gang; sie geht mit der Lüge wie mit der Wahrheit; deshalb läßt es sich schwer feststellen, wo sie sich verrechnet oder ihre Grenzen überschreitet.« Sie »gleicht einem Gerät aus Blei oder Wachs; sie läßt sich dehnen, biegen und allen Richtungen und Maßen anpassen; es kommt nur auf das Geschick an, mit dem man sie dreht« (Montaigne 1989, 224).

Vernunft ist Objekt von strategischer Willkür – und von schierem Übermut:

»Es geht in mir hin und wieder her; mein Denken geht nicht nur vorwärts; es schwebt und schwimmt. Ich habe immer einmal Lust, zur Übung oder zum Spaß, eine Meinung zu vertreten, die meiner eigenen entgegengesetzt ist; und da geschieht es dann oft, daß mein Geist sich in der Richtung, die er nun eingeschlagen hat, so festfährt, daß ich meine ursprüngliche Meinung nicht mehr richtig finde und mich von ihr abwende. Ich fühle mich gleichsam irgendwie weiter dahin gezogen, wohin ich mich neige, und dann geht es von selbst weiter« (Montaigne 1989, 225).

Cogito, ergo sum? Man könnte dem fast entgegensetzen: Vernunft schafft Verwirrung; jedenfalls bietet sie keinerlei Schutz. Seit Augustinus hat sich nichts geändert, nur daß inzwischen statt Gott die Natur Kopfzerbrechen bereitet. Im Hause des Ich gibt es keinen Herrn. Soviel Freiheit, scheint es, hält der Mensch nicht aus, Selbstversenkung mündet in Selbstverlust – offenkundig ein massives Problem fürs »Regieren«: Mit derartigen Seelen kann man weder Staat machen noch etwas anderes anfangen.

Natürlich steht am Ende der Versenkung nicht bei jedem, ja nicht einmal bei sehr vielen Menschen das Nichts; die meisten finden – unter gütiger Mithilfe ihrer neugierigen Umgebung (Familie, Gemeinde, Schule, Staat etc.) durchaus Boden unter den Füßen. Doch ob diese Identität sich *von außen* erschließt, ist durchaus offen – speziell dann, wenn profitliche Versteck- oder ironische Verwirrspiele an der Tagesordnung sind. Denn vergessen darf man nicht: So, wie es ein lebhaftes Interesse gibt, *fremde* Charaktere richtig zu »lesen«, so wird man gar manches Mal Vorteile daraus ziehen, daß das *eigene* Innenleben »unleserlich« bleibt.

Notorisch geworden ist Benjamin Franklins Empfehlung, durch *Verstellung* arglose Zeitgenossen besser »regierbar« zu machen. Sicher, Franklin arbeitet, wie sich zeigen wird, auch hart an sich selbst; doch mit dem gleichen Elan versucht er, seine Umwelt zu manipulieren. Unter den Maximen, deren Befolgung Aufstieg und Anerkennung garantieren soll, findet sich, schlechter Erfahrungen wegen nachträglich hinzugefügt, das 13. Gebot: »Ahme Jesus und Sokrates nach« (Franklin 1983, 117). Also nicht: *Folge* ihnen nach; sondern: *Imitiere* sie. Franklin empfiehlt reine *Heuchelei*; und das ausgerechnet bei dem Charakterzug, Demut, dessen Bedeutung für die zwischenmenschliche Kommunikation so groß gewesen zu sein scheint, daß sein Fehlen alle Bemühungen der Selbstbehauptung zunichte machen würde: Ein »befreundeter Quäker« habe ihm, berichtet er, »den wohlwollenden Wink gegeben, daß man mich allgemein für stolz halte; daß mein Stolz sich häufig in der Unterhaltung äußere; daß ich mich bei der Erörterung irgendeines Punktes nicht damit begnüge, recht zu behalten, sondern übermütig und sogar verletzend sei, wovon er mich durch Anführung mehrerer Beispiele überzeugte«; daraufhin, so Franklin, »beschloß ich, mir Mühe zu geben, mich nach Möglichkeit von dieser Untugend oder Torheit wie von den übrigen zu heilen« – freilich ohne durchschlagenden Erfolg. Doch was macht's? Er kann sich »zwar keines großen Erfolgs rühmen, diese Tugend *wirklich* erworben zu haben«; doch es gelingt ihm, sich »den *Anschein* davon zu geben«, und der anvisierte Erfolg läßt auch nicht auf sich warten: »Die bescheidene Weise, in welcher ich meine Ansichten geltend machte, verschaffte denselben eine bereitwilligere Aufnahme und weniger Widerspruch« (Franklin 1983, 130f.).

Franklin spielt Theater mit einer Absicht dahinter. Das stempelt ihn zum Heuchler – genau in dem aus drei Momenten zusammengesetzten Wortsinn, den Hegel ihm gegeben hat:

»a) das Wissen des wahrhaft Allgemeinen, es sei in Form nur des Gefühls von *Recht* und *Pflicht* oder in Form weiterer Kenntnis und Erkenntnis davon; b) das Wollen des diesem Allgemeinen widerstrebenden *Besonderen*, und zwar c) als vergleichendes Wissen beider Momente, so daß für das wollende Bewußtsein selbst sein besonderes Wollen als Böses bestimmt ist« (Hegel 1986, 266).

Der Wicht hat wenigstens eine vage Ahnung von seiner Pflicht (a), weiß indes ganz genau, daß er sich daran nicht halten will (b), und wird, eben weil ihn diese Diskrepanz kaltläßt (c), zum Böse-Wicht. Weil die Welt aber getäuscht werden soll, liegt ihm, was die Bosheit weiter steigert, daran, »das *Böse* für *andere* als *gut* zu behaupten und sich überhaupt äußerlich als gut, gewissenhaft, fromm und dgl. zu stellen, was auf diese Weise nur ein Kunststück des Betrugs *für andere* ist.« Es sei denn, einer mache sich am Ende selbst etwas vor: »Der Böse kann aber ferner in seinem sonstigen Gutestun oder Frömmigkeit, überhaupt in guten Gründen, für sich selbst eine Berechtigung finden, indem er durch sie es für sich zum Guten verkehrt« (Hegel 1986, 268).

Heuchler verletzen zwar konkret Normen – das »gehörige« Gefühl oder Verhalten –, erkennen diese aber abstrakt durchaus an und neigen deshalb dazu, sich vor dem eigenen Gewissen herauszureden. Diese schlechte Praxis kennt keine Tabuzonen, keine Seelenregung ist so tief, daß sie gegen die Verfälschung gefeit wäre. Darunter leiden alle Tugenden – sie »verlieren sich im Eigennutz, wie die Ströme sich im Meer verlieren« (La Rochefoucauld).

Nicht einmal vor der Trauer schreckt die Verstellungssucht zurück; im Gegenteil, den Tod anderer verarbeitet die Kunst des Heuchelns mit Hilfe eines ausgesprochen elaborierten Repertoires von Verfälschungen: Es gibt, berichtet La Rochefoucauld, »mehrere Arten von Heuchelei in der Trauer. Einmal geben wir vor, den Verlust eines Menschen zu beweinen, der uns teuer ist, aber wir beweinen uns selbst, wir beklagen den Verlust der guten Meinung, die er von uns hatte.« Also ein Verlust, aber für die Überlebenden, nicht für den Toten, der ja nur sein Leben verloren hat. Dann gibt es »noch eine andere, die nicht so unschuldig ist, weil sie alle Welt täuscht: ich meine die Trauer gewisser Menschen, die nach der Gloriole eines schönen und untröstlichen Schmerzes trachten«. Hier verliert niemand etwas, sondern die Überlebenden gewinnen durch den Tod – die Chance nämlich, aller Welt ihre große, traurige Seele vorzuführen. Zu guter Letzt existieren noch »Tränen, die nur aus dürftigen Quellen fließen, leicht kommen und wieder versiegen: man weint, um zartfühlend zu erscheinen; man weint, um beklagt zu werden; man weint, um beweint zu werden, man weint endlich, um der Schande zu entgehen, nicht zu weinen« (La Rochefoucauld 1988, 35).

Doch die Sache ist noch komplizierter: Verstellung ist nicht gleich Verstellung. Die Einschätzung des Trauergastes müßte ganz unterschiedlich ausfallen, je nachdem, warum er heuchelt – dieser will nur Mitleid einheimsen, jener demonstriert falsche Empfindsamkeit, ein dritter tut eben, was »man« bei derartigen Anlässen tut, um nicht aufzufallen.

Hinter jeder Gefühlsäußerung steckt ein *Interesse*, doch jedes Interesse ist (in signifikanter Weise) *anders*. Die erste Einsicht könnte Anlaß zu Beruhigung geben – man *weiß* ja, daß alle heucheln, und kann sich darauf einstellen:

> »Von dem Tage an, da der Mensch anfängt durch Ich zu sprechen, bringt er sein geliebtes Selbst, wo er nur darf, zum Vorschein, und der Egoismus schreitet unaufhaltsam fort; wenn nicht offenbar (denn da widerstrebt ihm der Egoismus anderer), doch verdeckt, um mit scheinbarer Selbstverleugnung und vorgeblicher Bescheidenheit sich desto sicherer im Urteil anderer einen vorzüglichen Wert zu geben« (Kant 1983, 38).

Verstellung wäre demnach weniger *Kunst* (des Heuchelns), denn *Veranlagung* (Hasbach 1890) – eine unheilbare, daher verläßliche Krankheit. Andererseits lehrt der Trauerakt auch, daß, selbst wenn überall schnöde Egoismen walten würden, unser Wissen darum für verläßliche Charakterstudien keineswegs ausreicht, denn es gibt verwirrend viele Motive der Trauer.

Doch damit nicht genug. Wo es die gemeine Veranlagung zur hohen Kunst bringt, verschärft sich die Konfusion. Denis Diderot (1987) beschreibt in seiner legendären Geschichte von *Rameaus Neffen* einen grotesk-genialischen Musikus, den wiederum Hegel als Exempel für jenes *allgemeine* – und bedrohliche – Phänomen heranzieht, das er den »entfremdeten Geist« nennt:

»Der Inhalt der Rede des Geistes von und über sich selbst ist [...] die Verkehrung aller Begriffe und Realitäten, der allgemeine Betrug seiner selbst und der anderen; und die Schamlosigkeit diesen Betrug zu sagen, ist eben darum die größte Wahrheit. Diese Rede ist die Verrücktheit des Musikers, der ›dreißig Arien, italienische, französische, tragische, komische, von aller Art Charakter, häufte und vermischte; bald mit einem tiefen Baß stieg er bis in die Hölle, dann zog er die Kehle zusammen, und mit einem Fistelton zerriß er die Höhe der Lüfte [...], wechselweise rasend, besänftigt, gebieterisch und spöttisch‹« (Hegel 1986, 387).

Das staunende Publikum glaubt, der Mann sei von allen Geistern verlassen – und ist doch selbst ganz ent-geistert. »Entfremdet« hat sich das virtuose Bewußtsein dem gesunden (geradlinigen, rechtschaffenen) Menschenverstand, der nur seinesgleichen »lesen« kann. Doch dessen redliche, im Wortsinne eintönige »Melodie des Guten und Wahren« schneidet im direkten Vergleich auf beunruhigende Weise schlecht ab:

»Betrachten wir der Rede dieser sich selbst klaren Verwirrung gegenüber die Rede jenes *einfachen Bewußtseins* des Wahren und Guten, so kann sie gegen die offene und ihrer bewußte Beredsamkeit des Geistes der Bildung nur einsilbig sein; denn es kann diesem nichts sagen, was er nicht selbst weiß und sagt. Geht es über seine Einsilbigkeit hinaus, so sagt es daher dasselbe, was er ausspricht, begeht aber darin noch dazu die Torheit zu meinen, daß es etwas Neues und Anderes sage. Selbst seine Silben, *schändlich*, *niederträchtig*, sind schon diese Torheit, denn jener sagt sie von sich selbst« (Hegel 1986, 387f.).

Also ein *scheinbar* Irrer im Kreise normaler Zeitgenossen, die, konfrontiert mit ihm, selbst irre werden. Daher findet »entfremdetes« Denken Halt nur bei sich, die tumbe Umwelt kann ihm das Wasser nicht reichen; es wird so zwangsläufig »eitel« und endet schließlich als »Ironie« – für Hegel die vollendet böse Attitüde, eine »absolute Selbstgefälligkeit«, der »einsame Gottesdienst seiner selbst« (1986, 279), zelebriert von jener »freischwebenden Intelligenz« (Karl Mannheim), deren Umtriebe dem freien Anstand noch nie geheuer waren.

Was *Rameaus Neffe* zu seinem Laienvergügen betreibt, praktizieren andere als Profession: die Schauspielerei. Würde sie nur unter der Rubrik »hohe Kultur« geführt, bliebe unverständlich, warum sich politische Psychologen überhaupt mit ihr befaßt haben. Was sollte einen Rousseau, selbst Theatermacher, dazu bewegen, gegen seine schöne Kunst ins Feld zu ziehen? Dennoch meldet er sich energisch zu Wort. Was, heißt seine Schlüsselfrage, »ist das Talent des Schauspielers? Die Kunst, sich zu verstellen, einen anderen als den eigenen Charakter anzunehmen, anderes zu sagen, als man denkt, und das so natürlich, als ob man es wirklich dächte, und endlich seine eigene Lage dadurch zu vergessen, daß man sich in die eines anderen versetzt.« Und er fährt fort:

»Ich weiß, daß das Spiel eines Schauspielers nicht das eines Betrügers ist, der damit täuschen will, daß der Schauspieler nicht wirklich für die Person, die er nachahmt, gehalten werden will, und daß er diese Nachahmung, indem er sie als das ausgibt, was sie ist, völlig unschuldig macht. Auch klage ich ihn nicht an im wörtlichen Sinne ein Betrüger zu sein, sondern daß er die Fähigkeit, die Menschen zu täuschen, für alle Berufe ausbildet und sich in Haltungen übt, die nur auf dem Theater unschuldig sein können, überall sonst aber dazu dienen, Böses zu tun« (1988, 414f.).

Zwar läßt sich das Elend der Schauspielerei nicht auf ihre Doppelbödigkeit reduzieren, doch ist sie des Pudels Kern. Und wieder ist die Sache komplizierter, als es zunächst den Anschein hat: Ein Mime praktiziert seine Verstellungskunst besonders überzeugend, wenn es ihm gelingt, die »eigene Lage« spielend »zu vergessen«. Am Ende wissen weder Künstler noch Zuschauer, wo ihnen der Kopf steht. Allerdings löst sich diese Verwirr-Symmetrie schnell auf – einseitig: Die Profis entwirren ihre Köpfe nach dem Spiel, um ihre geschickten Zungen und Hände dann für einträgliche Gaunereien (Verführung, Diebstahl) einzusetzen, während das Publikum bleibende Verwirr-Schäden davonträgt. Aber ist das die Aufregung wert?

Rousseau würde sich kaum echauffieren, stünde für ihn nicht mehr auf dem Spiel und keine andere Gefahr dahinter. Seine große Sorge ist, daß das »Prinzip Theater« dem sozialen Leben insgesamt seinen Stempel aufprägen, also ein »theatralisches Bewußtsein« etablieren könnte (Marshall 1986). Danach wäre nichts echt und alles nur raffiniert gespielt oder undurchschaut beobachtet. Womit man auf anderem Wege wieder am selben deprimierenden Ende anlangt: alles Verstellung – dieses Mal aber nicht, weil unsere Natur defekt, sondern die Kultur dekadent ist.

Doch nicht einmal darauf, daß man sich auf nichts verlassen kann, kann man sich verlassen. Stimmt es denn wirklich, so fragen etliche Stimmen (vor allem im England des 18. Jahrhunderts), daß *sentiments* wie Trauer oder Liebe (von der La Rochefoucauld sagt: »Alle Welt spricht davon, aber nur wenige haben sie gesehen«) letztlich immer »verstellte« *interests* sind, weshalb Vertrauen unweigerlich im Reinfall endet? Sollte es gar kein genuines (Mit-)Gefühl geben, gar keine Neigung, mit anderen Freud und Leid zu teilen?

Als einer von vielen widerspricht David Hume ganz entschieden der zynischen Vernunft: Es gebe einen Grundsatz,

»dem weithin Geltung zugeschrieben wird und der mit jeder Tugend und jedem moralischen Gefühl absolut unverträglich ist; und wie er nur einer äußerst verdorbenen Charakteranlage entspringen kann, so tendiert er seinerseits dazu, diese Verdorbenheit noch weiter zu ermutigen. Dieser Grundsatz lautet: Alles *Wohlwollen* ist bloße Heuchelei, Freundschaft ist Betrug, Gemeinsinn eine Posse, Treue eine Falle, um Glauben und Vertrauen zu gewinnen; und während wir alle im Grunde nur unsere persönlichen Interessen verfolgen, tragen wir diese schönen Masken, um die anderen in Sicherheit zu wiegen und sie dann um so eher unseren Tücken und Machenschaften auszusetzen« (Hume 1984, 227).

Ins gleiche Horn stößt Adam Smith, dessen Unmut sich auf Mandeville konzentriert:

»Dr. Mandeville betrachtet alles, was aus dem Gefühl für das sittlich Richtige, aus Rücksicht auf das, was anerkennenswert und lobenswürdig ist, getan wurde, als etwas, das aus Verlangen nach Lob und Anerkennung oder, wie er es nennt, aus Eitelkeit getan wurde. Der Mensch hat, meint er, ein stärkeres Interesse für seine eigene Glückseligkeit als für diejenige der anderen, und es ist unmöglich, daß er jemals in seinem Herzen wirklich ihr Wohlergehen seinem eigenen vorziehen sollte. [...] Sobald er den Anschein erweckt, er opfere sein Interesse jenem seiner Gefährten auf, weiß er ganz gut, daß dieses Verhalten ihrer Selbstliebe höchst angenehm sein wird und daß sie darum nicht ermangeln werden, ihre Genugtuung darüber dadurch zum Ausdruck zu bringen, daß sie ihm das überschwenglichste Lob spenden. Das Vergnügen, das er daraus erwartet, wiegt schwerer als die Vorteile, die er preisgibt, um sich jenes zu verschaffen« (Smith 1985, 513f.).

Hume und Smith kämpfen an einer Front gegen die Hegemonie des Interesses, aus dem jene Allgegenwart der Verstellung folgen würde. Hätten sie recht, wäre das Verstellungsproblem einerseits entschärft – unsere Handlungen sind nicht immer überkomplex und doppelbödig –, andererseits würde es weiter zugespitzt: Wenn zwei Herzen in einer Brust schlagen, dann kommt alles auf ihre relative Lautstärke an – und die kann von Mal zu Mal wechseln. Menschen sind weder immer gut (altruistisch) noch laufend böse (egoistisch), sondern oszillieren zwischen beiden Polen, unterziehen sich einer laufenden *Verwandlung* der Persönlichkeit. Smith tröstet uns damit, daß ein »zivilisiertes Volk, das gewohnt ist, seinen natürlichen Gemütsbewegungen einigermaßen freien Lauf zu lassen«, dadurch »freimütig, offen und aufrichtig« würde – in scharfem Kontrast zu barbarischen Kulturen mit ihrer »Gewohnheit der Falschheit und der Verstellung« (Smith 1985, 355). Aber: Selbst wenn dem so wäre (was nach Smiths eigenen Prämissen eher unwahrscheinlich ist, weil unschickliche Gefühlsäußerungen sanktioniert werden), stünde der interessierte Beobachter vor einer ungemein komplizierten Aufgabe, weil Subjekte ihre Einstellungen laufend variieren, gesteuert von natürlichen Impulsen, ausgerichtet an sozialen Kreisen. Adam Smith vermeint feinste Differenzen erkennen zu können und unterscheidet etwa zwischen den Einstellungen gegenüber eigenen Kindern, jenen von Geschwistern und Kindern von Geschwisterkindern, wobei diese »Blutsbande« ihrerseits wieder in dem Maße ausleiern, wie Verwandtschaftsverhältnisse dadurch funktional obsolet werden, daß andere, speziell staatliche Institutionen lebenswichtige Aufgaben, etwa den Schutz vor Übergriffen, mehr und mehr an sich ziehen (Smith 1985, 371).

Die Liste der Verwandlungsvarianten ist damit noch nicht erschöpft. Und selbst ein scheinbar unerschütterliches Bollwerk wie das Geschlecht (*sex*) erweist sich manches Mal als nicht stark genug, um dem Verhalten invariable – »typische« – Reaktionsformen (*gender*) einzuprägen. Was dabei überraschen mag: Noch ehe Frauen sich wie Männer aufführten, fielen Männer aus ihrer Rolle. *The Man of Feeling*, wie dieser verächtliche Typus »Mann« getauft wurde (nach einem Erfolgsroman des 18. Jahrhunderts), galt als rührselig, willensschwach, leichtsinnig, oberflächlich, eitel, hysterisch – in einem Wort: er war *weiblich* (oder, in Leitfiguren ausgedrückt: kein »Held«, sondern »Händlerin«). Da Normalität eben männlich ist, wechselt ihre Perversion das Geschlecht – und deren Anklage läuft konsequenterweise unter dem Etikett »Effemination« (Barker-Benfield 1992, Campbell 1987, Pocock 1993).

Man sieht: Menschen (und vor allem Männer, auf die es besonders ankommt, wenn Freiheit auf dem Spiel steht) sind auch in dieser Hinsicht ein schwieriger Fall: nichts scheint ihnen fremd zu sein; weder Interesse noch Vernunft oder Geschlecht verleihen ihrem Bewußtsein hinreichend deutliche Konturen. Persönlichkeiten *multiplizieren* sich, so daß sie ihre innere Letztinstanz, den »harten Kern« oder »blinden Fleck« (Luhmann) verlieren, der als beobachtende Stelle und treibende Kraft (»bewegungsloser Beweger«) fungieren könnte. Falls dem so wäre, würden wir »Modernen«, anders, als es Augustinus schlußendlich vergönnt war, prinzipiell keinen festen Halt finden; und unsere introspektiven Bohrungen blieben zwangsläufig fruchtlos:

»Wenn ich«, resümiert Hume, »von einigen Metaphysikern, die sich eines solchen Ichs zu erfreuen meinen, absehe, so kann ich wagen, von allen übrigen Menschen zu behaupten, daß sie nichts sind als ein Bündel oder ein Zusammen verschiedener Perzeptionen, die einander mit unbegreiflicher Schnelligkeit folgen und beständig in Fluß und Bewegung sind. Unsere Augen können sich nicht in ihren Höhlen bewegen, ohne daß unsere Perzeptionen sich ändern. Unsere Vorstellungen sind noch veränderlicher als unsere Gesichtswahrnehmungen, und alle anderen Sinne und Vermögen tragen zu diesem Wechsel bei; es gibt keine Kraft der Seele, die, sei es auch nur für einen Augenblick, unverändert gleich bliebe. Der Geist ist eine Art Theater, auf dem verschiedene Perzeptionen nacheinander auftreten, kommen und gehen, und sich in unendlicher Mannigfaltigkeit der Stellungen und Arten der Anordnung durcheinander mengen. Es findet sich in ihm in Wahrheit weder in einem einzelnen Zeitpunkt Einfachheit noch in verschiedenen Zeitpunkten Identität; so sehr wir auch von Natur geneigt sein mögen, uns eine solche Einfachheit und Identität einzubilden« (Hume 1989, 327).

Wäre Humes Wort das letzte, sähe es um alle Erkenntnisbemühungen schlecht aus; und sofern sie von derartigen Einsichten abhängen, müßten auch Erziehungsanstrengungen notwendig scheitern. Indes ist *dieses* Wort Humes nicht einmal *sein* letztes. Wie viele andere sollte auch er, allen Widrigkeiten trotzend, auf die (methodisch angeleitete) Suche nach »Einfachheit« und »Identität« gehen.

Versenkung (das Problem der Identität), Verstellung (das Problem der Authentizität) und Verwandlung (das Problem der Multiplizität) erzeugen eine allseitige Verwirrung, der ohne Anstrengung nicht beizukommen ist. Angesichts der unübersichtlichen Ich-Verhältnisse mußte sich das liberale »Regieren«, bevor an korrigierende Eingriffe überhaupt zu denken war, erst einmal darüber klar werden, *wie* es *was* wissen konnte.

Jener *deus ex machina*, dem am Ende seiner Schürfarbeit Augustinus Klarheit verdankte, würde jedenfalls nicht mehr (so) zu Hilfe eilen: »Aber nachher«, bedankt sich der Suchende bei dem Herrn, »nahmst du mein Haupt in freundliche Pflege, und ich wußte es nicht, und ›schlossest meine Augen, daß sie nichts Eitles erblickten‹, da bekam ich ein wenig Ruhe vor mir selbst, und mein Wahn schlummerte wie betäubt. Und nun erwachte ich zu dir und schaute dich Unendlichen ganz anders, und diese Schau kam nicht vom Fleische« (Augustinus 1994, 191).

Nichts mehr davon, das war den liberalen »Psychologen« klar, würde künftig funktionieren. Deswegen konnte die Devise nur lauten: Wissen statt Glauben, Forschen statt Beten, Messen statt Messe.

Es begann die Zeit des *Beobachtens* – als Methode und sogar Lebensform (*The Spectator* nannte sich das führende Intellektuellenblatt Englands im frühen 18. Jahrhundert). Und welche Technik konnte wohl besser Aufschluß geben über das Innenleben als die *Selbst*-Beobachtung?

Allerdings kennen wir bereits die Achillesverse dieser Methode: Das eigene Innenleben ist auch für einen selbst kein übersichtliches Tableau. Er hat zwar eine privilegierte Aus-, oder besser: Ein-Sicht, doch der reflexive Blick verirrt sich leicht in allerlei Verrücktheiten, Flüchtigkeiten und Abgründen des Seelengehäuses. Personen suchen endlos nach ihrer Identität, wissen häufig selbst nicht, wann sie »authentisch« sind oder sich selbst betrügen, und werden ein ums andere Mal im Stich gelassen – selbst eine Figur wie der *man of feeling* hat ihre weiblichen Gefühle für natürlich, nicht für weiblich gehalten. Allein gelassen wäre jede noch so gewissenhafte Introspektion dazu verurteilt, im Nebel der Psyche herumzustochern – um schließlich darin zu versacken. Mit fatalen Folgen, meint Kant: Naiv »sich belauschen zu wollen« ist, »weil als dann die Prinzipien des Denkens nicht (wie sie sollen) vorangehen, sondern hintennach folgen, eine Verkehrung der natürlichen Ordnung im Erkenntnisvermögen und ist entweder schon eine Krankheit des Gemüts (Grillenfängerei) oder führt zu derselben und zum Irrhause« (Kant 1983, 45).

Welche Denkregeln könnten diese Suche nach dem Selbst vom »Wahnsinn« (Kant) des Entwirrens befreien? Offensichtlich solche, die den unentwirrbaren Bewußtseinsknoten durchschlagen, sprich: tiefer liegende Gemütsstrukturen auffinden helfen, denen genau das eignet, was ihren oberflächlichen Emanaten fehlt: *Einfachheit* und *Identität*. Anders gesagt: Unter der voraussetzungsvollen Prämisse, daß die Welt – obwohl ohne »Hirn« seit Gottes Abschied – logisch geordnet ist, würde *logisches* Denken jene Ordnung rekonstruieren können, die dem führerlosen Blick verborgen bleiben muß.

In diesem Sinne empfiehlt Thomas Hobbes das introspektive Forschungsprogramm, weil »jedermann, der in sich selbst blickt, und darüber nachdenkt, aus seinem *Denken, Meinen, Schließen, Hoffen, Fürchten*, usw., und deren Gründen lesen und erkennen wird, welches die Gedanken und Leidenschaften aller anderen Menschen bei den gleichen Anlässen sind; dies wegen der Ähnlichkeit der Gedanken und Leidenschaften eines Menschen mit denen eines anderen« (Hobbes 1984, 6).

Da (falls) menschliche *Naturen* und soziale *Anlässe* hinreichend standardisiert sind, lassen sich mit algorithmischer Routine hilfreiche Erklärungen ableiten: Es gilt, erstens, das Gesetz »Wenn *p* (Anlaß), dann *q* (Verhalten)«; zweitens, ist *q* gegeben, können wir, drittens, auf *p* schließen. So ähnlich kalkuliert in der Tat schon Hobbes (1994, 19), und Hume zufolge sind derartige Zusammenhänge das eigentliche Objekt unserer Erkenntnis – »tiefer«, bis hin zum »letzten Wesen« etwa des Menschen, reicht keine Empirie (Hume 1978, 137). En passant erfährt man dabei auch, wie diese Logik in Macht umgesetzt werden konnte: Um unerwünschte Reaktionen auszuschließen, wäre entweder dafür Sorge zu tragen, daß *p* wegfällt (etwa mittels Repression); oder es gelingt, *p* und *q* durch *Erziehung* zu entkoppeln.

More geometrico – nach Art der Geometrie oder ähnlich präziser Wissenschaften alle Erscheinungen auf ein letztes Axiom zurückzuführen: diesem Ideal galt es sich anzunähern. Hobbes läßt uns über seine Vorbilder nicht im unklaren: »Denn wie die Arithmetiker lehren, mit *Zahlen* zu addieren und zu subtrahieren, so lehren dies die Geometriker mit *Linien*, festen und künstlichen *Figuren*, *Winkeln*, *Proportionen*, *Zeiten*, Graden von *Geschwindigkeit*, Kraft, Stärke und Ähnlichem. Dasselbe lehren die Logiker« (Hobbes 1984, 32).

Die »Politologen« oder »Psychologen« sollten ihnen tunlichst folgen. Dieser Ansicht war auch Hobbes' Zeitgenosse Spinoza und schrieb eine »Ethik [die auch Psychologie umfaßt], in geometrischer Weise dargestellt« (Spinoza 1982). Damit würde Kompliziertes auf Einfaches zurückgeführt, Variables müßte in Konstantes münden, Konkretes aus Abstraktem folgen, und am Ende hätte jenes eine Axiom zu stehen, aus dem sich alles andere, speziell jede Spielart menschlichen Verhaltens, ableiten ließe.

Für diese allesbewegende Letztinstanz hat sich den frühen Menschenkennern vor allem das *Interesse* angeboten (Hirschman 1980). Freilich konnte man darunter zweierlei verstehen – und beide Varianten sollten sich früher oder später als kurzschlüssig erweisen. Entweder es beschreibt (wie schon angedeutet) ausschließlich ein materielles, ökonomisches Motiv, verwandelt daher Menschen in Händler und verfehlt so die Komplexität des »natürlichen« Verhaltensrepertoires. Oder man meint mit ihm, ganz formalistisch, nichts als den menschlichen Drang zur Nutzenmaximierung – der sich an x-beliebige Objekte, materieller wie ideeller Art, heften mag (Hirschman 1993). Interesse herrscht dann nicht nur überall, sondern kann sich tendenziell auch auf alles fixieren – Geld, Macht, Ruhm, Ehre, Status, Liebe, Anerkennung und, bei Adam Smith, sogar Mitleid: Seiner Meinung nach trauern wir mit andern wegen des »Vergnügens«, das uns die Teilnahme am Schicksal anderer bereitet (1985, 1).

Was an alternativen Letztinstanzen en vogue war, könnte man als Versuche werten, einen goldenen Mittelweg zu finden, den richtigen Blick, der weder so eng wäre, daß nur eine spezielle Klasse menschlicher Reaktionen in sein Feld geraten würde, der andererseits aber auch nicht ohne Unterschied alles sähe. Dafür kamen hauptsächlich drei Optionen in Betracht.

Erstens war da das Streben nach *Selbsterhaltung*, also das Problem von *Sein oder Nichtsein*. Dazu sagt Spinoza im neunten

Lehrsatz des dritten Teils seiner *Ethik*: Dieses »Streben wird, wenn es auf den Geist allein bezogen wird, *Wille* genannt, wird es aber auf Geist und Körper bezogen, so heißt es *Trieb*, welcher also nichts anderes ist als das Wesen des Menschen selbst, aus dessen Natur das, was zu seiner Erhaltung dient, notwendig folgt; weshalb der Mensch bestimmt ist, es zu tun« (Spinoza 1982, 123).

Hobbes selbst hat aus diesem hypothetischen Urtrieb eine elaborierte Psychologie abgeleitet (Gert 1996). Er ist zugleich Ausgangspunkt des ominösen »Krieges aller gegen alle«: Wenn, heißt es im *Leviathan*, »zwei Menschen nach demselben Gegenstand streben, den sie jedoch nicht zusammen genießen können, so werden sie Feinde und sind in Verfolgung ihrer Absicht, die grundsätzlich Selbsterhaltung und bisweilen nur Genuß ist, bestrebt, sich gegenseitig zu vernichten oder zu unterwerfen« (1984, 95).

Sieht man von den obszönen »Genießern« ab, die wegen Nichtigkeiten den Frieden aufs Spiel setzen, dann bleibt: eine universelle Aggression als Folge struktureller Knappheit. Oder genauer: eine ewige Angst, mit allen Mitteln um etwas gebracht zu werden (Blits 1989, Willms 1982), und, daraus resultierend, das Mißtrauen aller gegenüber allen: »Und wegen dieses gegenseitigen Mißtrauens gibt es für niemanden einen anderen Weg, sich selbst zu sichern, der so vernünftig wäre wie Vorbeugung, das heißt, mit Gewalt oder List nach Kräften jedermann zu unterwerfen, und zwar so lange, bis er keine andere Macht mehr sieht, die groß genug wäre, ihn zu gefährden« (1984, 95).

Was am Ende darauf hinausläuft, den anderen (welcher Mann auch immer sich dahinter verbergen mag) zu töten. Sonst gibt es keine Sicherheit (oder, später bei Hegel, »Anerkennung«). Das natürliche Verhalten des Menschen muß deshalb immer im Lichte des Ernstfalls begriffen werden. Es kombiniert Überlebenstrieb mit Todesangst – eine extreme Mixtur, die höchste Berechenbarkeit erzeugt. Egal, was Menschen an chaotischen Gefühlen oder reizenden Gedanken nach außen dringen lassen, im Innern herrscht, von keinem Gewissen gedrosselt, der nackte Imperativ des Präventivschlags.

Im permanenten Ausnahmezustand ist der Mensch somit vollkommen berechenbar, jeder für jeden und für sich selbst. Die Oberfläche mag noch so verworren sein – »wie's da drinnen aussieht«, duldet keine Zweifel. Unter weniger ernsten Umständen verschwindet diese Geradlinigkeit leicht, Ziellosigkeit und Zerstreuung stellen sich ein, bis hin zum »Wahnsinn«, wenn eine große Phantasie keine Zwecke findet (Hobbes 1984, 53).

Umgekehrt folgt daraus: Diese Einfachheit hat ihren Preis – sie ist nicht »alltagstauglich«. Die Mentalität des Überlebens zerfällt ohne das Korsett der Kriegsgefahr und hinterläßt den sattsam bekannten Zustand allgemeiner Undurchsichtigkeit. Um ihn zu strukturieren, bedarf es anderer Axiome. Bei den frühen Psychologen lieferte das *Lustprinzip* die Leitdifferenz: *Lust/Unlust* – und damit verbunden das Postulat, jedermann würde danach streben, das eine zu maximieren oder doch das andere auf jeden Fall zu vermeiden.

Aus diesem Blickwinkel lassen sich Gefühle sortieren und Handlungen prognostizieren: Hat jemand die Wahl, wird er immer das tun, was – in der Sprache des »Interesses« ausgedrückt – seinen Nutzen maximiert. Thomas Hutcheson offeriert so etwas wie eine Genealogie dieses Prinzips. Es findet sich bei

»den alten Epikuräern und ist schön ausgeführt in Ciceros erstem Buch, *de Finibus*. Die These, wie sie im letzten Jahrhundert u. a. von Hobbes und Rochefoucauld neu belebt worden ist, zählt heute viele der besseren Schriftsteller zu ihren Anhängern, und läßt sich so zusammenfassen: ›Alles Verlangen des menschlichen Geistes, ja sämtlicher denkender Kreaturen, läßt sich auf *Selbstliebe* reduzieren, das *Streben nach privatem Glück*; und diesem Verlangen entspringt jede beliebige Handlung jedes beliebigen Menschen.‹ Christliche Moralisten haben andere Arten des erstrebten privaten Glücks hinzugefügt, doch wieder ist es die ›Aussicht auf privates Glück‹, welches bei einigen von ihnen als einziges Entscheidungsmotiv gilt – und das, so fügen sie im gleichen Stil hinzu, einen Akteur dazu bringt, für sein langfristiges Gesamtwohl in der Gegenwart zu leiden« (Hutcheson 1994, 127).

Hutcheson, das wird sich noch zeigen, kann dieser Position, weil das Lustprinzip, seiner rein formalen Bestimmung wegen, keinerlei konkrete Verhaltensvorschriften bietet, wenig abgewinnen. Man kann Lust auf dieses oder jenes oder etwas ganz anderes haben, die Geschmäcker sind verschieden, einige essen lieber Kohl, andere bevorzugen Kraut, manchen geht Reichtum über alles, und bei christlichen Moralisten ist selbst eine Lust am ewigen Leben in Rechnung zu stellen, dessentwegen sie auf Erden Schmerzen erdulden, derentwegen sie von anderen für verrückt gehalten werden. Auf den Punkt gebracht: Der Lust-Code bringt gegenüber dem »Interesse« keinen analytischen Mehrwert, er paßt auf alles und taugt deswegen nichts.

Einen Ausweg aus diesem Dilemma scheint Hobbes zu weisen, insofern er die Quelle der Lust nicht an subjektiven Launen – des Menschen – festmacht, sondern in objektiven Qualitäten – der Sache – sucht:

> »Die Ursache also sowohl der Empfindung als auch der Begehrung und Abneigung, der Lust und der Unlust, sind die Gegenstände der Sinne selbst. Daraus folgt, daß unser Begehren oder unsere Abneigung nicht die Ursache ist, warum wir dieses oder jenes begehren oder fliehen; wir begehren nicht deshalb, weil wir wollen, sondern weil Begehren oder Abneigung von den gewünschten oder verabscheuten Dingen selbst hervorgebracht ist und sich notwendig nach der Erwartung künftiger Lust oder Unlust an ihnen richtet« (Hobbes 1994, 21).

Die gleichen Objekte müßten die gleichen Reaktionen auslösen – was den Menschen in der Tat vollkommen transparent machen würde, jedenfalls so weit, wie sich das immanente (und invariante) Befriedigungspotential wünschbarer Objekte bestimmen läßt. Wieviel Erkenntnisfortschritt dadurch praktisch erreicht wäre, steht auf einem anderen Blatt.

Zweifel daran sind um so begründeter, als die Invarianz der Sache zwar soziale, doch keine *zeitlichen* Schwankungen eliminiert. Hobbes streift diese Komplikation, ohne sie auszuloten: »Begehrung und Abneigung unterscheiden sich«, so temporalisiert er das Lustprinzip, »von Lust und Unlust nicht anders als das Verlangen vom Genießen, d. h. als das Zukünftige vom Gegenwärtigen. Denn auch Begehrung ist Lust und Abneigung Unlust, aber infolge von etwas Angenehmem bzw. Unangenehmen, das noch nicht gegenwärtig ist, aber vorhergesehen oder erwartet wird« (Hobbes 1984, 21).

Aus dieser Warte hat der Abstand zwischen jetzt und später keine Auswirkung auf das menschliche Verhalten. Dagegen stehen zwei Argumente, deren eines zu Hobbes' Zeiten (als der Überfluß noch kein allgemeines Problem war) kaum jemand braucht hätte: der sinkende *Grenznutzen* – wenn Menschen also etwas »über haben«, es im Augenblick nicht mehr »sehen« können, weil sie einfach zuviel davon haben. Das Verhältnis zwischen Wert und Distanz mag sich aber auch genau umkehren: dann verlieren Dinge an Attraktivität, je weiter sie in die Ferne rücken – was mich z. B. veranlassen könnte, »in der Zeit« für Zeiten der Not nicht zu sparen. Eine präzise Fassung dieses Problems (*Diskontierung*) liefert bereits John Locke:

»Bei gegenwärtigen Freuden und Schmerzen«, konstatiert er, greift »der Geist in der Beurteilung des Guten und des Üblen niemals fehl; die größere Freude oder der größere Schmerz sind tatsächlich eben das, als was sie erscheinen. Obwohl aber gegenwärtige Freuden und Schmerzen ihre Verschiedenheit und ihr Abstufungen so deutlich zeigen, daß Irrtümer ausgeschlossen sind, so fällen wir doch oft falsche Urteile, *wenn wir gegenwärtige Freuden und Schmerzen mit künftigen vergleichen* (was bei den wichtigsten Willensentscheidungen gewöhnlich der Fall ist), da die Entfernungen, aus denen wir sie bemessen, verschieden sind. Gegenstände, die unserem Auge nahe sind, halten wir leicht für größer als entferntere, die größere Ausmaße haben. So ist es auch bei Freuden und Schmerzen. Das Gegenwärtige wirkt meist stärker, und bei einem Vergleich ist das Entfernte immer im Nachteil« (Locke 1981 I, 330).

Erneut treten Verwerfungen auf: Menschen verhalten sich irrational und – für Beobachter wenigstens – undurchsichtig. Dieselben Objekte provozieren unterschiedliche Reaktionen, je nachdem, *wann* ihre Lust- resp. Schmerzeffekte auftreten, im Moment oder später einmal. Also sind Zeithorizonte mit ins Kalkül zu ziehen – die zu allem Überfluß auch noch mit den *sozialen* Lagen schwanken und letztlich vielleicht sogar *personale* Eigenheiten reflektieren, für jeden Menschen mithin unterschiedlich ausfallen mögen: Wer den Pfennig nicht ehrt, mag die Mark nicht wert sein, hat sie aber.

Einer wie Hutcheson muß sich um diese Irrungen und Wirrungen des Lustprinzips keine Gedanken machen. Postuliert er doch im Einklang mit Hume und Smith, den anderen schottischen Meinungsführern der Ära nach Hobbes und Locke (Lovejoy 1961), daß ein Paradigma, das den Menschen zur bornierten (Begehrens-)»Monade« degradiert, die menschliche Psyche sowieso verfehle: »Dieses Konzept taugt überhaupt nicht dazu, die wesentlichen Regungen des menschlichen Lebens zu erfassen, wie etwa die Dienste aus Freundschaft, Dankbarkeit oder natürlicher Zuneigung, aus Großmut, Pflichtgefühl oder Mitleid.« Scharfsinnige Geister »mögen sich tausend subtile Egoismen ausdenken, von denen sich ein freundliches und großzügiges Herz nie hat träumen lassen« (Hutcheson 1994, 128).

Bedenkt man, wie Menschen »wirklich« sind, dann drängt sich eine ganz andere Logik des Handelns auf: Wir legen gar nicht so viel Wert darauf, als kämpfende Einzelwesen unsere »ausschließenden« Bedürfnisse zu befriedigen; viel stärker motiviert uns von Natur aus der innige Wunsch nach einem glücklichen Leben in der Gemeinschaft, mit anderen zusammen und von ihnen geachtet. Menschen sehnen sich vor allem nach *Anerkennung* und richten deshalb ihre Handlungen danach aus, was ihnen *Lob* resp. *Tadel* einbringt. Diese »alternative« Meinung unterstellt,

»daß wir nicht nur *Selbstliebe* kennen, sondern, in unterschiedlichen Abstufungen, auch ein *wohlwollendes Gefühl* anderen gegenüber, das uns ihr Glück als *letztes Ziel* erscheinen läßt, ohne daß wir dabei auch nur im geringsten an unser eigenes Glück dächten. Weshalb wir also einen *moralischen Sinn* in uns haben, der unser Denken so steuert, daß er jedes *freundliche Gefühl*, entweder in uns wie in anderen, *billigt*, samt den allgemein nützlichen Handlungen, von denen wir glauben, daß sie diesem Gefühl entspringen, ohne daß wir bei der Billigung solcher Aktionen auf unseren eigenen Nutzen achten« (Hutcheson 1994, 129).

Beide Paradigmen, das des Egoismus nicht weniger als der Altruismus, sind in sich konsistent, doch jenes »scheint im Gegensatz zum zweiten die menschliche Natur nicht angemessen widerzuspiegeln« (Hutcheson 1994, 129).

Adam Smith pflichtet dem bei, stößt indes bei näherem Zusehen auf Differenzen und Nuancen, die das Reputationsmaß als Orientierungsmarke für Verhaltensprognosen, kaum daß es sich etabliert hat, auch schon wieder in Zweifel ziehen. Mandevilles Zynismus, bevorzugtes Objekt schottischer Kritik, war nicht einfach aus der Luft gegriffen, sondern reflektierte empirische Befunde in einer moralischen Grauzone. Der »Unterschied zwischen Tugend und Laster« verschwimmt leicht, wenn altruistische Gefühle *instrumentelle* Bedeutung erhalten. Denn einerseits mögen liberale Gesellschaften, weil auch sie auf soziale Motive (wie Ehrlichkeit, Friedlichkeit, Verläßlichkeit) angewiesen sind, einschlägige Attitüden und Aktionen mit sozialer Anerkennung prämieren. Andererseits könnten sich Menschen zu den gewünschten Verhaltensweisen gerade *deshalb* durchringen: ihr Motiv ist egoistisch – anstatt »kategorisch« (was Kant fordert) oder (genuin) altruistisch, wie es neben Smith auch Hume und Hutcheson (1994) gerne hätten. Dabei sind die Grenzen durchaus fließend, wieder einmal. Nichts wäre gegen den dringenden Wunsch nach »persönlicher Anerkennung« (Hume) einzuwenden, sollte er in einen edlen Wettstreit (*emulàtion*) münden, in dessen Verlauf loberpichte Bürger einander an Menschlichkeit zu überbieten trachten.

Aber was unterscheidet wünschenswerte »Emulation« von abscheulicher Eitelkeit? Nach Smith geht es um die Differenz zwischen wirklichem Altruismus und altruistischem Schein. Wer auf naive Weise die Anerkennung seiner Mitmenschen erringen will, erbringt dafür eine Leistung (handelt ehrlich, hält Versprechen, hilft anderen etc.), während der »Rufschleicher« (vom Schlage eines Benjamin Franklin) hauptsächlich darauf aus ist, seinen Ruhm mit möglichst geringem Aufwand, ja am liebsten ganz ohne reale Gegenleistung zu mehren:

»Unter seinen egoistischen Leidenschaften ist Eitelkeit eine der stärksten, und der Beifall seiner Umgebung ist ihm immer im höchsten Grade schmeichelhaft und ergötzlich. Sobald er den Anschein erweckt, als opfere er sein Interesse jenem seiner Gefährten auf, weiß er ganz gut, daß dieses Verhalten ihrer Selbstliebe höchst angenehm sein wird, und daß sie darum nicht ermangeln werden, ihre Genugtuung darüber dadurch zum Ausdruck zu bringen, daß sie ihm das überschwenglichste Lob spenden« (Smith 1985, 513f.).

Die einen sind eitel und raffiniert, die anderen einfältig und eitel, beide Mentalitäten bestärken einander und sind bei passender Gelegenheit austauschbar – aus den Blendern von heute werden im Handumdrehen Geblendete. Hätte dieses Bild »nicht in gewissen Punkten an die Wahrheit gestreift«, das erkennt Adam Smith bereitwillig an, wäre seine (bis heute anhaltende) Popularität ein Rätsel geblieben. Und in dem Maße, wie an ihm etwas Wahres dran ist, muß es jedem Beobachter schwerfallen, die Spreu vom Weizen zu trennen, sprich: zwischen schönen Seelen und »hohlen Gecken« (Smith) säuberlich zu trennen. Gewisse Anhaltspunkte hat er schon; jene bescheiden sich gerne mit dem verdienten Ruhm, diese können von (unverdienter) Reputation nie genug kriegen (Smith 1985, 514f.). Aber auf sicherem Boden bewegt man sich hier noch lange nicht.

Ihn gewinnt Smith erst mit Hilfe einer Problemverschiebung,

wie sie ähnlich schon Hobbes vorgeführt hat: er externalisiert die Verhaltenssteuerung. Jetzt wird sie nicht auf objektive Dinge verlagert, sondern sie soll in sozialen Normen liegen. Diese erzeugen ein Bewußtsein, dem mehr am *verdienten* als am *bezeigten* Lob liegt, das sich folglich am Wissen erwärmt, lobens*wert* gedacht oder gehandelt zu haben, und dank dieses Wissens darüber hinwegkommt, daß ihm von einer unwissenden resp. ungerechten Umwelt die verdiente Anerkennung verweigert wird. Den selbstgenügsamen Charakter werden vielleicht nicht viele bis zur Perfektion bringen, aber auf dem Weg dahin sind praktisch alle:

»Ein Mensch, der von der höchsten seelischen Größe erfüllt ist, der die Tugend um ihrer selbst willen begehrt und dem es höchst gleichgültig ist, welche Meinungen die Menschen wohl in der Wirklichkeit über ihn hegen mögen, den erfreut doch trotz allem der Gedanke daran, welche Meinungen sie über ihn hegen *sollten*, d. h. das Bewußtsein, daß er, obwohl ihm weder Ehre noch Beifall zuteil wird, dennoch Ehre und Beifall verdient, und daß die Menschen, wenn sie leidenschaftslos, unparteiisch, mit sich selbst im Einklang und mit den Beweggründen und näheren Umständen seines Verhaltens richtig bekannt wären, sicher nicht ermangeln würden, ihn zu ehren und ihm ihren Beifall zu zeigen. Er schätzt zwar die Ansichten gering, die tatsächlich über ihn im Schwange sind, aber er legt den höchsten Wert darauf, welche Meinungen man von ihm hegen *sollte*« (Smith 1985, 517).

Anders gesagt: Es gibt eine (von Mandeville übersehene) Asymmetrie. Wohl mag es sein, daß sich Menschen leicht blenden lassen, doch sie blenden nicht leicht. Dagegen steht ihr *Gewissen* – im Bunde mit dem Gemeinwesen als gottähnlichem Über-Ich, das die geheimsten Winkel ausleuchtet, um asoziale Gedanken, Worte und Werke unerbittlich aufzuspüren und abzustrafen. Wer derart gnadenlos an sein Versagen oder Vergehen erinnert wird, kann

»niemals, solange in ihm noch ein Rest an Gefühl geblieben ist, daran zurückdenken, ohne alle Qualen des Grauens und der Gewissensbisse zu empfinden; und sollte er auch dessen ganz sicher sein, daß kein Mensch es jemals erfahren könnte, und sollte er sich sogar selbst überreden, daß es keinen Gott gebe, es zu rächen, so würde er doch noch immer so stark jene Qualen empfinden, daß sie ausreichen würden, sein ganzes Leben zu verbittern. [...] Diese Martern, die das entsetzte Gewissen immer plagen, das sind die Dämonen, die rächenden Furien, die in diesem Leben den

Schuldigen beständig heimsuchen, die ihm weder Rast noch Ruhe gönnen, die ihn oft zur Verzweiflung und zur Raserei treiben, vor denen keine Gewißheit des Verborgenbleibens ihn schützen kann, vor denen keine Grundsätze des Unglaubens ihn zu erretten vermögen und von denen ihn nichts anderes befreien kann, als der gemeinste und verworfenste von allen Gemütszuständen: die vollständige Unempfindlichkeit für Ehre und Schande, für Laster und Tugend« (Smith 1985, 179).

Das ist der *moralische Sinn* in Smiths Verständnis. Wer ihn antrainiert hat, mag weder nützlich noch gar männlich sein, ehrlich ist er ganz gewiß. Menschen werden entweder nicht als Sünder enden, oder sie werden sich wenigstens als Sünder offenbaren. Alles andere überstiege die gemeine Leidensfähigkeit.

Die lichte Idee einer völlig transparenten Gesellschaft von Menschen, die das eigene Verhalten kontrollieren und fremde Bedürfnisse zu den eigenen machen, weil soziale Anerkennung, ohne je als faktische Akklamation erscheinen zu müssen, ihnen einfach alles bedeutet – diese Idee war zu schön, um wahr zu sein, und geriet alsbald in Vergessenheit. *Einen* Grund dafür hat Adam Smith selbst entdeckt. Der soziale Zusammenhalt erodiert, weil gesellschaftliche Kreise, sobald das Schicksal seinen Griff ein wenig lockert, ihre Mitglieder nicht halten können: »Wo die Autorität des Gesetzes immer vollkommen ausreichend ist, um auch den Geringsten im Staate zu beschützen«, da beginnen Menschen »naturgemäß sich zu trennen und zu zerstreuen, wie eigener Vorteil oder Neigung sie eben zu bestimmen vermögen« (Smith 1985, 378). Umgekehrt sind »zerstreute« Menschen auf staatliche Garantien angewiesen.

Neue Menschen in modernen Umständen wirbeln durcheinander, *verlieren* dadurch ihre seelische Tiefe und somit auch jede charakterliche Einfalt, an der das observierende Interesse einhaken könnte.

2.3 Die Vielfalt der Fläche

Wenn die psychologische Bohrung auf kein einfaches Prinzip stößt, das die Beobachtung menschlicher Verhaltensweisen erleichtert, ihre Sortierung ermöglicht und direktive Bemühungen anleiten könnte (oder wenn diese letzte Instanz so formal bleibt, daß alles oder nichts daraus folgt), dann liegt es nahe, diese Suche einzustellen: zugunsten einer sorgfältigen Buchführung sozialer Reaktionen, die beschreibt, sammelt, klassifiziert und aus den vielfältigen Erscheinungen an der Oberfläche pragmatische Schlüsse zieht.

Folgt man in diesem Versuch den »moralischen« Studien La Rochefoucaulds, dann wird schnell klar, daß sich die Verhältnisse in gewisser Hinsicht verkehren. Das Objekt ist unendlich vielfältig, deshalb muß sein Beobachter »einfältig« sein – oder genauer: deshalb kann nur ein einfaches Resümee überhaupt Anspruch darauf erheben, »praktisch« zu sein. Dieser kleinste gemeinsame Nenner heißt: *Mißtrauen*, ununterbrochen und ohne Einschränkung, gegenüber allen und jedem, einschließlich der eigenen Person, deren verwinkeltes Innenleben man selbst keineswegs genauer ausleuchten wird, als es fremden »Zuschauern« gelingt (La Rochefoucauld 1988, 4, 14).

Viel ist damit noch nicht gewonnen, da das generalisierte Mißtrauen ja keinerlei spezialisierte Reaktion anleiten kann. Der (Selbst-)Beobachter wird weniger leicht hereinfallen, aber eigentlich möchte er mehr wissen: den *wirklichen* Willen des anderen – oder auch seinen eigenen.

Wie eh und je besteht das Kardinalproblem der Suche nach Mehr-Wissen darin, daß sie mit dem – sorgsam verdeckten – Unterschied von »Wesen« (Triebe, Begierden, Neigungen) und »Schein« (Höflichkeit, Beflissenheit, Ehrlichkeit) rechnen muß. Wir werden, statt auf »Charaktere« (La Bruyère) zu stoßen, immer nur *Masken* begegnen: »Man nimmt in jedem Stande eine Miene und Haltung an, um als der zu erscheinen, für den man gehalten sein will. So kann man sagen, die Welt bestehe aus lauter Masken« (La Rochefoucauld 1988, 39).

Dem Maskierungsverdacht unterliegen gemeinhin sämtliche Motive von höherer Art und edlerer Natur, die Nächstenliebe, das Lieblingsmotiv aller Skeptiker, eingeschlossen: »Das Mitleid«, so lautet eine der zahllosen Variationen des populären Themas, »ist oft ein Gefühl unserer eigenen Leiden in den Leiden anderer. Es ist eine kluge Voraussicht der Unglücksfälle, die uns selbst begegnen können. Wir gewähren anderen Hilfe, um sie zu verpflichten, sie uns in ähnlichen Fällen zu gewähren; und diese Dienste, die wir ihnen leisten, sind genau genommen Wohltaten, die wir uns selbst im voraus erweisen« (La Rochefoucauld 1988, 40).

Um eine *weitere* Variante der Mitleidskritik handelt es sich deshalb, weil das Motiv gewechselt hat: Hutcheson verdächtigt alle, die helfend ihren Ruhm vermehren wollen; Smith ist nachsichtiger und kritisiert nur jene, deren Eitelkeit dazu führt, daß die gute Tat in den Hintergrund tritt, ja im Extremfall ganz wegfällt, weil für ihre Zwecke der schöne Schein völlig genügt; La Rochefoucauld vermutet (keineswegs als einziger), Altruismus »in der Zeit« werde als eine Art Vorleistung erbracht, die »in der Not« den Anspruch auf Gegenleistungen begründe.

Eine *Wissenschaft der Masken*, die auf Charaktere *schließt*, kann mit dem Differenzvorbehalt ohne weiteres leben; darin liegt schließlich ihr ganzer Witz, daß seelische Tiefen nicht beobachtet, ja vielleicht nicht einmal gewußt werden können. Bekümmern muß sie freilich das variable Verhältnis zwischen beiden Ebenen; hinter denselben Masken verbergen sich ganz unterschiedliche Motive – Altruismus verdeckt Ruhmsucht, Eitelkeit, Egoismus oder einfach nur Angepaßtheit. La Rochefoucauld stößt auf diese Erschwernis an anderer Stelle: »Es gibt«, notiert er in Sachen Liebe, »zwei Arten von Beständigkeit in der Liebe: die eine, weil man an der geliebten Person immer neue Gründe findet, sie zu lieben, die andere, weil man sich eine Ehre daraus macht, beständig zu sein« (La Rochefoucauld 1988, 26). Genau auf *den* kleinen Unterschied kommt es aber an: Wer Liebe mit dem Ziel »regieren« will, dieses sozial wichtige Gefühl zu stabilisieren, würde ggf. an ganz unterschiedlichen Punkten ansetzen müssen. Im einen Fall wäre darauf zu achten, daß gewöhnliche Frauen möglichst »interessant« erscheinen (indem man z. B. Prostitution verbietet), im anderen könnte der männliche Verhaltenskodex das geeignete Politikfeld sein (eheliche Treue mag steuerlich gefördert werden).

Wie dem auch sei, das Maskenspiel ist damit noch keineswegs ausgereizt (s. Schneider 1988). Denn dasselbe Verhalten kann nicht nur unterschiedliche Motive verbergen, auch der umgekehrte Fall tritt auf: Ein Motiv präsentiert sich in vielerlei Gestalten – gerade der alles bewegende Egoismus liefert dafür den trefflichsten Beweis, spricht er doch »jede Sprache und spielt jede Rolle, selbst die der Uneigennützigkeit« (La Rochefoucauld 1988, 36).

Masken verstecken Motive – das Spiel ist ärgerlich, ließe sich aber durch das gründliche Studium ihrer Korrelation hinreichend durchleuchten: aus Erfahrungen könnten wir klug werden (wer diese Maske aufsetzt, agiert mit hoher Wahrscheinlichkeit »so«). Bedeutend, nämlich exponentiell unhandlicher wird die Sache dadurch, daß (fast) jedes Motiv hinter (fast) jeder Maske versteckt sein kann. Diese Komplexität muß reduziert werden, sonst schwindet alle Hoffnung auf eine Technologie der verwertbaren Beobachtung.

Daß dafür die Variable »Motiv« nicht taugt, ist bekannt – an ihrer Beherrschung sind ja schon andere gescheitert, vor wie nach La Rouchefoucauld. Weit davon entfernt, den verwickelten Fall zu verharmlosen, spitzt ihn der Franzose insofern noch weiter zu, als er die Motive ihrer axiomatischen Stellung beraubt, sie (modern gesprochen) dekonstruiert. Denn, so zeigt er uns, »das« Motiv (Liebe, Haß, Egoismus) tritt empirisch immer in unendlich nuancierten Abweichungen vom Original auf – die intrikaten Verwirrspiele der *Kopie* (Schneider 1988) beginnen. Erneut liefert das Liebes»spiel« ein treffliches Exempel: »Es gibt nur *eine* Liebe, aber tausend verschiedene Kopien von ihr« – und diese Imitate verwischen zunehmend die klaren Konturen des Prototyps: »Die Liebe leiht ihren Namen einer unendlichen Menge von Verhältnissen, die man ihr zuschreibt und an denen sie nicht mehr teil hat als der Doge an dem, was in Venedig geschieht« (La Rochefoucauld 1988, 13). Am Ende sieht es sogar ganz danach aus, als ob es nur noch den Abklatsch in allen möglichen Varianten gebe: »Mit der wahren Liebe ist es wie mit Gespenstererscheinungen: alle Welt spricht davon, aber wenige haben sie gesehen« (La Rochefoucauld 1988, 13). Fazit: Je näher man dem »Motiv« rückt, desto mehr entzieht es sich – seine Komplexität steigt, anstatt abzunehmen. Ein hoffnungsloser Fall.

Was gibt die »Maske« analytisch und pragmatisch her? Im Prinzip noch weniger als das »Motiv«, dessen Natürlichkeit sich gegen jeden Eingriff sperrt – man kann es vielleicht bekämpfen, unterdrücken, sublimieren, doch nicht abschütteln oder ummodeln. Masken jedoch sind Konstrukte; Umgangsformen und Gefühlsäußerungen lassen sich lernen, variieren, abstellen, mit mehr oder minder großer Virtuosität. La Rochefoucauld bringt es auf den kürzesten Nenner: »Es ist leichter, den Menschen im allgemeinen als einen Menschen im besonderen zu kennen« (La Rochefoucauld 1988, 61). Eben darum bietet sich Skepsis als angemessene, wiewohl unbefriedigende Einstellung zur sozialen Umwelt an. Man muß nicht permanent Angst haben, doch schafft Zivilität allein weder das blinde Vertrauen noch die rechte Sicherheit im Umgang mit seinesgleichen.

Wenigstens letzteres versprach im folgenden Jahrhundert ein sozialwissenschaftliches Anschlußprojekt: die *Physiognomik*, das Studium des Gesichtes als der *unverfügbaren* Maske. Johann Caspar Lavater hat für seinen obsessiv betriebenen Großversuch, »die Hülle über Gottes Herrlichkeit in dem Antlitz und der Bildung des Menschen mit bescheidener Hand wegzuziehen«, und sein Versprechen, *»durch das Äußerliche eines Menschen sein Inneres zu erkennen«* (Lavater 1999, 4, 81), viel Häme einstecken müssen. Man belächelt ihn nicht erst heute als »Spürnase Gottes« (Halter 2001), und seine »Ausspähungskunst des Inneren« (Kant) liefert natürlich Stoff für allerlei Assoziationen in fatale Richtungen (Überwachungsstaat etc.). Genauer betrachtet sind Person (anders als bei La Rochefoucauld) und Projekt (wie bei La Rochefoucauld) durchaus von liberalem Zuschnitt: »Lavater war kein Unmensch; im Gegenteil. Er war ein wackerer Republikaner, aufgeklärter Philanthrop.« Seine Physiognomik will »die Verstellungen und Masken des *Ancien régime* durchschauen und so ein aus ständischen und religiösen Fesseln befreites Subjekt noch einmal auf seine moralisch-intellektuelle Bedeutung hin sichtbar machen« (Halter 2001).

Um die »sichtbare Darstellung des Unsichtbaren« (Lavater) geht es also, sprich – in einer ironischen Verkehrung des modernsten Wissensstands, der nach den materiellen Wurzeln des mentalen Prozesses sucht – darum, an materiellen Eigenheiten (Stirnform, Nasenstellung, Augenlage usw.) die mentalen Eigenschaften und (a-)sozialen Verhaltensweisen eines Menschen (dumm, roh, gebildet usw.) abzulesen:

»Phyisognomik ist die Wissenschaft, den Charakter (nicht die zufälligen Schicksale) des Menschen im weitläufigsten Verstande aus seinem Äußerlichen zu erkennen; Physiognomie im weitläufigen Verstande wäre also alles Äußerliche an dem Körper des Menschen und den Bewegungen desselben, insofern sich daraus etwas von dem Charakter des Menschen erkennen läßt« (Lavater 1991, 10).

Daß dazu, wenn etwas herauskommen soll, eine »Wissenschaft« gefragt ist, die penibel beobachtet und sich ihres »empirischen«

Fundaments genau versichert, hat kein anderer als La Rochefoucauld erfahren müssen, dessen dilettantischer Selbstversuch kläglich scheitert:

»Ich bin von mittlerer Größe, geschmeidig und ebenmäßig gebildet. Meine Haut ist braun, aber recht glatt; die Stirn hoch und von normaler Größe. Die Augen sind schwarz, klein, tiefliegend und die Brauen schwarz und dicht, doch schön geschwungen. Ich hätte große Mühe zu sagen, wie meine Nase geformt ist, denn sie ist weder stumpf noch gebogen, weder dick noch spitz, so glaube ich jedenfalls. Nach allem, was ich weiß, ist sie eher groß als klein und neigt sich ein wenig zu sehr nach unten. Mein Mund ist groß und die Lippen sind gewöhnlich recht rot, weder schön noch häßlich gebildet. Meine Zähne sind weiß und stehen einigermaßen gleichmäßig. Irgendwann sagte man mir, daß mein Kinn allzu ausgeprägt sei: Ich habe mich befühlt und im Spiegel betrachtet, wie es sich damit verhält, und ich weiß eigentlich kein Urteil darüber anzugeben. Mein Gesichtsschnitt ist entweder eckig oder oval: es fiele mir äußerst schwer zu sagen, was von beiden zutrifft« (zit. nach Schneider 1988, 732).

Am Ende ist der französische Edelmann so klug wie zuvor, nicht einmal die Oberfläche erschließt sich ihm hinreichend eindeutig, und das, was er herausfindet, reicht kaum für eine ästhetische Bilanz, von weitergehenden (prognostischen, moralischen) Urteilen ganz zu schweigen.

Man vergleiche mit dieser dilettantischen Anstrengung des gebildeten Amateurs das professionelle Selbstvertrauen der etablierten Physiognomiker. »Der Fremde ist uns nicht fremd«, jubelt im Blick aufs Erreichte ein später Jünger Lavaters: »Wir lesen in seinem Gesicht wie in einem aufgeschlagenen Buch« (Peters 1922, 7). Dem Schweizer Pfarrer ist, freilich erst im Verlaufe eines Studiums von sage und schreibe 22 000 Zeichnungen, mehr Einsicht vergönnt (wiewohl er sich immer wieder angelegen sein läßt, darauf hinzuweisen, wie unfertig selbst diese Kenntnisse sind).

Lavaters Großunternehmen basiert, wenigstens seiner Meinung nach, auf einer Selbstverständlichkeit:

»Sagt uns die Vernunft nicht, daß jedes Ding in der Welt eine äußere und innere Seite habe, welche in einer genauen Beziehung zueinander stehen? daß jedes Ding eben darum, weil es das und kein anderes Ding ist, etwas an sich haben müsse, wodurch sein Unterschied von jedem anderen erkannt werden kann? Sagt sie uns nicht, daß wenn überhaupt zwischen der Seele und dem Körper, dem Innern und Äußerlichen des Menschen eine genaue Übereinstimmung statt hat, die unendliche Verschiedenheit der Seelen oder des Innern des Menschen, nothwendig auch eine unendliche Verschiedenheit in ihrem Körper und ihrem Äußerlichen zuwege bringen müsse? Vorausgesetzt also, daß die Charaktere der Menschen in jedem Sinne verschieden seyn, so ist, nach dem Urtheile der Vernunft, zugleich vorausgesetzt, daß die unmittelbaren mit dem Charakter des Menschen verknüpften Äußerlichkeiten verschieden seyn müssen. Also muß, wenn eine Verschiedenheit statt hat, dieselbe überhaupt erkennbar seyn; sie muß also der Gegenstand einer würklichen Wissenschaft werden können« (Lavater 1991, 12).

Wenn dem allem so ist, dann liegt darin eine frohe Botschaft – uns winkt die grandiose Chance, den Umgang mit *freien* (zügel- oder herrenlosen) Menschen *berechenbar* zu machen:

»Man bedenke nur, wie mancherley Eigenschaften ich in so manchen Fällen, wo ich etwas mit ihm zu thun habe, wo ich ihn zu etwas brauchen, ihm etwas auftragen etc. soll, kennen muß. Mit den unbestimmten Wörtern *gut* und *böse*, *verständig* oder *schwach* – wie wenig ist noch mit diesem gesagt, wenn es drum zu thun ist, einen Menschen zu kennen! *Du* sagst: das ist ein guter und verständiger Mensch: – allein *ich* habe den Menschen noch nie gesehen. Wie wenig weiß ich noch mit diesen zwey Prädicaten – und was wollen die sagen bey den Millionen Arten und Graden der Güte, und den Millionen Arten und Graden des Verstandes, welche meynst du? [...] Hingegen: Ich *sehe* den Menschen, seh' ihn in seinen Bewegungen und Gebärden! hör' ihn reden – welche Bestimmtheit für mich bekommen plötzlich alle die Prädicate, die du mir von ihm hersagtest – wie schnell modificieren und bekräftigen sie sich mir, oder widerlegen deine Urtheile, oder setzen mich in Zweifel? [...] Man denke sich in die Sphären eines Staatsmanns, Seelsorgers, Predigers, Hofmeisters, Arztes, Kaufmanns, Freundes, Hausvaters, Ehegenossen – hinein, und schnell wird man empfinden, wie mannichfaltigen, wichtigen Gebrauch jeder in seiner Sphäre von physiognomischen Kenntnissen machen kann« (Lavater 1999, 93 f.).

Weitere Berufe und Positionen ließen sich zwanglos anfügen (etwa Lehrer oder Polizisten bei ihren Anstrengungen, »das Laster auszurotten«), die von dieser Oberflächenpsychologie den nützlichsten Gebrauch machen könnten. *Optisch* wird der andere *transparent* – auf eine unvergleichliche Art: *differenzierter*, als es Worte vermöchten; so *schnell* wie überhaupt denkbar: Nachfrage und Angebot fallen zeitlich zusammen; endlich *spezifisch* genug, um wirklich hilfreich zu sein, d. h., man lernt den Menschen »im besonderen« kennen, nicht nur »im allgemeinen«

(worauf jenes Wissen limitiert war, das La Rochefoucaulds »Maximen und Reflexionen« liefern konnten). Das Ende aller *Masken* und *Kopien* wäre da.

Soweit Lavaters gute Nachricht. Die Kehrseite davon: Der Ärger mit den Schattierungen und Streuungen steigt ins Grenzenlose. 22 000 Bilder sind im Laufe eines langen Gelehrtenlebens zusammengekommen, doch hätten es eigentlich »Millionen« sein müssen, für jedes Individuum eines, denn: »Jede Einzelheit ist von jeder Einzelheit ihrer Art verschieden. Es ist die bekannteste, aber für unsere Absicht die wichtigste, die entscheidendste Sache, die gesagt werden kann: ›Es ist keine Rose einer Rose, kein Ey einem Ey, kein Aal einem Aale, kein Löwe einem Löwen, kein Adler einem Adler, kein Mensch einem anderen Menschen vollkommen ähnlich‹« (Lavater 1999, 32).

Genauer gesagt: Millionen Menschen repräsentieren Millionen Kombinationen von »Millionen Arten und Graden der Güte«, »Millionen Arten und Graden des Verstandes«, von Millionen Arten und Graden zahlloser Laster – astronomische Zahlen, die noch einmal dadurch potenziert werden, daß im Prinzip jede Ausprägung jeder Variablen (Nase, Stirn etc.) mit jeder Ausprägung jeder anderen Variablen kombiniert werden müßte, um Lavaters Transparenzideal umzusetzen – das entweder ganz oder gar nicht gilt:

»Gewisseres kann wohl nicht seyn, als dies; daß die kleinsten, tausend ungeübten Augen kaum merkbaren, Verschiedenheiten oft den verschiedensten Character anzeigen. [...] Eine kleine Biegung oder Schärfe, eine Verlängerung oder Verkürzung, oft auch nur um die Breite eines Fadens, eines Haares; die mindeste Verrückung oder Schiefheit – wie merklich kann dadurch ein Gesicht, der Ausdruck eines Charakters, verändert werden!« (Lavater 1999, 86)

Das vollständige Register sprengt alle Dimensionen, zumal es ja in jedem Kopf gespeichert sein müßte, um im sozialen Verkehr wirklichen Nutzen stiften zu können. Andernfalls produziert diese Wissenschaft Scheinsicherheiten und ist dann eher von Übel – Lavater weiß selbst, wie leicht angesichts der »unendlichen Verschiedenheit in ihrem Körper und ihrem Äußerlichen« Menschen riskanten Fehlurteilen unterliegen.

Kant hat gemeint, Lavater hätte die Physiognomik »zu einer eine Zeitlang allgemein beliebten und wohlfeilen Ware« gemacht, die inzwischen freilich »ganz aus der Nachfrage gekommen sei« (1983, 247f.). Er leugnet nicht jene allgemeine Übung noch deren pragmatischen Sinn, Menschen, mit denen wir verkehren, »ins Gesicht, vornehmlich in die Augen [zu] sehen« (1983, 247), doch insistiert er, darin Hegel ähnlich (1998, 233ff.), darauf, daß daraus nie eine Wissenschaft werden könne – aus demselben Grund übrigens, dessentwegen sie Lavater als höchste Form psychologischen Wissens gilt: ihre millionenfach zergliederten Objekte lassen sich nicht *ausdrücken*, sondern eben nur *anschauen*, bestenfalls – das Auge sieht mehr, als die Sprache sagen kann. Das physiognomische Verfahren ist daher eine weitere Sackgasse auf dem langen Weg zu einer liberalen »Ausspähungskunst des Innern im Menschen« (Kant 1983, 248) – was seiner Popularität freilich keinen Abbruch tun sollte.

2.4 Die Einfalt der Vielfalt

Ein andere Antwort blieb die Physiognomik ebenfalls schuldig: Wenn Lavater behaupten kann, jedes Gesicht sei »von Natur dumm«, dessen »Stirne, mit einem weich-anliegenden Maaße gemessen, beträchtlich kürzer ist, als die Nase, von dem Ende der Stirne auf dieselbe Weise gemessen, wenn auch das perpendikuläre Maaß dieselbe Länge hätte« (1991, 90), oder wenn es für ihn eine ausgemachte Sache ist, daß »Nasen ohn' alle auffallenden Charakter, ohne Nüance, ohne Beugung, ohne Undulation, ohne eine angebliche Bezeichnung« zwar »bey vernünftigen, guten, allenfalls auch edlen Charaktern gefunden werden« können, doch »nie bey großen und vorzüglichen« (1991, 80), dann fragt man sich natürlich, woher er eigentlich weiß, daß solche Proportionen und Gestalten mit ganz bestimmten Qualitäten korrespondieren. Emil Peters dreht ganz einfach den Spieß um: »Solch eine Nase hatte Goethe« (Peters 1922, 139) – offensichtlich eine tautologische Konstruktion: Man kennt den Wert der Person und überträgt ihn auf deren Nase, anstatt von dieser auf jene zu schließen. Dem Charme dieser Logik erliegt auch der Kritiker selbst: In Goethes »Stirne bis zur Augenbraune heller, richtiger, schneller Verstand – Sehr zwar wird der Eindruck dieser Stirne wieder verwischt durch den zu gedehnten und gewölbten Vorbug, von der Augenbraune an bis an die Wurzel der

Nase. Das Auge hier hat bloß noch im obern Augenlide Spuren des kraftvollen Genius. Der Augapfel selber ist in aller Betrachtung unerträglich. Die Nase – voll Ausdruck von Produktivität – Geschmack und Liebe – Das heißt, von *Poesie*.« Und so weiter bis hinunter zum Kinn (Kant 1983, 235).

Goethe, wir wissen es, war »ein kraftvoller Genius« – darum falsifiziert das Auge diese Einsicht nicht, sondern »verwischt« sie eben nur, und zum Sitz der Poesie wird dann halt die Nase. Jede Physiognomie vom idealtypischen Extremfall her (Genie hier, dort Idiot) wird sich in solchen Zirkelschlüssen verfangen.

Dazu gibt es indes eine Alternative, über die Kant ebenfalls räsonniert: »Wenn wir über Menschen, so wie sie wirklich sind, unseren Beobachtungen nachgehen, so zeigt sich: daß eine genau abgemessene *Regelmäßigkeit* gemeiniglich einen sehr ordinären Menschen, der ohne Geist ist, anzeige. Das *Mittelmaß* scheint das Grundmaß und die Basis der Schönheit, aber lange noch nicht die Schönheit selbst zu sein, weil zu dieser etwas Charakteristisches erfordert wird«; woraus folgt, daß etwas Abweichung hier und da »für die Individualität der Person« doch »empfehlender sei, als wenn die Regelmäßigkeit vollkommen wäre: weil diese gemeinhin auch Charakterlosigkeit bei sich führt« (Kant 1983, 249).

Man hat also die Wahl zwischen zwei »operativen« Bezugsgrößen: *Ideal*- oder *Durchschnittswert*. Von beiden Punkten aus lassen sich die Subjekte klassifizieren, beide können mehr oder weniger exakt getroffen bzw. verfehlt werden. Im ersten Fall reflektieren Abweichungen eine *substantielle* Distanz mit moralischen Folgen: Je weniger *diese* Nase in ihrer »Regelmäßigkeit« dem Goetheschen Sinnesorgan samt seinen »Undulationen« entspricht, desto mehr muß sich *dieser* Besitzer »Charakterlosigkeit« vorwerfen lassen.

Im zweiten Fall geht es um eine *statistische Abweichung*: Nasen sind eben durchschnittlich soundso lang, *diese* ist entweder kürzer oder länger. Ihre Besonderheit kann verschieden stark ausgeprägt sein, doch moralisch folgt daraus gar nichts. Es sei denn, die allermeisten Nasen streuen um den artifiziellen Mittelwert – was, jedenfalls Kant zufolge, dafür spricht, daß solche Sinnesorgane dem (Massen- und Durchschnitts-) Mann ohne (besondere) Eigenschaften gehören.

Diesen *homme type* oder *average man*, den ein halbes Jahrhundert später der reformliberale Gründungsvater der modernen Statistik, Adolphe Quételet, zur verbindlichen Referenzeinheit sozialer Diagnosen und Therapien erhoben hat (Quételet 1968), schätzt Kant gering. Er betrachtet die Welt aus dem Blickwinkel des moralisch-ästhetischen *Idealfalls.* Lavater gleicht ihm darin; auch liefert er schon eine recht präzise Beschreibung des gemeinen Menschenschlags, wie er, nach dem Modell einer Gaußschen Glockenkurve, dicht gedrängt um seine moralisch-ästhetischen *Mittelwerte* herum gruppiert ist:

»Es gibt eine unzählbare Menge mannigfaltiger, kleiner, niedriger, unangenehmer Denkarten, Manieren, Grobheiten, Launen, Unmäßigkeiten, Hänge, kleinlicher Begierden, Unflätereyen, Narrheiten, Schiefen, Krümmen des Herzens, die man einzeln, auch haufenweise beysammen, doch noch lange nicht Laster heißt; – deren viele zusammen aber einen Menschen häßlich erniedrigen, verderben, verekeln können. Behält er seine Treue im Handel und Wandel, hat keine Hauptlaster und noch oben drein ein wenig von einer gewissen bürgerlichen Frömmigkeit – so nennt man ihn einen braven Menschen, wider den man nichts haben kann« (Lavater 1999, 60).

Diese Kreatur ist uns, merkbar freundlicher gezeichnet, schon begegnet – es ist Hegels »rechtschaffenes« Subjekt, jener liberale, sprich: ehrliche, nützliche, männliche Mensch des Durchschnitts. Die liberale Unsicherheit im Umgang mit Normalität, das bürgerliche Schwanken zwischen elitärem Ideal und empirischem Bestand mag daraus erhellen, daß kurze Zeit später Adolphe Quételet, ins andere Extrem verfallend, den statistischen *homme moyen* sogar zum ästhetischen Modell erhebt: »Zweifellos wäre es ein Irrtum anzunehmen, die Wissenschaft *mache* den Künstler, doch ist sie für ihn von allergrößter Hilfe. [...] Denn nur nach langen, mühevollen Studien und nachdem eine Vielzahl von Individuen miteinander verglichen worden sind, können wir korrekte Durchschnittsproportionen« – Lavater (1991, 26) spricht von einer »Proportion oder Analogie zwischen allen Theilen der Maschine des menschlichen Körpers« – »für jedes Alter mit Aussicht auf Erfolg fixieren. Und erst dann sind wir imstande, jene Grenzwerte zu bestimmen, zwischen denen diese Proportionen variieren dürfen, ohne daß sie aufhören, korrekt und naturgemäß zu sein« (Quételet 1968, Vf.).

So fällt in einer Ästhetik des Durchschnitts plötzlich beides zusammen, das *Normale* mit dem *Idealen*, die Schönheit mit dem Mittelwert. Was zu Zeiten Lavaters und Kants auch *moralisch* von Belang gewesen wäre, denn: »Je moralisch besser; desto schöner. Je moralisch schlimmer; desto häßlicher« (Lavater 1999, 53). Davor schreckt Quételets Moralisierung der Norm allerdings zurück – schon darum, weil sie ihn, den Doyen des Durchschnitts, zu einem Missionar der Masse gestempelt hätte. Freilich, in einem anderen Sinne war er genau dies doch: Die Menge ist zwar nicht Subjekt einer populistischen Feier, wohl aber das *Objekt* der statistischen Begierde, also jener »Haufen« (Hegel), der – im liberalen Interesse – analytisch durchleuchtet und politisch verwaltet werden mußte.

Statistisch gesehen stellt diese Menge natürlich eine Untermenge dar, sie repräsentiert einen bestimmten Ausschnitt aus der Menschheit, definiert durch Nationalität und Schichtzugehörigkeit. Beliebig viele derartige Untermengen lassen sich je nach Interesse bilden, etwa Alterskohorten, die für Quételet von besonderem Interesse sind, weil sich daraus Rückschlüsse auf unterschiedliche »Verbrechensneigungen« (*propensity to crime*) ziehen ließen – Teil des großen Programms einer *moralischen Anatomie des Menschen*:

»Die Zeit ist auch reif für das Studium der moralischen Anatomie des Menschen: in der Absicht, die besonders kranken Teile herauszufinden, so daß dagegen geeignete Heilmittel entwickelt werden können. Diese Untersuchungen sind schwierig. [...] Jede Neigung und jeder Trieb entwickelt sich unterschiedlich schnell, erreicht irgendwann einmal den Höhepunkt der Intensität und flaut dann wieder ab, so unmerklich, daß wir davon noch wenig wissen. Mit der moralischen Kompetenz des Menschen steht es wie mit seinen intellektuellen Fähigkeiten: Sie verlaufen gesetzmäßig. [...] Eben diese Gesetze müssen wir finden und verstehen, und zwar nicht einfach ganz vage, sondern so präzise, daß wir für jedes Alter die Intensität zahlenmäßig exakt bestimmen« (Quételet 1968, VIII).

Verbrechen läßt sich mit Alter korrelieren oder mit Bildung, auch Klasse und (seinerzeit noch eine amerikanische Spezialität) Rasse sind schnell populäre Vergleichskandidaten geworden. Dabei ist jedesmal etwas passiert, was streng genommen nicht hätte passieren dürfen: Die Statistik transformiert den *fiktiven Mittelwert* in eine *reale Eigenschaft* (Hacking 1995, 107). Ob Brustumfang von Soldaten (auch ein Exempel Quételets) oder Verbrechensneigung von Jugendlichen – beides sind *statistische*

Konstrukte, die künftig als *natürliche Qualitäten* behandelt werden sollten: was im ersten Fall das Werk des Schneiders, im zweiten die Arbeit der Polizei erleichtern würde. Später ist man, im Namen einer neu erfundenen »Versicherungsgerechtigkeit« (*actuarial justice*), konsequenterweise dahin gekommen, riskante Neigungen bis aufs einzelne Subjekt herunterzubrechen (Feeley/Simon 1994): Wenn *x* Prozent einer statistischen Gruppe Drogen nehmen, dann nimmt jeder Gruppenangehörige mit der Wahrscheinlichkeit *x* Drogen. Dies ist seine individuelle Drogenneigung und das Maß seiner organisierten Behandlung.

Parallel dazu entsteht, inzwischen auch sichtbar, *ein therapeutischer Stil*, der dem gewohnten diametral entgegengesetzt ist:

»Intervention bedeutet nicht mehr, daß man bei einem konkreten Individuum ansetzt, um es zu bessern, zu bestrafen oder zu betreuen. [...] In Wahrheit ist jede Unmittelbarkeit mit dem Adressaten aufgehoben, *weil ein solches Subjekt nicht mehr existiert*. In erster Linie nehmen die neuen Behandlungsstrategien nicht mehr Menschen ins Visier, sondern Faktoren, statistische Korrelationen heterogener Elemente. Sie dekonstruieren den konkreten Adressaten und rekonstruieren eine Faktorenkombination, die der Tendenz nach ein Risiko darstellt. [...] Tatsächlich hebt ›Prävention‹ den Verdacht auf das wissenschaftliche Niveau einer Wahrscheinlichkeitsrechnung« (Castel 1991, 288).

Das heißt, jeder Mensch ist als *homo sociologicus* durch eine endliche Menge *n* sozialer Rollen und Positionen charakterisiert (Mann, Mittvierziger, Ehemann, Vater, Maurer, Fußballfan), von denen jede erfahrungsgemäß mit einer bestimmten Wahrscheinlichkeit »riskante« Verhaltensweisen nach sich zieht, so daß sich das einzelne Individuum dem therapeutischen Blick als Bündel von *n* Abweichungen darstellt, deren jede mit der Wahrscheinlichkeit x ($n_{1, 2, \ldots}$) auftritt. Entsprechend dieser Neigungen wird das Individuum traktiert, ohne Ansehen der Person, eben »versicherungsgerecht«.

Wer empirisch weiter bohren wollte, könnte sich daran versuchen, den konstruierten Faktor »Neigung« so weit kleinzuarbeiten, daß er am Ende als reale Resultante einer Unzahl von empirischen Faktoren erscheint. So gelang es dem Statistiker Guerry, einem Zeitgenossen Quételets, anhand von über 21 000 Mördern 97 Hauptmotive und 4478 Untermotive herauszufiltern. Die Physiognomik ist an solchen Mengen gescheitert, der

Statistik gelingt es, sie in eine handliche Variable für *alle Fälle* zu komprimieren. Allerdings beteuern ihre Protagonisten nachgerade gebetsmühlenhaft, daß über den *einzelnen Fall* sich statistisch nichts folgern ließe. Wie immer die ermittelte Größe (Mittelwert, Streuung) auch aussieht, »man kann sie ebensowenig auf den speziellen Fall einer gegebenen Person anwenden, wie sich eine Sterblichkeitstafel dazu eignen würde, ihr Todesdatum zu bestimmen. Darüber sollte es kein Mißverständnis geben: die soziale Physik« – so nennt Quételet seine statistische Gesellschaftsanalyse – »kann nicht beanspruchen, über irgendein konkretes Individuum etwas auszusagen« (Quételet 1968, X).

Solche Bescheidenheit spiegelte freilich weniger methodologische Skrupel wider (die, kaum geäußert, in der allgemeinen Euphorie schnell vergessen wurden). Den Ausschlag gaben vielmehr moral-politische Rücksichten in Sachen *freier Entscheidung*. Sollte es denn für jede Person eine statistisch ermittelbare Tatneigung geben, die ihrerseits auf einige tausend Ursachen zurückgehen würde – was läge dann näher, als den einzelnen von seiner Verantwortung zu entlasten? Wer kann diese irrwitzige Komplexität schon beherrschen? Und: Wenn der Mensch nicht aus eigener Machtvollkommenheit zu dem wurde, was er ist – muß man dann nicht die »Schuld« bei den *gesellschaftlichen Verhältnissen*, dem »Milieu« suchen? Quételet selbst gerät, von der Logik seiner Argumentation getrieben, auf dieses riskante, durch und durch anti-liberale Terrain:

> »Die Gesellschaft enthält«, schließt er ganz folgerichtig, »in sich alle Keime der Verbrechen, die in ihr begangen werden, ebenso die notwendigen Rahmenbedingungen dafür, daß sie sich entwickeln. In gewisser Weise bereiten die sozialen Zustände diese Verbrechen vor, und der Verbrecher ist nur das ausführende Instrument. Jedes gesellschaftliche Verhältnis impliziert daher eine bestimmte Zahl und ein gewisse Ordnung der Verbrechen – diese sind lediglich ein zwangsläufiges Resultat seiner Organisation« (Quételet 1968, 6).

Der statistische »Determinismus« unterwandert das zentrale Gebiet liberaler Lebensführung, den freien Willen und die persönliche Verantwortung (Hacking 1995, 115ff., Porter 1986, 151ff.). Es gibt keinen Liberalismus ohne *autonome Entscheidung*:

»Die Annahme eines solchen Vermögens, worin allein das Wesen der metaphysischen oder absoluten innern Freiheit bestehen kann, ist nun eben das Überschwengliche und Unbegreifliche, aber gleichwol eine nothwendige Bedingung für die moralische Zurechnung, d. h. für die Idee der (moralischen) Verdienstlichkeit oder Strafbarkeit des tugendhaften oder lasterhaften Wollens; und die Stimme des das selbsteigene Wollen und Handeln richtenden Gewissens nicht minder als das Gefühl für die Hochachtung und des Abscheus, das uns gegen andere je nach der Beschaffenheit ihres Wollens und Handelns durchdringt, nöthigt uns zum Glauben daran« (Rotteck 1838, 61).

Dagegen nimmt sich Quételets ideologische Rettungsaktion gefährlich etatistisch, um nicht zu sagen »sozialistisch«, aus: seine Beobachtungen, gesteht er ein, seien »zwar auf den ersten Blick sehr entmutigend«, doch bei genauerem Hinsehen entstehe ein anderes, »tröstliches« Bild: tatsächlich demonstrierten sie nämlich »die Möglichkeit, die menschliche Rasse zu verbessern, und zwar dadurch, daß man ihre Institutionen, Gewohnheiten, ihren Informationsstand und einfach alles, was ihre Lebensart betrifft, verbessert. Das ist in der Tat etwas, das allen, die den physischen Zustand der Gesellschaft auf philosophische Weise analysiert haben, seit je geläufig war: Solange dieselben *Ursachen* wirken, müssen dieselben *Wirkungen* entstehen« (Quételet 1968, 6).

Es *läßt* sich also etwas machen – aber diese Freiheit hat nur das *Ganze* (der reformierende Staat), nicht seine Teile (die reformbedürftigen Subjekte). Zweifellos eine ambivalente Botschaft für Liberale. Bestenfalls.

2.5 Erziehung statt Erkenntnis?

Der »beste Fall« wird indes umgehend wieder kassiert. Denn selbst ein konzentrierter Kräfteeinsatz kann unter normalen Umständen wenig bewirken – ungeachtet unserer hochfliegenden Pläne:

»Was manche zur Annahme verleitet hat, moralische Handlungen stünden über diesem Gesetz, ist die zu allen Zeiten verbreitete Neigung, den Menschen einen übergroßen Einfluß auf ihre Handlungen zuzuschreiben. Dem steht ein bemerkenswerter Trend der Wissenschaftsgeschichte entgegen: Je mehr sich unser einschlägiges Wissen vermehrt, desto geringer stufen wir unsere Macht ein« (Quételet 1968, 6).

Die Statistik hat nicht nur vor der Aufgabe kapituliert, das empirische Subjekt zu eruieren (statt dessen wird es als Risikobündel rekonstruiert), sie legt uns auch nahe, an den Zuständen, so, wie sie sind, zu verzweifeln:

»Ich will«, verkündet Quételet, »nur ein einziges Beispiel anführen, das freilich die Aufmerksamkeit aller philosophischen Köpfe verdient. Welchen Aspekt der Kriminalität wir auch betrachten – jedesmal wiederholen sich die Zahlen mit solcher Regelmäßigkeit, daß man dieses Faktum unmöglich übersehen kann. Das gilt selbst für solche Verbrechen, die für uns Menschen vollkommen unvorhersehbar erscheinen – wie etwa die Zahl der Morde, die aus Affekt verübt werden und von außen ganz und gar zufällig erscheinen. Aber: Die Erfahrung zeigt, daß derartige Morde nicht nur jedes Jahr mit derselben Häufigkeit auftreten, sondern daß auch das Verhältnis der Mordwaffen zueinander konstant bleibt« (Quételet 1968, 6).

Gewöhnliche Anstrengungen gewöhnlicher Menschen – jener Armada von Polizisten, Richtern, Sozialarbeitern, Bewährungshelfern, Psychologen – genügen offenbar nicht, die Verhältnisse zu verschieben. So sieht das auch Quételet: Höchstens »einige Ausnahmemenschen mit viel Fingerspitzengefühl können an diesem Zustand etwas ändern, sogar dann benötigen diese Reformen beträchtliche Zeit, bevor sie richtig wirken« (1968, 6f.).

Der ganze statistische Aufwand und damit das fortgeschrittenste Wissen führt am Ende zur mageren Erkenntnis, daß alles davon abhängt, ob Gesellschaften das Glück haben, in ihrer Mitte ein paar Koryphäen (*gifted with a superior genius*) zu wissen, deren singuläre Begabung es vermag, den durchschnittlichen Menschen richtig zu *erziehen* (Verbesserung von *habits* und *information*) resp. zu *organisieren* (Verbesserung von *institutions*). *Wie* – das kann ihnen niemand und auch keine empirische Analyse sagen. Es kommt auf ihr Fingerspitzengefühl (*sensibility*) an – und wohl genauso darauf (was Adolphe Quételet in seinem Überschwang vergißt), daß ihnen ein ausreichendes Machtpotential zur Verfügung steht, um wichtige Erkenntnisse politisch umzusetzen. Jean-Jacques Rousseau gehörte zu denen, die von den Dimensionen des pädagogischen Projekts wußten, das auf jenen seltenen Reformer warten würde: »Wer sich daran wagt, ein Volk zu errichten, muß sich imstande fühlen, sozusagen die menschliche Natur zu ändern.« Und: »Es bedürfte der Götter, um den Menschen Gesetze zu geben« (Rousseau 1991, 43).

Der erfolgreiche Erzieher, so will es scheinen, befände sich in der Position Gottes, der nach Gutdünken kreiert, daher seine eigenen Wünsche erfüllen kann und, falls keine Fehler passiert sind, von den Ergebnissen weder ent- noch gar getäuscht werden kann: »Und Gott sah an alles, was er gemacht hatte; und siehe da, es war sehr gut.« Oder in ein technokratisches Gesetz gebracht: *Gelingt die Erziehung, bedarf es keiner Erkenntnis* (obwohl sie genau dann möglich wäre).

Warum das solche Schwierigkeiten macht, ist nicht ohne weiteres klar. Rousseaus Skepsis widerspricht prima facie seiner eigenen Anthropologie, der zufolge Menschen von Natur aus gut sind (Melzer 1990). Da sollte man eigentlich ganz einfach anknüpfen können. Oder nehmen wir eine andere Autorität auf dem Gebiet des menschlichen Geistes, John Locke, dessen Erfahrungen zeigen, »daß von zehn Menschen, denen wir begegnen, neun das, was sie sind, gut oder böse, nützlich oder unnütz, durch ihre Erziehung sind. Sie ist es, welche die großen Unterschiede zwischen den Menschen schafft.« Was daher komme, daß Kinder nichts als »weißes Papier oder Wachs« seien, das »man bilden und formen kann, wie man will« (Locke 1983, 7, 268). Wie die Seele (*mind*) von »äußerster Leere« (Richard Hooker), eben eine *tabula rasa* sei, müsse man eigentlich nur (das Richtige) wollen – daran haben viele geglaubt, neben Locke auch Hobbes oder Francis Bacon, um nur zwei der Bekannteren zu nennen (Wood 1992). Andererseits finden sich nicht nur bei Rousseau Züge einer pädagogischen Resignation; bei Locke äußert sie sich darin, daß unterhalb des Standes eines *Gentleman* Erziehungsbemühungen jedweder Art, abgesehen vom brutalen Arbeitszwang, sowieso für die Katz sein sollen (Gay 1998, Hundert 1972). Spätere Generationen fanden diese Unerziehbarkeit der Masse bestätigt: Keine Alchemie, klagt Herbert Spencer Mitte des 19. Jahrhunderts, »kann bleierne Instinkte in goldenes Verhalten verwandeln« (1981, 69).

Also nach der gescheiterten Erfassung auch eine gescheiterte Erziehung?

3. Die »Regierung des Gemüts«

Die meisten Liberalen glauben an den Wert der Pädagogik: Menschen *sind* »formbar« (Passmore 1965), *können* daher erzogen werden – und *müssen* es auch. Daß durchschlagende Fortschritte ausbleiben, hat eher mit falschen Idealen oder verkehrten Methoden zu tun. Darüber wurde dann gestritten, wobei diese Kontroversen ihrerseits einen gemeinsamen Nenner hatten: Gute Erziehung werde daran gemessen, ob sie den *rohen Menschen* als Einzelwesen so weit »verfeinert«, daß er als Gattungswesen zum *freien Bürger* taugt: »Nicht von der Natur, sondern durch Zucht« (Hobbes 1994, 76) werden wir für die Gesellschaft präpariert – hierin liegt der Zusammenhang von Pädagogik und Politik.

3.1 »Gesellige« Selbstentfaltung

Worauf soll die »Regierung des Gemüts« (Kant) abzielen? Welche Methoden taugen dafür? Wenn Menschen im kindlichen Zustand einem leeren Papier gleichen sollten, dann mag es zwar sein, daß sie als Materie dem pädagogischen Eifer *negativ* gewisse Grenzen setzen, doch *positive* Ideale sind ihrer Natur dann keine abzulauschen. Nicht von ungefähr landet Locke beim »jungen Gentleman«, einer *gesellschaftlichen* Figur, die zugleich Ziel und Bedingung jeder möglichen (resp. »vernünftigen«) Erziehung darstellt. Gleichzeitig ist dieser Stand der Gebildeten und Besitzenden staatspolitisch besonders wichtig, denn hat man ihn »erst einmal durch Erziehung in Ordnung gebracht«, wird »er auch alle übrigen sehr schnell in Ordnung bringen« (Locke 1983, 5).

Daß das pädagogische Ziel erst verbindlich definiert, also *gesellschaftlich* konstruiert werden muß, hindert Locke nicht daran, die Entwicklung dahin als Prozeß der *Selbst*-Entfaltung oder -verwirklichung zu beschreiben – ein »wirkliches« Selbst zu besitzen ist eben Standesprivileg, und (nur) für auserwählte Menschen fällt beides zusammen (wie ja auch Bürgerrechte seit je mit Menschenrechten im Grunde gleichgesetzt worden sind).

Fremd- und Selbstbestimmung sind sozial identisch; zeitlich allerdings fallen sie auseinander. Am Anfang des individuellen Lebenswegs dominiert aufgeklärter Zwang, dessen Adressat noch nicht erkennen kann, daß die autoritäre Macht nur sein Bestes will. Am Ende aber muß das Richtige von *innen* heraus, selbständig, passieren: »Jeder Mensch« – sprich: Gentleman – soll »früher oder später sich selbst und seiner eigenen Führung überlassen werden; und wer ein guter, rechtschaffener und tüchtiger Mensch ist, muß es von innen heraus geworden sein« (Locke 1983, 44).

Damit hat Locke auch das geforderte Resultat der personalen Entwicklung genannt: rechtschaffene, redliche Männlichkeit – Frauen tauchen in dieser maskulinen Welt mit ihrer »muskulären Psychologie« höchstens am Rande und als Risiko auf: sie sind es, deren Erziehungsstil »verzärtelt« (Locke 1983, 8). Redlichkeit ist freilich ein hehres Ziel und hängt daher, für sich genommen, in der Luft. Die Pädagogik hat deswegen darüber aufzuklären, wie diese Generaltugend *intellektuell* fundiert und *psychologisch* abgestützt werden kann.

Ginge es nach Locke, wäre der *kognitiven Ausstattung* deutlich weniger Aufmerksamkeit zu schenken: »Denn wer erwartet, daß unter der Anleitung des Hauslehrers aus einem jungen Gentleman ein perfekter Kritiker, Redner oder Logiker wird? Daß er der Metaphysik, Naturphilosophie oder Mathematik auf den Grund geht oder ein Meister in der Geschichte oder Chronologie wird?« Zwar muß er »von allem etwas lernen. Aber das geschieht nur, um das Tor zu öffnen, damit er hineinschauen kann und sozusagen eine erste Bekanntschaft macht; er soll dort aber nicht zu Hause sein. Ein Erzieher müßte sogar sehr getadelt werden, wenn er seinen Zögling damit zu lange aufhalten und ihn in die meisten Dinge zu tief einführen würde« (Locke 1983, 111).

Wissen von gesunder Oberflächlichkeit und in verträglichen Portionen serviert – das reicht. Aber für was? Um dem jungen Menschen eine Vorstellung von der ihm (noch) unbekannten Welt zu verschaffen? Lockes Kritik des männlichen Blaustrumpfes läßt erahnen, was der eigentliche Zweck der intellektuellen Bildung ist: *Weltkenntnis* – ein Orientierungswissen, das dem Zögling den riskanten Übertritt ins gesellschaftliche Leben, so, wie es sich gibt, mit all seinen Unwägbarkeiten und Unsagbarkeiten, ermöglichen soll:

»Der einzige Schutz gegen die Welt ist gründliche Weltkenntnis; in sie sollte ein junger Gentleman stufenweise eingeführt werden, wie es ihm zuträglich ist, und je früher, desto besser, vorausgesetzt, daß er in sicheren und geschickten Händen ist, die ihn führen können. Die Szene sollte allmählich geöffnet werden, der Auftritt Schritt für Schritt geschehen, und er sollte dabei auf die Gefahren hingewiesen werden, die ihm seitens der verschiedenen Klassen, Charaktere und Gruppen von Menschen und ihren Absichten drohen. Er sollte darauf vorbereitet werden, daß manche ihn verletzen und andere ihm schmeicheln werden; er sollte wissen, wer ihm wahrscheinlich Widerstand leisten, wer ihn verführen, wer sein heimlicher Feind sein und wer ihm beistehen wird. Er sollte lernen, wie er sie erkennen und unterscheiden kann, wo er seine Kenntnis über sie, ihre Absichten und Machenschaften durchblicken lassen und wann er sie verschleiern sollte. Und wenn er sich zu voreilig und gewagt auf seine eigene Geschicklichkeit und Kraft verlassen sollte, mögen die peinlichen Schwierigkeiten und unangenehmen Folgen eines gelegentlichen Mißerfolgs, der seiner Unschuld, seiner Gesundheit und seinem Ruf nicht schadet, kein schlechtes Mittel sein, ihn größere Vorsicht zu lehren« (Locke 1983, 107f.).

Lernen als Vorbereitung aufs künftige Leben und den möglichen Mißerfolg: optimistisch geplant insofern, als Locke glaubt, »Charakter« ließe sich programmieren; skeptisch beurteilt, weil die Möglichkeit der (Selbst-)Täuschung präsent bleibt; pragmatisch gewendet dadurch, daß Enttäuschungen als Chancen gelten – aus Erfahrungen, schlechten zumal, wird man klug; und nicht zuletzt politisch konservativ: denn Lektionen fürs Leben verlören ihren Sinn, wenn das Leben »unterbrochen« würde – der *Status quo* als pädagogisches Argument (vgl. Metha 1992, 148ff.).

Weltkenntnis ist notwendig, um sich auf den Charakter *der anderen* einzustellen; genauso wichtig ist aber die Bildung des *eigenen* Charakters, damit er »Kraft, Gewandtheit und Eifer« (Locke 1983, 110) zeige. Solche Tugenden machen freilich noch keine operationalisierte Pädagogik aus, Erzieher können sie nicht einfach lehren. Sie brauchen einen *psychologischen Hebel*, auf den ihre Kraft charakterbildend einwirken kann. Locke entdeckt diesen Ansatzpunkt in der *Triebkontrolle* – darum geht es, wenn er davon spricht, daß die richtige Erziehung darin bestehe, »den Geist in die rechte Verfassung zu bringen«; und wenn es heißt, daß der Mensch auf diese Weise »dem hohen Rang eines vernunftbegabten Wesens« gerecht werde, dann wird *Vernunft* letztlich mit *Verzicht* identifiziert (Locke 1983, 33). Lockes pädagogisches Ideal, in seinen eigenen Worten:

»Wie die Stärke des Körpers hauptsächlich darin liegt, daß er Mühsal und Beschwernis ertragen kann, so verhält es sich mit der des Geistes. Der Wesensgrund aller Tugend und allen Wertes besteht darin, daß ein Mensch imstande ist, sich selbst seine eigenen Wünsche zu versagen, seinen eigenen Neigungen entgegenzutreten und lediglich dem zu folgen, was die Vernunft ihm als das beste anweist, mag auch die Begierde in andere Richtungen gehen« (Locke 1983, 34).

Diese Fähigkeit zur kasteienden Selektion ist das oberste Erziehungsziel, das der gute Pädagoge dann altersgerecht kleinarbeitet:

»Nicht darin liegt der Fehler, daß man Wünsche hat, die den Begriffen und dem Geschmack jener verschiedenen Altersstufen angemessen sind, sondern darin, daß man sie nicht den Gesetzen vernunftgemäßer Beschränkung unterwirft; der Unterschied liegt nicht darin, daß wir Begierden haben, sondern darin, ob wir uns in der Gewalt haben, sie zu beherrschen und uns selbst in ihnen zu verleugnen. Wer nicht daran gewöhnt wird, seinen Willen der Vernunft anderer zu unterwerfen, solange er jung ist, wird sich kaum dazu verstehen, sich seiner eigenen Vernunft zu unterwerfen, wenn er in dem Alter ist, daß er sich bedienen kann. Als was für ein Mann sich ein solcher aber erweisen wird, das ist leicht vorauszusehen« (Locke 1983, 36f.).

Self-denial, self-control, self-restraint – diese (austauschbaren) Ideale werden dem Erzieher, der seine Arbeit *vernünftig* machen will, wieder und wieder eingehämmert (s. Yolton 1998). Aber sie sind nicht einfach identisch mit *vigour, activity, and industry* (»Kraft, Gewandtheit und Eifer«), den »energetischen« Zielen des pädagogischen Programms. Soll die Transformation gelingen, darf Trieb*kontrolle* keinesfalls in Trieb*unterdrükkung* ausarten, denn daraus resultiert Antriebsschwäche. Ohne Reiz (*stimulus*) keine Reaktion (*response*) – daran glaubt auch Locke:

»Der unendlich weise Urheber unseres Daseins hat uns die Kraft verliehen, verschiedene Teile unseres Körpers nach Gutdünken zu bewegen oder ruhig zu halten. [...] Er hat auch unserm Geist die Kraft gegeben, in bestimmten Fällen aus seinen Ideen diejenigen auszuwählen, über die er nachdenken will, und die Untersuchung dieses oder jenes Gegenstands mit Überlegung und Aufmerksamkeit durchzuführen. Um uns nun zu diesen Tätigkeiten des Denkens und Bewegens, deren wir fähig sind, anzutreiben, hat er es für gut befunden, mit bestimmten Gedanken und Sensationen eine Wahrnehmung von Lust zu verknüpfen.« Andernfalls würden wir »weder unsern Körper bewegen noch unsern Geist betätigen. [...] Das wäre ein Zustand, in dem der Mensch, obwohl er mit Fähigkeiten des Verstandes und des Willens ausgestattet ist, ein vollkommen müßiges, inaktives Wesen sein und das ganze Leben in einem trägen, lethargischen Traumzustand verbringen würde« (Locke 1981 I, 139f.).

Ein »Mangel an Interesse allem gegenüber« kann schon früh entstehen, und diese *Indifferenz* sieht John Locke wie viele »als eine der schlimmsten Eigenschaften an, die ein Kind haben kann« (1983, 154). Weshalb ja die Unerziehbaren, weil Lustlosen, in Arbeitshäuser gesteckt werden müssen, wo ihnen Aktivität regelrecht abgepreßt wird. Es soll auch niemand auf den Gedanken verfallen, es könne ein Recht auf oder eine *Freiheit* zur Faulheit geben:

»Eine vollkommene Indifferenz des Willens oder der Kraft des Vorziehens, die durch die zu erwartenden guten oder bösen Folgen unserer Wahl nicht zu beeinflussen wäre, würde weit davon entfernt sein, Gewinn oder Vorzug für ein vernunftbegabtes Wesen zu bedeuten; sie würde vielmehr eine ebenso große Unvollkommenheit sein, wie es auf der anderen Seite eine solche wäre, wenn die Indifferenz gegenüber dem Handeln und Nichthandeln vor der Entscheidung fehlte. [...] Es ist eine ebenso große Vollkommenheit, daß die Kraft des Vorziehens durch das Gute bestimmt wird, wie daß die Kraft des Handelns durch den Willen bestimmt wird; je sicherer solche Bestimmung erfolgt, um so größer ist die Vollkommenheit« (Locke 1981 II, 350).

Anders gesagt: Ein Mensch, der nichts will, ist so wenig frei wie einer, der etwas Falsches will; wer keinen Antrieb verspürt, kommt der Vernunft keinen Deut näher als jener, den seine Begierden über die Stränge schlagen lassen. Ohne Aktivität, sprich: Arbeit, würden wir unseren göttlichen Auftrag verfehlen, ja uns gar der Aussicht berauben, (durch Eigentum) Individualität zu erwerben (Locke 1988, 21ff.). Lockes Erziehungsziel ist das *aktive Leben* innerhalb der bestehenden Gesellschaft, ausgezeichnet durch empirische »Weltkenntnis« und eine vernünftige Moral – eben der *selfmade* Gentleman (wenn man so will).

Status quo und *Vernunft*, Lockes zwei Referenzgrößen, haben sich freilich keineswegs über die gesamte Geschichte der liberalen Pädagogik hinweg anfechtungslos behauptet, auch nicht da, wo es auf den ersten Blick so aussehen mag. Kant z. B. teilt

Lockes Angst vor der natürlichen *Faulheit* – es sei, meint er, »ein besonderes Unglück für den Menschen, daß er so sehr zur Untätigkeit geneigt ist« (Kant 1991, 729); er weiß auch um die prekäre Balance zwischen Repression und Stimulation: »Wie kultiviere ich die Freiheit bei dem Zwange?« (1991, 711)

Über weite Strecken verfährt Kants Kultivierungskurs nach dem Lockeschen Erziehungsprogramm – es ist eine verdeckte Didaktik, die Zwang schrittweise in Einsicht transformiert: »Bei der Erziehung muß der Mensch also 1) *diszipliniert* werden. Disziplinieren heißt suchen zu verhüten, daß die Tierheit nicht der Menschheit, in dem einzelnen sowohl, als gesellschaftlichen Menschen, zum Schaden gereiche. Disziplin ist also bloß Bezähmung der Wildheit« (Kant 1991, 706).

Wobei man sich das tierische Dasein nicht nur als wilde, sondern auch faule Existenz vorstellen muß. Doch ob Energiedefizit oder -überschuß – in beiden Fällen geht es darum, nicht nur den Impuls richtig zu dosieren; er soll auch auf nützliche Verrichtungen hingelenkt werden. Daher muß 2) der Mensch »*kultiviert* werden. Kultur begreift unter sich Belehrung und Unterweisung. Sie ist die Verschaffung der Geschicklichkeit. Diese ist der Besitz eines Vermögens, welches zu allen beliebigen Zwekken zureichend ist. Sie bestimmt also gar keine Zwecke, sondern überläßt das nachher den Umständen. [...] 3) Muß man darauf sehen, daß der Mensch auch *klug* werde, in die menschliche Gesellschaft passe, daß er beliebt sei und Einfluß habe. Hierzu gehört eine gewisse Art von Kultur, die man Zivilisierung nennet. Zu derselben sind Manieren, Artigkeit und eine gewisse Klugheit erforderlich« (Kant 1991, 706f.).

Dieser Stufe folgt als letzte und höchste: »4) Man muß auf die *Moralisierung* sehen. Der Mensch soll nicht bloß zu allerlei Zwecken geschickt sein, sondern auch die Gesinnung bekommen, daß er nur lauter gute Zwecke wähle« (Kant 1991, 707).

So weit reichen die Parallelen; der Gleichschritt endet, wo es darum geht zu bestimmen, was ein »guter Zweck« ist: »Gute Zwecke sind« für Kant »diejenigen, die notwendigerweise von jedermann gebilligt werden; und die auch zu gleicher Zeit jedermanns Zwecke sein können« (Kant 1991, 707).

Jedermann, nicht nur der Edelmann, wird berücksichtigt, die Klassenmoral erweitert sich zur Universalmoral. Vernunft gilt nun als Allgemeingut – was weniger sie als den Status quo verändert, denn Erziehung kann ab jetzt nicht mehr das Privileg besserer Schichten sein, sondern muß zum »Volksbildungswerk« verallgemeinert werden: Jeder Mensch soll »zu jeder Stufe eines Standes [...] gelangen dürfen, wozu ihn sein Talent, sein Fleiß und sein Glück hinbringen können. Und es dürfen ihm seine Mituntertanen durch ein erbliches Prärogativ (als Privilegiaten für einen gewissen Stand) nicht im Wege stehen, um ihn und seine Nachkommen unter demselben ewig niederzuhalten« (Kant 1974, 139).

Das Recht auf Bildung entspringt weniger dem Gefühl für soziale Gerechtigkeit als einem moralischen Gebot: Es ist kategorische Pflicht des Menschen, sein Leistungspotential zu entfalten (Kant 1989, 515ff.) – also muß man ihm auch die Chance einräumen. Man kann es dann nicht beim gesellschaftlichen Status quo belassen, das Gros der Menschen ins Arbeitshaus schikken und den oberen Zehntausend Bildung als privat genutztes Monopol vorbehalten. Persönliche Erziehung und politisch-soziale Reform gehen Hand in Hand. Am Horizont erscheint die Möglichkeit eines öffentlichen Erziehungssystems.

In dieselbe Richtung treibt es auch Kants zeitgenössische Konkurrenten, die schottischen Moralphilosophen, obwohl sie den Lockeschen Pfad an der anderen Stelle verlassen: nicht dem Status quo gilt, pädagogisch gesehen, ihre erste Sorge – Hume, Smith und Konsorten zweifeln mehr am pädagogischen Hebeleffekt der *Vernunft* (Baier 1991, 1998; Lovejoy 1961, 181ff.). »Keine Rede«, so bringt Hume die Differenz auf den Nenner,

> »ist in der Philosophie und auch im täglichen Leben üblicher als die Rede von dem Kampf zwischen Affekt und Vernunft. Dabei gibt man der Vernunft den Vorzug und behauptet, daß die Menschen nur insoweit tugendhaft seien, als sie sich ihren Geboten fügen. Jedes vernünftige Geschöpf, sagt man, soll seine Handlungen nach seiner Vernunft einrichten; wenn irgendein anderes Motiv oder Prinzip die Leitung seines Tuns beansprucht, so soll es dies Motiv so lange bekämpfen, bis dasselbe völlig unterdrückt ist oder wenigstens mit jenem höheren Prinzip sich in Einklang gesetzt hat. Auf dieser Denkweise scheint in der Regel die Moralphilosophie, die alte und die moderne zu beruhen. [...] Um die Hinfälligkeit dieser ganzen Philosophie zu zeigen, werde ich versuchen, zu beweisen, *erstens*, daß die Vernunft allein niemals Motiv eines Willensakts sein kann; *zweitens*, daß dieselbe auch niemals hinsichtlich der Richtung des Willens den Affekt bekämpfen kann« (Hume 1978, 150f.).

Auch Kant hat sich mit dem Problem herumgeschlagen, wie der Pflichtgedanke die Menschen motivieren kann (1991, 103ff.); schließlich sollen sie etwas tun, was ihnen gegen den Strich geht und keinen Spaß macht. Aus Angst vor Strafe – das wäre zwar eine Antwort, doch war weder Kant damit zufrieden, noch hat diese Lösung den schottischen Ansprüchen genügt. Selbst dem Pragmatiker Locke erschien eine Pädagogik der Abschreckung nicht ausreichend: einfach deswegen, weil man auch dann rechtschaffen handeln soll, wenn niemand hinschaut oder zuschlägt.

Hume, Smith und ihresgleichen zogen sich – Zeitgenossen des *man of feeling*, die sie waren – dadurch aus der Affäre, daß sie ein »moralisches Gefühl« (Hume 1984, 215ff.), den *moral sense*, in Anschlag brachten, der dem Menschen angeboren sei und ihn dazu bringe, auf den anderen Rücksicht zu nehmen. Zur Erinnerung: Ausgangspunkt von Adam Smith ist das *Axiom*, es lägen »gewisse Prinzipien« in der menschlichen Natur, die uns »dazu bestimmen, an dem Schicksal anderer Anteil zu nehmen«, und uns »selbst die Glückseligkeit dieser anderen zum Bedürfnis machen« (Smith 1985, 1).

Die erste, wohlbekannte Frage ist: Wer sind die relevanten anderen? Im Prinzip geht es von Anfang an um *alle* Menschen, »das Glück der Menschheit« muß Gegenstand unseres »Empfindens« sein, danach richtet sich, was als »nützlich und gut« gilt (Hume 1826, 368). Dieselbe Rigorosität legt Smith an den Tag. Dabei führt er freilich eine folgenschwere Abstufung ein – zwischen passiver Gefühligkeit und aktiver Nützlichkeit:

> »Unsere guten Dienste können sich zwar in wirksamer Weise nur sehr selten auf einen größeren Kreis von Menschen erstrecken als auf denjenigen unseres eigenen Landes, unser guter Wille jedoch ist durch keine Grenzen eingeschränkt, sondern kann die Unendlichkeit des Universums umfassen. Wir können uns nicht die Vorstellung von einem schuldlosen und fühlenden Wesen bilden, dessen Glückseligkeit wir nicht wünschen würden oder gegen dessen Unglück wir, wenn wir uns dasselbe ganz deutlich vorstellen, nicht einen gewissen Widerwillen vorstellen würden« (Smith 1985, 397).

Anders herum und zugespitzt: Es ist einfacher, mit der Welt zu fühlen, als dem Nächsten zu helfen. Gar weiteren Kreisen »nützlich« zu sein ist eine Pflicht, die schnell unsere empathischen Reserven übersteigt: »Die Verwaltung des großen Systems des Universums, die Sorge für die allgemeine Glückseligkeit ist indes das Geschäft Gottes und nicht des Menschen. Dem Menschen ist ein weit niedrigerer Arbeitsbezirk zugewiesen, aber einer, der der Schwäche seiner Fähigkeiten und der Enge seiner Fassungskraft weit angemessener ist: die Sorge für seine eigene Glückseligkeit, für seine Familie, seine Freunde und seines Landes« (Smith 1985, 400f.) – in dieser Reihenfolge und mit abnehmender Intensität, wie Adam Smith auch weiß.

Mit anderen Worten: Wer dem liberalen Anspruch auf universale »Inklusion« gerecht werden wollte, müßte nicht die menschliche Vernunft ändern, sondern – wiederum – den *Status quo* reformieren, so daß der schöne Gedanke nicht an seinen traditionellen Grenzen haltmacht. Nachdem Gott diesen Teil unerledigt zurückgelassen hat, wird er zur exklusiven *Staatsaufgabe*. Jedenfalls, einige Zeit später, bei John Stuart Mill, dessen Freiheitseuphorie sich deshalb sogar mit dem Autoritätsanspruch einer »unumschränkten Monarchie« arrangiert:

»Einer der stärksten Hemmschuhe des Fortschritts besteht, noch auf einer relativ hohen Entwicklungsstufe, in einem eingefleischten Lokalpatriotismus. Bestimmte Teile der Menschheit, die in vieler Hinsicht zur Freiheit fähig und bereit sind, können dennoch außerstande sein, sich auch nur zur kleinsten Nation zusammenzuschließen. Nicht nur besteht die Möglichkeit, daß Eifersüchteleien und Antipathien sie voneinander abstoßen und jeden freiwilligen Zusammenschluß verhindern, es können auch jene Bewußtseins- und Verhaltensmuster noch nicht entwickelt sein, die aus einem Zusammenschluß, vorausgesetzt er wurde nominell bereits vollzogen, erst eine echte Union macht. Sie mögen durchaus, wie die Bürger der Stadtstaaten im Altertum oder die eines asiatischen Dorfes, beträchtliche Praxis in der Wahrnehmung ihrer Dorf- oder Stadtinteressen besitzen und in diesem begrenzten Rahmen auch eine einigermaßen funktionierende, vom Volk getragene Regierung realisiert haben und können dennoch für alles, was diesen Rahmen übersteigt, nur sehr geringe Sympathien empfinden und weder gewohnt noch fähig sein, das gemeinsame Interesse einer Vielzahl solcher Gemeinwesen wahrzunehmen« (Mill 1971, 81f.).

Wie ändert der starke Staat das schwache Gefühl? Mill zufolge bedarf es für die allmähliche Umsetzung des liberalen Ideals einer autoritären Macht, die ihre Adressaten dazu zwingt und daran *gewöhnt*: »Nur durch die Gewohnheit, sich einer solchen Gewalt zu unterwerfen, sich an ihren Maßnahmen zu beteiligen und ihre Ziele zu unterstützen« (Mill 1971, 82), funktioniert das große Werk, wobei sein universaler Abschluß nur möglich sein wird, wenn, ähnlich wie bei Kant, aus dem starken Staat eine vitale Republik hervorgeht: *Democracy as Sentimental Education* (Anderson 1998).

3.2 »Soziale« Fremdbestimmung

Das Selbst (Subjekt) wird in einer *Differenz* zur sozialen Umwelt »verwirklicht« – es muß »gesellig« (Kant) sein, soll heißen: sich mit dem Rest der Welt vertragen und ihm, wenn möglich, auch nützen; *nicht* verlangt ist eine völlige Unterwerfung dergestalt, daß Menschen ihrem Egoismus entsagen und ununterscheidbar im funktionalen (oder organischen) Gefüge der Gesellschaft aufgehen sollen: »Das Allgemeine«, heißt es dazu bei Hegel, muß »bestätigt sein, aber die Subjektivität auf der anderen Seite ganz und lebendig entwickelt werden« (Hegel 1986, 407) – was Reibungsflächen produziert, Spannungen erzeugt, ja gelegentlich zu dramatischen »Kollisionen« (Hegel) führt. Doch zählen derartige Friktionen, weil und solange sie Ausdruck eines pulsierenden Lebens sind, wenig im Vergleich zu jener anderen Gefahr, die Hegel ja auch schon gesehen hat: daß Menschen »versumpfen«, Sphären sich »einhausen«, Partikularitäten »verknöchern«, so daß am Ende alle Spannung in einem vielleicht ewigen, ganz sicher aber leblosen Frieden »verschwunden ist« (Hegel 1986, 493 f.).

Der liberale Geist reguliert diese produktive Differenz durch Erziehung – »feindliche« Triebe werden diszipliniert, »freundliche« Gefühle kultiviert. Besonders seit Rousseau ist ihm sogar wichtig, daß Menschen ihre Persönlichkeit bereits von Kindesbeinen an entfalten dürfen, also (männliche) Minderjährige nicht einfach negativ – durch das, was ihnen noch fehlt – bestimmt werden, sondern als Subjekte eigenen Rechts respektiert und behandelt werden (Herrmann 1991).

Wieviel Differenz dem Liberalismus bekommen würde, ist eine empirische Frage, zu der sich allgemein nur sagen läßt, daß die Antwort davon abhängt, wie eng oder lose gesellschaftliche Zusammenhänge »gewirkt« sind: Je weniger Pufferzonen in seinen Reproduktionsprozeß eingebaut sind, desto riskanter sind Reibungen (Perrow 1989). In diesem Sinne sind moderne, arbeitsteilige, daher »hochkomplexe« und »interdependente«

Sozialsysteme anfälliger als ihre primitiveren Vorläufer – verfestigte Partikularitäten, verhauste Menschen, verknöcherte Sphären könnten sie sich immer weniger leisten. Jedenfalls dachten so ihre Propheten (Durkheim 1992).

Verwunderlich wäre es, hätte darauf die liberale Pädagogik nicht reagiert. Ihr Fortschritt, auf den kurzen Nenner des neuen Zielwerts gebracht, bestand im Übergang vom *moralischen* Gefühl aufs *soziale* Gefühl, den *sens social* (Bourgeois 1922, 76). Gemeint ist eigentlich eine Art funktionaler Altruismus, der darin besteht, daß *Subjekte* einander in dem Maße dadurch respektieren, daß sie sich dem *System* unterordnen, also jeder an seinem *Arbeits*-Platz den *Arbeits*-Vertrag einhält.

Emile Durkheim hat daraus die unmittelbare Konsequenz gezogen und das Ideal bzw. die Ideologie der *universalen* Bildung ganz formell verabschiedet – jedenfalls insoweit, als es sich mit der *funktionalen* Qualifizierung nicht mehr verträgt:

»Selbst wenn die Laufbahn eines jeden Kindes nicht mehr (oder nicht mehr zum größten Teil) durch ein blindes Erbrecht vorherbestimmt sein würde, würde die soziale Verschiedenheit der Berufe eine große pädagogische Verschiedenheit nach sich ziehen. Denn jeder Beruf stellt eine Welt *sui generis* dar, die besondere Fähigkeiten und spezielle Kenntnisse erfordert und in der bestimmte Ideen, bestimmte Bräuche und Ansichten herrschen. Da das Kind im Blick auf die Aufgabe, die es einmal erfüllen soll, vorbereitet werden muß, kann die Erziehung von einem gewissen Alter an nicht mehr für alle, an die sie sich wendet, die gleiche sein. In allen zivilisierten Ländern können wir daher beobachten, wie sie sich immer mehr verzweigt und spezialisiert« (Durkheim 1984, 40).

Wenn die allgemeine Pädagogik niemals ganz in der Berufsausbildung aufgeht, dann nicht, weil dem ein heiliges Ideal entgegenstünde, sondern aus dem einfachen und praktischen Grund, daß gewisse Verstandeskräfte, Gefühlsqualitäten und Kulturtechniken funktionsübergreifend nachgefragt werden: Überall, wo man den speziellen Pädagogiken begegnet, »unterscheiden sie sich voneinander nur von einem gewissen Punkt ab, innerhalb dessen sie sich vermischen. Alle ruhen sie auf einer gemeinsamen Basis. Es gibt kein Volk, in dem nicht eine gewisse Anzahl von Ideen, von Gefühlen und von Praktiken existiert, die die Erziehung unterschiedslos allen Kindern beibringen muß, welcher sozialen Kategorie sie auch angehören« (Durkheim 1984, 42).

Was aber keine Rückkehr, und sei sie noch so partiell, zum

Modell der Selbstverwirklichung bedeutet. Denn das, was alle lernen müssen, ergibt sich nicht daraus, daß der Mensch eine bestimmte Idee von sich »als Mensch« hätte, die zu verwirklichen moralische Pflicht wäre (etwa im Sinne Kants). Gemeinsame Ideale reflektieren ausschließlich grundlegende Qualitäten – den »Volkstypus« (Durkheim) –, deren Fehlen das gesellschaftliche Organisationsniveau bestandsgefährdend absenken würde.

Genausowenig Sinn hätte es aus demselben Grund, Spezialität als moderne Form der Individualität anzupreisen. Das pädagogische Paradigma hat sich revolutioniert – nicht mehr den (in zivilisierten Verhältnissen) »natürlichen Menschen« (Rousseau) will man schaffen, und noch weniger dient Lockes (von gesellschaftlichen Privilegien gestützter) »junger Gentleman« als Vorbild; an die Stelle des florierenden Subjekts (dieses oder jenes Zuschnitts) tritt das funktionierende System – und beides überlappt bestenfalls zufällig:

»Nun ist es offensichtlich«, erklärt Durkheim ohne jedes Bedauern, »daß diese Spezialerziehungen nicht im Hinblick auf individuelle Ziele organisiert sind. Zweifellos kommt es manchmal vor, daß sie in einem Einzelnen besondere Fähigkeiten entwickeln, die bereits in ihm lagen und nur verlangten, hervorgerufen zu werden. In diesem Sinne kann man sagen, daß sie ihm helfen, seine Natur zu verwirklichen. Aber wir wissen, wie selten diese eng definierten Berufungen sind. Im Allgemeinen sind wir nicht durch unsere intellektuelle oder soziale Veranlagung für eine bestimmte Funktion prädestiniert« (Durkheim 1984, 40f.).

Nur eine Qualität rettet der Mensch ins funktionale Zeitalter hinüber – seine beliebige Formbarkeit (*malleability*). Doch diese Eigenschaft, früher die Herausforderung an den guten Erzieher, seinen Zögling allseitig zu entwickeln (*perfectability*), wird jetzt zum Einfallstor fürs *human engineering* – Konfektion löst Perfektion ab:

»Der Durchschnittsmensch ist außerordentlich plastisch. Er kann in sehr verschiedenen Berufen eingesetzt werden. Wenn er sich also spezialisiert, und wenn er sich eher unter dieser als unter jener Form spezialisiert, so nicht aus Gründen, die ihm innewohnen; Notwendigkeiten seiner Natur zwingen ihn nicht dazu. Um sich erhalten zu können, braucht er aber die Gesellschaft, die die Arbeit zwischen ihren Mitgliedern aufteilt. Darum bereitet sie selber über die Erziehung die Spezialarbeiter vor, deren sie bedarf« (Durkheim 1984, 41).

Bekanntlich hat schon die »altmodische« Pädagogik ihre Zwecke nicht aus der faktischen Natur des Menschen abgeleitet; diese war entweder weitgehend vernachlässigenswert, weil eben nur plastisches Rohmaterial, oder man sah in ihr vor allem eine Hemmschwelle, deren Überwindung durch Erziehung in einigen Fällen angestrebt wurde, in vielen anderen als illusorisch galt, was dann das Ende aller Pädagogik und ein gefundenes Fressen für Arbeitshäuser bedeutete. Der Unterschied liegt woanders: im radikalen Übergang von der philosophischen zur *soziologischen* Pädagogik, von normativen Präferenzen zu *empirischen* Referenzen.

Die Position der französischen Pädagogen um Bourgeois und Durkheim ist »sozialisierter Liberalismus« getauft worden (Bellamy 1992, 58ff.) – ein Etikett, das verdeutlichen soll, daß der Freiheitsgedanke hier weniger als Errungenschaft gefeiert als auf seine sozialen Prämissen hin durchdacht wird (im übrigen auch als Reaktion auf den stärker werdenden Sozialismus, s. Donzelot 1984, Ewald 1993, Procacci 1993). Und das durchgängige Fazit heißt eben: Um »sich erhalten zu können«, braucht der Mensch, *so, wie er ist*, die Gesellschaft, *so, wie sie ist*; deren Imperative werden daher seine Normen.

Andererseits stellt sich, stärker noch als bei Hobbes, dessen »Liberalität« sich derselben Logik verdankt, die Frage nach dem liberalen Gehalt eines pädagogischen Funktionalismus, dessen illiberale Zumutungen sachgesetzlich legitimiert werden. Während aber der *Leviathan* seinen Untertanen ihre »negative« Freiheit läßt, solange sie nur gelernt haben, ihm Respekt entgegenzubringen, geht Durkheims Erziehungsprogramm beträchtlich weiter, insofern es im Volk mit Hilfe von »Volksschulen« den *positiven* Geist »organischer Solidarität« implantieren will (s. auch Berlin 1995).

Anders gesagt: Hobbes' Disziplin kennt private Tabuzonen, Durkheims nicht. Der »sozialisierte« Liberalismus rettet sich aus seiner ideologischen Verlegenheit dadurch, daß er den disziplinär umschriebenen Handlungsraum zur Freiheitssphäre erklärt und überschießende Ambitionen auf den Status vermeidbarer Frustrationen reduziert. *Freiheit* fällt mit *Funktion* zusammen: »Die Disziplin ist« dann, so folgert Durkheim, »nicht nur im Interesse der Gesellschaft nützlich, ohne das keine geregelte Zusammenarbeit möglich ist, sondern auch im

Interesse des Individuums selbst. Denn durch sie lernen wir jene Zurückhaltung der Wünsche, ohne die der Mensch nicht glücklich sein könnte. Damit trägt sie zu einem großen Teil dazu bei, das zu bilden, was in uns das Wesentlichste ist, nämlich unsere Persönlichkeit. Denn diese Fähigkeit, unsere Neigungen zu bremsen, uns selbst zu widerstehen, die wir in der Schule« – nicht mehr durch den Erzieher, dessen Zeit abgelaufen ist – »lernen, ist die unentbehrliche Bedingung zum Aufbau des überlegten und persönlichen Willens. Weil die Regel uns lehrt, uns zu mäßigen und uns zu beherrschen, ist sie ein Instrument der Befreiung und der Freiheit.« Gerade weil »die konventionellen Schranken, die in anders organisierten Gesellschaften die Leidenschaft und den Ehrgeiz mit Gewalt gebremst haben, zum Teil gefallen sind, gibt es nur mehr die Moraldisziplin, die diese Regelfunktion ausüben könnte, ohne die der Mensch nicht auskommen kann. Weil im Prinzip alle Berufe allen geöffnet sind, gerät der Drang nach Höherem leicht in Gefahr, sich über jedes Maß hinaus zu enthemmen und zu entflammen, bis er praktisch keine Grenzen mehr kennt« (Durkheim 1984, 101).

Eben dann, so Durkheim, wenn »natürliche« Standesgrenzen – wie von Kant und anderen gefordert – fallen, müssen artifizielle Schranken errichtet werden, damit wir nicht nach Dingen (Positionen, Karrieren) streben, die weder mit unserem biologischen Angebot noch mit der gesellschaftlichen Nachfrage vereinbar sind. Diese Einsicht wird indes nur dort reifen, wo eine andere wächst: daß unsere Glücks- und Erfolgskurven von Mensch zu Mensch verschieden sind und bei keinem Menschen dauernd parallel verlaufen; daß also »das Glück nicht grenzenlos mit der Macht wächst; daß es unter den verschiedensten Bedingungen anzutreffen ist; daß jeder von uns seine Freuden und seine Leiden hat, und daß das wesentlichste ist, daß jeder ein Ziel für seine Tätigkeit findet, das mit seinen Fähigkeiten im Einklang steht und uns erlaubt, unsere Natur voll zu entwickeln, ohne sie irgendwie zu überspannen und sie gewaltsam oder künstlich über ihre normalen Grenzen hinauszutreiben« (Durkheim 1984, 102).

Diese innere Harmonie in der genügsamen Erfüllung gestellter Aufgaben gleich welcher Art hat heute, rund hundert Jahre später, einen Namen gefunden, *flow*: »In der Regel entsteht *flow*, wenn wir unsere Fähigkeiten voll einsetzen, um eine Herausforderung zu bestehen, die wir gerade noch bewältigen können. Zum optimalen Erleben gehört normalerweise ein feines Gleichgewicht zwischen der eigenen Handlungsfähigkeit und den verfügbaren Möglichkeiten« (Csikszentmihalyi 1999, 48). Der ausbalancierte Zustand befriedigt die »geflutete« Seele und hat im übrigen den nützlichen Effekt, das Bewußtsein so vollkommen einzuspannen, daß alle Gedanken gebunden werden, anstatt unberechenbar auszuschweifen: »Wegen der umfassenden Anforderungen an die psychische Energie ist jemand, der *flow* erlebt, völlig auf etwas konzentriert. Nun ist im Bewußtsein kein Raum mehr für ablenkende Gedanken oder Gefühle, die nichts mit der Sache zu tun haben« (Csikszentmihalyi 1999, 48). Und – Ironie des Schicksals oder nicht – es ist wieder der »sozialisierte« Liberalismus (resp. liberalisierte »Sozialismus«), der unter dem Etikett einer »positiven Wohlfahrt« seine politische Pädagogik auf diese Art von Freiheit hin ausrichtet (Giddens 1997, 243ff.).

3.3 »Flexible« Selbstbestimmung

Was das moderne Erziehungsprogramm (à la Durkheim) mit dem alten (im Stile Lockes) über alle sonstigen Unterschiede hinweg eint, ist der »ökologische« Glaube, *daß die soziale Welt stabil sei.* Wenn Locke verkündet, gute Pädagogen müßten über genügend »Weltkenntnis« verfügen, um ihre Schützlinge vor Fehlern oder Überraschungen zu schützen, dann heißt dies eigentlich nur: Vorbereitung aufs ständische *juste milieu*, in dem es zwar viele Regeln, doch wenig Änderung gibt. Erst jenseits seiner Grenzen beginnt das turbulente, »schmutzige« Leben, dessen Dynamik ebenso abschreckend wie undurchsichtig wirkt. Bereits Mandeville, immerhin ein Fast-Zeitgenosse, hat den gezierten Autismus der besseren Kreise treffend charakterisiert:

»Es gibt, glaube ich, in London unter denen, die gelegentlich zu Fuß gehen müssen, wenige, die nicht wünschten, daß die Straßen viel reiner sein möchten, als sie gewöhnlich sind, wobei sie aber bloß ihre eigene Kleidung und Privatbequemlichkeit im Auge haben. Zögen sie jedoch in Betracht, daß, woran sie Anstoß nehmen, das Resultat des Gedeihens, des großen Verkehrs und Reichtums jener mächtigen Stadt ist, und wäre ihnen an deren Wohlstand etwas gelegen, so würden sie kaum jemals die Straße weniger schmutzig zu sehen wünschen« (Mandeville 1980, 63).

Der Schmutz war zu Durkheims Zeiten kein Skandal mehr; doch mit den Kräften darunter rang man immer noch, zumal sie nicht mehr chaotisch zerstreut, sondern planvoll organisiert auftraten und entsprechend mehr Wucht entwickeln: »große Maschinerie« einerseits, »gefährliche Klasse« andererseits. Die Pädagogik war deshalb darauf ausgerichtet, diese in jene zu integrieren. Ob das bis hin zur totalen Vereinnahmung des Individuums gehen kann, mag dahingestellt bleiben.

Im Falle Durkheims müßte der pädagogische Anspruch jedenfalls darauf abzielen, das Soziale wenigstens so weit ins Personale hineinzuschieben, daß von dort fürs arbeitsteilige Ganze keine Erschütterungen mehr ausgehen können – die funktionale »Subordination« des Subjekts unter den funktionierenden Mechanismus der Gesellschaft. Dies passiert mittels »einer Unendlichkeit von speziellen, genauen und bestimmten Regeln«, die primär technische Erfordernisse reflektieren, also nicht mehr, wie bei Locke, in erster Linie ständisch geprägt sind. Im einen Fall ist »die Gesellschaft relativ statisch« dank »klarer und fester Rangunterschiede« (Cawelti 1965, 59), im anderen aufgrund fixierter Normen der organisierten Arbeitsteilung.

Am Ende würde eine recht praktizierte Pädagogik die äußere Festigkeit für eine innere nutzen und beide aneinanderkoppeln, auf alte oder neue Weise. Freilich, zwischen den zwei Polen – hier System, dort Subjekt – waren die Verhältnisse nicht immer so klar gestanzt und festgezurrt. Im »Ozean der Gefühle« mag man leicht vom Kurs abkommen, und für dessen Bestimmung würde »nicht mehr das Schiff, sondern die Navigation« entscheidend sein, sprich: Weniger der sichere *Platz* denn die richtige *Perspektive* gibt den Ausschlag (Hettling/Hoffmann 1997).

Als Navigationshelfer empfahl sich etwa Benjamin Franklin – mit pädagogischem Geschick, phänomenaler Resonanz (speziell jenseits des großen Teiches) und prophetischer Weitsicht auf künftige Gepflogenheiten. Aufschlußreich sind seine Einlassungen zur Erziehung nicht allein ihrer Inhalte wegen, sondern auch und vor allem in Hinblick auf das, was »mentale Infrastruktur« heißen könnte: nämlich *Tertiärtugenden*, die den Einsatz sekundärer (habitueller) und primärer (kognitiver) Qualitäten steuern.

Im Vergleich zu Lockes oder Durkheims pädagogischen Programmen springt ein markanter Unterschied sofort ins Auge: Franklins Zögling erzieht sich selbst – die *Souveränität* der Entscheidung darüber, ob, was und wie gelernt werden soll, liegt bei *ihm*. Kein privater Erzieher und auch keine öffentliche Agentur existieren, die in den Bildungsprozeß hineinregieren, ihn starten oder beenden, verlangsamen oder beschleunigen, fortführen oder umlenken könnten. Am Anfang steht der autonome *Entschluß*, ein besserer Mensch zu werden, sicher nicht aus dem Nichts gefaßt (Franklin ist ein Mittzwanziger mit wechselhafter Karriere und schütterer Erziehung), aber doch völlig unangeleitet: »Etwa um diese Zeit«, erinnert sich der *selfmade man*, »faßte ich den kühnen und ernsten Vorsatz, nach sittlicher Vervollkommnung zu streben. Ich wünschte leben zu können, ohne irgendeinen Fehler zu irgendeiner Zeit zu begehen; ich wünschte alles zu überwinden, wozu entweder natürliche Neigung, Gewohnheit oder Gesellschaft mich veranlassen könnten« (Franklin 1983, 115).

Es ist das Projekt einer radikalisierten »Infantilisierung« – die konsequente Selbsterziehung beginnt damit, daß sie den Menschen wieder zum weißen Blatt oder weichen Wachs der frühen Jugend macht, also jenen Zustand wieder herstellt, dem Gewohnheit und Gesellschaft dann ihre Schlechtigkeit eingeschrieben oder aufgedrückt haben. Das Ziel: ein Leben, das wieder bei Null anfängt und dieses Mal alles richtig macht. Franklins populäre Tugendliste ist deswegen hauptsächlich ein Negativkatalog des *Abgewöhnens*. Wer bislang die Völlerei geschätzt hat, für den heißt es nun: »Iß nicht bis zum Stumpfsinn, trink nicht bis zur Berauschung!«; der Schwätzer muß sich sagen: »Sprich nur, was anderen oder dir selbst nützen kann; vermeide unbedeutende Unterhaltung!«; für Möchtegern-Casanovas gilt: »Übe geschlechtlichen Umgang selten, nur um der Gesundheit oder der Nachkommenschaft willen, niemals bis zur Stumpfheit, Schwäche oder zur Schädigung deines eigenen oder fremden Seelenfriedens oder guten Rufes!« In diesem Tenor geht es weiter (Franklin 1983, 116f.).

Planvoll entwöhnt sich das erwachsene Leben: was teils schon den neuen Menschen ausmacht, teils den Boden bereitet für positive Tugenden – die, was ihren materialen Gehalt angeht, zwar genausogut von wohlmeinenden Erziehern oder aufklärenden Schulen stammen könnten (vgl. Stanitzek 1989, Schmidt 2000), jetzt aber als selbstgewählte Bestandteile einer selbstbestimmten Eigentherapie auftauchen. Franklin könnte es auch lassen – warum macht er sich dann die Mühe?

Die Frage mußte das lesende Publikum um so mehr umtreiben, als Franklins Mustermann seine Reformation nach Maximen betreibt, deren *Intensität* bisweilen geradezu hermetisch wirkt: »Bedenke«, muß er sich einhämmern, »daß *Zeit Geld* ist; wer täglich zehn Schillinge durch seine Arbeit erwerben könnte und den halben Tag spazieren geht, oder auf seinem Zimmer faulenzt, der darf, auch wenn er nur sechs Pence zu seinem Vergnügen ausgibt, nicht dies allein berechnen, er hat neben dem noch fünf Schillinge ausgegeben oder vielmehr weggeworfen.« Und auch dies hat er zu beherzigen: »Bedenke, daß Geld von einer *zeugungskräftigen und fruchtbaren Natur* ist. Geld kann Geld erzeugen, und die Sprößlinge können noch mehr erzeugen und so fort. Fünf Schillinge umgeschlagen sind sechs, wieder umgetrieben sieben Schilling drei Pence und so fort, bis es hundert Pfund Sterling sind. Je mehr davon vorhanden ist, desto mehr erzeugt das Geld beim Umschlag, so daß der Nutzen schneller und immer schneller steigt. Wer ein Mutterschwein tötet, vernichtet dessen ganze Nachkommenschaft bis ins tausendste Glied. Wer ein Fünfschillingstück umbringt, *mordet* alles, was damit hätte produziert werden können: ganze Kolonnen von Pfunden Sterling« (zit. nach Weber 1979, 40f.).

Franklins Tirade läßt gleich mehrmals aufhorchen. Erstens ihrer sachlichen Zuspitzung wegen – das Leben wird ganz unter die Fuchtel des Geldes, seines Erwerbs und seiner Vermehrung gestellt; von den geradezu obligatorischen Zerstreuungen des gebildeten Gentlemans, der an allem möglichen Gefallen finden soll, bleibt nichts mehr übrig; diese Existenz gilt fortan als parasitär. Dann: weil die neue Sicht den zeitlichen Horizont ins Unendliche erweitert – Geld zählt nicht allein in der Gegenwart und als Tauschmittel, sondern wird zum Anlageobjekt, das ausschließlich produktiv eingesetzt werden darf, damit es künftig mehr Geld heckt, anstatt nur irgendein Vergnügen zu finanzieren. Schließlich: im Hinblick auf die soziale Stigmatisierung, der jede Form von Verschwendung anheimfällt. Geld ausgeben heißt Zinsen abtreiben, ungeborenes (Geld-)Leben wird getötet – der Geldmörder ist geboren, und seine Sünde wiegt mit jedem Tag schwerer.

Warum also diese nachgerade obsessive Konzentration, wie sie weder sozialer Rang (Locke) noch technische Funktion (Durkheim) dem Menschen abverlangen? Franklin offeriert seine Biographie als Erfolgsgeschichte *from rags to respectability*, vom Taugenichts zum Ehrenmann, der die monomane Profitgier in dem Maße, wie er akkumuliert, wenn nicht ganz ablegt, so doch perspektivisch auflockert und Reichtum in Reputation verwandelt (Pangle/Pangle 1993, 265 ff.). Geld wird Ehre und dadurch geadelt: »Die Kunst der Tugend«, wie das pädagogische Projekt heißen soll, würde dann die Grenze der pekuniären Borniertheit überspringen, um sich schließlich vom privaten Nutzen vollkommen abzulösen, damit ohne Wenn und Aber das öffentliche Wohl regieren könne: »Es scheint mir«, schwadroniert der gemachte Mann, »gegenwärtig eine wunderbare Gelegenheit vorzuliegen, eine Vereinigte Tugend-Partei ins Leben zu rufen, indem man die tugendhaften und guten Menschen aller Nationen in eine regelrechte Körperschaft zusammenfaßt« (Franklin 1983, 132).

Doch bis es einmal soweit kommt, daß dieses Jüngste Gericht über das objektive Wohl der »gemeinen Leute« (Franklin) berät, wird sich die Welt nach gewohnten Gesetzen drehen – unter deren Ägide *the art of virtue*, als *art of sociability* (Forde 1992, 363 ff.) eingesetzt, viel banalere Vorteile bringt. Mehr Ehre wird zu mehr Geld, nach dem gängigeren Motto: »Vom Tellerwäscher zum Millionär« oder *from rags to riches*. Franklins Erziehung produziert den Typus des strategischen Darstellers, der mit großer Virtuosität den günstigen Sachverhalt ausnützt, daß die anderen ihn nicht durchschauen. Worauf es ankommt, ist, sich einen versilberbaren Ruf aufzubauen. Daraus kann pure Heuchelei werden – »Demut« z. B. (wir wissen es bereits) wird ausschließlich in der Absicht empfohlen, keine schädlichen Neidgefühle zu provozieren. Für diesen Zweck genügt der Schein: »Ich kann mich«, gesteht der Schlaumeier im Rückblick, »zwar keines großen Erfolges rühmen, diese Tugend *wirklich* erworben zu haben, dagegen gelang es mir wohl, mir den *Anschein* davon zu geben« (Franklin 1983, 129).

Das reicht – und impliziert, daß virtuoses Verhalten eine moralische *Elastizität* voraussetzt, die es erlaubt, zwischen größter Strenge (im Umgang mit Geld) und laxer Schläue (im Umgang mit Menschen) zu changieren. Aufrichtig, authentisch, gestaltet sich allein der monetäre Nexus, jede andere Beziehung ist zumindest doppelbödig; auch »Echtes« wird unweigerlich im Lichte seines Effekts beurteilt: »Die unbedeutendsten Handlungen, die den *Kredit* eines Mannes beeinflussen, müssen von ihm beachtet werden. Der Schlag deines Hammers, den dein Gläubiger um 5 Uhr morgens oder um 8 Uhr abends vernimmt, stellt ihn auf sechs Monate zufrieden« (zit. nach Weber 1979, 41). Keiner wird frühmorgens den Hammer schwingen, nur um den Eindruck zu erwecken, er sei beschäftigt; doch Arbeit ohne Auditorium ist nur die Hälfte wert.

So kalkuliert einer, der die Gesellschaft als bloße *Umwelt* wahrnimmt – als ein soziales Terrain, das erobert oder vielmehr »erschlichen« werden muß, damit egoistische Zwecke sich durchsetzen können. Aus dem Gemeinwesen wird eine Rahmenbedingung, aber keine überwölbende oder gar »natürliche« Ordnung, also nichts, um sich gehörig ein- oder gar unterzuordnen. Autonome Bereicherung heißt die Maxime, langfristig aus eigenem Antrieb verfolgt, flexibel angepaßt an wechselnde Verhältnisse und taktisch abgestimmt auf spezielle Umstände.

Wahr ist: Es gibt Versuche, diese Lebensphilosophie dadurch in ein helleres Licht zu rücken, daß sie als Musterfall praktizierten Gemeinsinns präsentiert wird (Pangle/Pangle 1993). Sie haken an Stellen des Franklinschen Selbstbildnisses ein, die zeigen, wie wichtig ihm auch allgemeine Belange – von der Bildung bis zum Straßenbau – gewesen sind. Doch das gefeierte Vorbild moralischer Aufrüstung kennt sich selbst besser und verzichtet darauf, ein edles Motiv zu reklamieren. Wann immer Franklin Gutes tut, geschieht es im eigenen Interesse: Die Leute sollen gefälligst lesen lernen, damit sie seine Bücher kaufen, und gute Straßen sind eine Bedingung fürs gute Geschäft – *shopping* im Schlamm ist nicht jedermanns Sache.

Nicht umsonst gilt Franklin als erster Prophet des *self-made man* und damit als Begründer eines Sozialcharakters, in dem das liberale Subjekt zu kulminieren scheint. Allerdings hat sich, wie man sehen wird, dieser »unternehmende Mensch« später der Sogwirkung des *organisierten* Liberalismus (Trachtenberg 1982) offenbar nicht entziehen können und ist darum zu einem

»angestellten« degeneriert – dem dann tatsächlich nur *respectability* blieb, während ihm *riches* versagt geblieben sind (Cawelti 1965, 101ff.). Mit seiner Domestizierung ging die schleichende (Rück-)Verwandlung liberaler Ideale einher. Nicht daß Franklins Tugendkanon aus der Mode gekommen oder Lockes Edelmann-Knigge einfach wieder aufgenommen worden wäre – doch das, was ihren gemeinsamen Grundgehalt ausmacht, die männlichen »Sekundärtugenden« vor allem, wird nun im Geiste Durkheims modifiziert und den Funktionsgesetzen des neuen Systems (*big business*) anverwandelt. In Mode kommen so speziell jene »Charakterzüge, die man Angestelltentugenden nennen könnte: Treue, Pünktlichkeit, höflicher Respekt« (Cawelti 1965, 112), während man den Geist unternehmerischer Selbständigkeit nur noch als trunkene Verwilderung alltäglicher Beflissenheit wiederfindet: »Ich habe«, berichtet Siegfried Kracauer erstaunt von seiner Begegnung mit einigen Exemplaren dieser Gattung, »einen Abend mit einigen älteren Angestellten verlebt, die tagsüber in mittleren kaufmännischen Berufen tätig sind. [...] Es wurde Bier getrunken, und die Leute verwandelten sich vor meinen Augen. Das waren nicht mehr gedrückte Büroangestellte, sondern richtige Elementargewalten, die aus dem Gehege brachen« (1980, 67).

3.4 Die Einübung der Freiheit

Dem Büro entweicht ein Tier – das ist die karikierte Endstufe einer endemischen Gespanntheit, wie sie für den liberalen Geist charakteristisch ist. Man ist gewohnt, Liberalismus mit Freiheit und diese mit Aufklärung gleichzusetzen, so daß am Ende alles auf Kants berühmtes Diktum hinausläuft:

> »*Aufklärung ist der Ausgang des Menschen aus seiner selbstverschuldeten Unmündigkeit. Unmündigkeit* ist das Unvermögen, sich seines Verstandes ohne Leitung eines anderen zu bedienen. *Selbstverschuldet* ist diese Unmündigkeit, wenn die Ursache derselben nicht am Mangel des Verstandes, sondern der Entschließung und des Mutes liegt, sich seiner ohne Leitung eines andern zu bedienen. Sapere aude! Habe Mut, dich deines *eigenen* Verstandes zu bedienen! ist also der Wahlspruch der Aufklärung« (Kant 1992, 9).

Der »Mensch«, dem das ans Herz gelegt wird, war vorher freilich etwas anderes, nämlich »Säugling, – Zögling, – und Lehrling«, sprich: eine aufsteigende Serie unfertiger Vorformen seines vollen Menschseins, die mittels »Disziplin und Zucht« Schritt für Schritt aus der »Tierheit in die Menschheit« überführt werden (Kant 1991, 697). Im Zentrum dieser Vermenschlichung der Natur steht die »Rationalisierung« der Freiheit:

»Der Mensch hat aber von Natur einen so großen Hang zur Freiheit, daß wenn er erst eine Zeitlang an sie gewöhnt ist, er ihr alles aufopfert. Eben daher muß denn die Disziplin [...] sehr frühe in Anwendung gebracht werden, denn wenn das nicht geschieht, so ist es schwer, den Menschen nachher zu ändern. Er folgt dann jeder Laune. Man sieht es auch an den wilden Nationen, daß, wenn sie gleich den Europäern längere Zeit hindurch Dienste tun, sie sich doch nie an ihre Lebensart gewöhnen. Bei ihnen ist dieses aber nicht ein edler Hang zur Freiheit, wie Rousseau und andere meinen, sondern eine gewisse Rohigkeit, indem das Tier hier gewissermaßen die Menschheit noch nicht in sich entwickelt hat. Daher muß der Mensch frühe gewöhnt werden, sich den Vorschriften der Vernunft zu unterwerfen« (Kant 1991, 698).

Die Herrschaft der Vernunft als Diktatur des Sitzfleischs? Die Einübung der Freiheit als *Gewöhnung* an Disziplin? Die Laune als Wildheit? Was gäbe es da noch zu wagen (*aude!*)? Man kann schon verstehen, daß Johann Georg Hamann, von Lavater verehrt, mit Kant befreundet und dabei sein vielleicht wichtigster Antipode (Berlin 1993) den Spieß umgedreht und statt der verschuldeten Abhängigkeit die vermessene Aufklärung getadelt hat, jene »Mündigkeit«, deren Joch, bis es eines Tages entbehrlich ist, offenbar gar nicht schwer genug drücken kann. Während Kant »Feigheit« und »Faulheit« auf seiten der Unmündigkeit vermutet, polemisiert Hamann gegen den aufgeklärten Ungeist:

»Mit was für Gewißen kann ein Raisonneur u. Speculant hinter den Ofen und in der Schlafmütze den Unmündigen ihre *Feigheit* vorwerfen, wenn ihr blinder Vormund ein wohldisciplinirtes zahlreiches Heer zum Bürgen seiner Infallibilität und Orthodoxie hat. Wie kann man über die *Faulheit* solcher Unmündigen spotten, wenn ihr aufgeklärter und selbstdenkender Vormund, wofür ihn der eximirte Maulaffe des ganzen Schauspiels erklärt, sie nicht einmal für Maschinen, sondern für bloße Schatten seiner Riesengröße ansieht, vor denen er sich gar nicht fürchten darf, weil es seine dienstbaren *Geister* und die einzigen sind, deren Daseyn er glaubt« (Hamann 1992, 20).

Und natürlich auch: Wie kann man die abendliche »Tierheit« einer Seele geißeln, deren Tagwerk ins Korsett der Pflicht eingezwängt ist?

Zusammengefaßt: Unmündigkeit ist weniger Resultat eines originären Defekts denn Produkt eines elitären Blicks und reflektiert eher pädagogische Arroganz der »denkenden« Macht als das anthropologische Manko des natürlichen Menschen.

Offenbar hat der Liberalismus ein Problem: er feiert den freien Willen, der aber vernünftig sein soll, und preist eine ideale Vernunft, die nicht von allein real wird. Daher traut man den eigenen Prinzipien nicht, ja sieht sich gezwungen, um ihretwillen ihr *Gegenteil* zu praktizieren: Einsicht durch Gewöhnung, Überzeugung durch Repression, Moral durch Macht – mit einer wundersamen Volte am Ende der Erziehung: »Sprunghaft und revolutionär also, plötzlich und grundlos muß der Übergang zur Moralität sein« (Sommer 1988, 56). Kant spricht selbst von einer »Revolution«, aus höherer Warte betrachtet (1989, 698).

In diese Verlegenheit des *Wie kultiviere ich Freiheit bei dem Zwange?* gerät natürlich nicht nur das kantianische Erziehungsprogramm; in ihm wird sie nur besonders auffällig, weil es besonders exponierte Vorstellungen von Freiheit und Pflicht vertritt. John Locke etwa, für Engländer und Amerikaner der *politische* Freiheitsapostel par excellence, weiß sich als *pädagogischer* Experte auch keinen besseren Rat, als ganz auf das Prinzip Gewöhnung zu setzen. Ein wünschenswertes Verhalten muß »allmählich zur Gewohnheit werden« – was den Schützling auf rechten Bahnen halten wird, »wenn er nicht mehr unter der Aufsicht seines Kindermädchens oder seines Erziehers steht. Ich glaube«, fährt Locke fort,

»das ist alles, was man in diesem Falle tun kann; denn mit den Jahren muß die Freiheit kommen, und in sehr vielen Dingen muß er seiner eigenen Führung anvertraut werden; er kann ja nicht immer unter Obhut bleiben, außer unter derjenigen, die man durch gute Grundsätze und gefestigte Gewohnheiten in seinen eigenen Geist gepflanzt hat; das ist die beste und die sicherste, und um sie sollte man am meisten Sorge tragen. Denn wiederholte Vorsichts- und Verhaltensregeln, mögen sie auch noch so oft eingeschärft worden sein, lassen [...] nicht mehr erwarten, als was durch Übung zur festen Gewohnheit geworden ist« (Locke 1983, 15).

Die Gleichungen sind aufschlußreich: »Freiheit« ist identisch mit »eigener Führung« und diese wiederum funktional äquivalent mit »fremder Obhut«. Sie gehen in der Tat nur auf, wenn ein systematischer Prozeß der allmählichen *Gewöhnung* erfolgreich zum Abschluß kommt – ein Training, das umgekehrt Sorgen bereitet, weil es am falschen Fleck wirken mag; »daher hüte man sich«, etwas »zur Gewohnheit werden zu lassen, dessen Ausübung man nicht fortgesetzt und gesteigert haben will« (Locke 1983, 23). Ansonsten wird unser Leben leicht zur Hölle: »Die ewige Verdammnis, von der uns die Theologen erzählen«, schreibt 1890 William James dazu, »ist nicht schlimmer als jene Hölle, die wir uns auf Erden dadurch bereiten, daß wir unseren Charakter aus falschen Gewohnheiten bilden. Könnten junge Menschen nur erkennen, wie schnell sie zu wandelnden Gewohnheitsbündeln werden, würden sie besser auf ihr Verhalten achten, solange sie formbar sind« (zit. nach Collini 1985, 34f.).

Abgesehen von den rechten Inhalten hat die rechte Erziehung auch zu beachten, daß es eine *Technologie der Dressur* gibt, also Regeln, wie Menschen am nachhaltigsten Attitüden annehmen – Gewöhnung will gelehrt sein, und ihre Lehrer müssen sich didaktisch präparieren:

»Hier möchte ich«, so Locke an seine Adressaten über den richtigen Umgang mit ihren Zöglingen, »zwei Vorsichtsmaßregeln geben. (1) Das eine ist, man halte sie zur Übung dessen an, was man in ihnen zur Gewohnheit entwickeln möchte, mit freundlichen Worten und sanften Ermahnungen, mehr als wolle man sie an etwas erinnern, das sie vergessen haben, als mit schroffem Verweis und Schelten, wie wenn sie absichtlich schuldig wären. (2) Ein weiteres, auf das man achten sollte, ist, daß man nicht versucht, zu viele Gewohnheiten auf einmal einzupflanzen, damit die Mannigfaltigkeit nicht Verwirrung stifte und so keine zur Vollkommenheit gelangt. Wenn ständige Gewöhnung ihnen etwas leicht und natürlich gemacht hat, dann mag man zu weiteren übergehen« (Locke 1983, 59f.).

Erziehung zur Freiheit – an deren Ende, um Samuel Pufendorf zu zitieren, »der Wille spürt, wie er von einem inneren Gefühl gleichsam durchtränkt wird, so daß er geradezu gezwungen ist einzusehen, falsch zu handeln, wenn seine Handlung der vorgeschriebenen Norm nicht entspricht« (Pufendorf 1994, 38), bedarf also einer ebenso ausgeklügelten wie (vom Rezipienten) *undurchschauten* Methode – wer erzogen wird, darf darüber jedenfalls nicht aufgeklärt werden, sonst würde das pädagogische Experiment scheitern.

Diese Linie schematisiert das Leben; sie erklärt Gewöhnung zu einem einmaligen, einmal auch abgeschlossenen Vorgang. Was Hänschen gelernt hat, vergißt Hans nimmermehr; andererseits ist es vergebliche Liebesmüh, ihm später beibringen zu wollen, was früh hätte passieren sollen.

Das spektakuläre Gegenbeispiel ist natürlich Benjamin Franklin, der als Hans lernt, was er als Hänschen versäumt hat oder entbehren mußte – zudem mit einer Zielstrebigkeit und Systembesessenheit, die Lockes Ratschlag auf den Gipfel treiben: »Da es meine Absicht war, mir die *Gewohnheit* aller dieser Tugenden [Franklin findet dreizehn] anzueignen, so hielt ich es für angemessen, meine Aufmerksamkeit nicht zu zersplittern, indem ich alles auf einmal versuchte, sondern mein Augenmerk immer nur auf eine von ihnen richtete, und dann erst, wenn ich mich zum Herrn derselben gemacht, zu einer andern fortzuschreiten, und so fort, bis ich alle durchgemacht haben würde. Da aber die vorherige Erwerbung einiger von diesen Tugenden auch die Erwerbung gewisser anderer erleichtern dürfte, so ordnete ich sie mit dieser Absicht [...] an« – mit der »Mäßigkeit« am schweren Anfang und jener später hinzugefügten »Demut« am guten und (hohlen) Ende (Franklin 1983, 117).

Franklins Prozedur ist mehr oder minder ein Selbstläufer – *sobald* sie einmal läuft. Doch wie bringt man das Ganze zum Laufen (eine Frage, die an Aktualität gewonnen hat, seit wir »lebenslanges Lernen« für notwendig halten)? Franklin benötigt dafür – fürs liberale Hirn zweifelsohne eine beunruhigende Nachricht – *geistlichen* Beistand; den springenden Punk notiert er selbst: »Und da ich Gott als die Quelle der Weisheit auffaßte, erachtete ich es für gerecht und notwendig, ihn um seinen Beistand zu ihrer Erlangung dringend zu bitten« (Franklin 1983, 120). Weshalb er seinen »Prüfungstabellen, die jede Übertretung der selbstgegebenen Gesetze penibel festhielten, als Präambel ein »kleines Gebet« für »den täglichen Gebrauch« vorangestellt haben wollte: »O allmächtige Güte, mildtätiger Vater, barmherziger Führer! Vermehre in mir jene Weisheit, die meinen Vorteil erkennt! Stärke meine Entschlüsse, das zu vollbringen, was jene Weisheit vorschreibt! [...]« (Franklin 1983, 120).

Ein weiteres Mal findet man Lockes Ratschlag beherzigt:

Pädagogik ist sensibel, keine Sache von Drohung und Drangsal, von Strafen ohne Zahl und Schlägen ohne Erbarmen. »Freundliche Worte« und »sanfte Ermahnungen« führen die Zöglinge auf den Pfad der Tugend, auf dem sie zugleich ein »lieber« Gott begleitet, der Gebete erhört, mildtätig regiert, die Entschlußkraft seiner Schäflein stärkt und ihnen Rückstände oder Rückfälle barmherzig nachsieht. Vor allem aber: Gott als »Quelle«, von deren »Weisheit« das Menschenkind zu kosten ernstlich gewillt ist, kann einfach nicht wollen, daß der schwere Weg schlecht bekommt, soll heißen: unter SEINEM Regime wird Wohlverhalten tatsächlich belohnt, frühe Entsagung zahlt sich später gewißlich aus, aufgeschobene Genüsse sind bei IHM gut aufgehoben, und auf Lehr-*folgen* Herrenjahre.

Die *junge* Freiheit wird man anders »kneten« müssen. Erwachsenes Lernen geschieht aus eigenem Antrieb und speist sich aus der fernen Gratifikation, kindliches hingegen muß, soll es nicht versiegen, laufend stimuliert werden – positiv, so es stattfindet, durch negative Sanktionen im Falle von (Ver-)Stokkungen.

Da trifft es sich ganz vorzüglich, daß, wie wir von Locke wissen, der »unendlich weise Urheber« die Menschen so konstruiert hat, daß sie mit bestimmten Gefühlen und Gedanken »eine Wahrnehmung von Lust« oder Freude verknüpfen – und bei anderen Unlust resp. Schmerz verspüren. Gleiches gilt für den menschlichen Körper, so daß das Subjekt sich als hoch reagible Apparatur erweist: »Lust oder Unlust, und zwar eines oder das andere«, glaubt Locke, »verbindet sich mit fast allen unseren Ideen, sowohl denen der Sensation als denen der Reflexion; es gibt kaum eine Einwirkung auf unsere Sinne von außen, noch einen verborgenen Gedanken unseres Geistes im Innern, der nicht imstande wäre, Freude oder Schmerz in uns zu erzeugen« (Locke 1981 I, 139).

Wer aber jenes Tableau der *Lust und Unlust* kennt, kann daraus einen Katalog von *Lohn und Strafe* zimmern (Berlin 2002, 11 ff., Tully 1988), wobei Pädagogik, würde sie als rein mechanische Hebel-Wissenschaft verstanden, ihr Ziel schon deshalb verfehlen müßte, weil intervenierende Variablen – bei Locke sind es die drei Punkte Sanktionsausmaß, -zeitpunkt und -wahrscheinlichkeit – sorgfältig einkalkuliert sein wollen. Was passiert etwa, wenn nur vergleichsweise harmlose Strafen zur Verfügung stehen? Oder wenn die fällige Strafe erst in ferner Zukunft eintritt? Oder vielleicht gar nicht, weil das schlechte Betragen unbemerkt geblieben ist? Wenn dergleichen zusammen und gehäuft auftritt, kann das den Wirkungsgrad des Erziehungsprozesses erheblich mindern.

Die gewöhnliche – *staatliche* – Pädagogik weiß davon ein Lied zu singen, schließlich ist sie von allen drei Schwierigkeiten betroffen. Andere Erziehungsagenturen schneiden darin besser ab. John Locke setzt vor allem aufs *göttliche* Repertoire, denn:

»Die Belohnungen und Strafen in einem anderen Leben, die der Allmächtige festgesetzt hat, um die Befolgung seiner Gesetze zu erzwingen, sind gewichtig genug, um gegenüber allen Freuden und Leiden, die dieses Leben bieten kann, unsere Wahl zu bestimmen, auch wenn man die Ewigkeit nur als reine Möglichkeit betrachtet, woran niemand einen Zweifel hegen kann. [...] Das gilt augenscheinlich auch für den Fall, daß das tugendhafte Leben hier auf Erden nichts als Leid, das lasterhafte fortgesetzte Freude mit sich brächte« (Locke 1981 I, 339).

Menschen werden, denkt Locke, auch in Glaubensangelegenheiten wie »vernünftige Wesen« handeln, ein probabilistisches Kalkül (das sich ähnlich schon bei Blaise Pascal findet) anwenden und unweigerlich finden, daß sich Tugend *lohnt*. Warum bedarf es dann aber mühevoller Gewöhnungsprozesse, wenn einfache Rechenexempel genügen? Eine Antwort darauf könnte lauten, daß das gottgefällige Leben fürs gutbürgerliche Überleben nicht ausreicht (was Rousseau z. B. an der christlichen Botschaft bemängelt). Locke selbst argumentiert anders. Seiner Meinung nach muß, bevor die Vernunft des fertigen Hirns überhaupt wirken kann, der Glaube an die *Möglichkeit* Gottes den plastischen Hirnen erst einmal »eingedrückt« werden. Eines Gottes im übrigen, dessen *Persönlichkeit* so beschaffen ist, daß sie das Kosten-Nutzen-Denken jedes x-beliebigen Zöglings auf den wünschenswerten Kurs bringt:

»Als Grundlage der Tugend sollte seinem Gemüt ein wahrer Begriff von Gott eingeprägt werden als dem unabhängigen höchsten Wesen, dem Urheber und Schöpfer aller Dinge, von dem wir alles empfangen, was wir haben, der uns liebt und uns alle Dinge gibt. Dementsprechend flöße man ihm Liebe und Ehrfurcht gegenüber diesem höchsten Wesen ein. Das ist für den Anfang genug, ohne daß man diesen Gegenstand irgendwie weiter erklärt. [...] Er soll nur bei Gelegenheit erfahren, daß Gott alle Dinge gemacht hat und regiert, daß er alles hört und sieht und daß er jenen, die ihn lieben und ihm gehorchen, alles Gute zuwendet« (Locke 1983, 167).

Offenkundig trägt dieser Höchste auch (schon) Züge von Franklins gütigem Vater-Gott; andererseits hat seine Freundlichkeit eine kompromittierend aufsässige Seite, die herauszustellen der gute Pädagoge nicht versäumen darf: Gott ist nicht allein allmächtig, sondern auch *allwissend* – niemand soll glauben, vor ihm etwas verbergen oder ihn gar hereinlegen zu können. Jene befreiende *Distanz der Vernunft* (Gott als abstrakte Wahrscheinlichkeit) wird durch das belastende *Gefühl der Gegenwart* (Gott als konkreter Beobachter) umgehend konterkariert; eine »lockere« Religion produziert »lasche« Gläubige – zu lasch für liberale Standards.

Dem Strafpotential Gottes vergleichbar ist jenes der Gesellschaft; auch ihr gegenüber verhalten wir uns kalkulierend (Lokkes »Weltkenntnis«), ohne aber verhindern zu können, daß sie uns in anderer Hinsicht tief unter die Haut geht. Dann jedenfalls, wenn das *soziale* Erziehungssystem seine Korrekturmacht richtig dosiert. Die Wahl, vor der es steht, heißt: »schlagende« Repression oder »führende« Manipulation. Vom ersten Ansatz hält Locke nicht viel – Schläge sind nicht nur unfreundlich, sondern auch und vor allem ineffizient, weil sie die instrumentelle Vernunft in ihrer asozialen Flachheit bestärken, anstatt dem »ungeselligen« Menschen mehr »Geselligkeit« einzuimpfen:

»Und was bedeutet es, wenn man sein [des Lernenden] Tun von solchen Beweggründen bestimmt, sein Verhalten so geleitet sein läßt? Was heißt das, sage ich, anders, als die Wurzel in ihm pflegen, die wir ausreißen und zerstören sollen? Daher kann ich keine Zurechtweisung für ein Kind gutheißen, wo nicht die Scham, für ein Vergehen leiden zu müssen, ihm näher geht als der Schmerz« (Locke 1983, 47f.).

Scham statt Peitsche oder, komplementär dazu, Achtung statt Zuckerbrot. Die »sanfte Tour« spricht eine tiefere Schicht des Menschen an (weil dessen Selbsteinschätzung verändert wird, positiv oder negativ); und sie wirkt nachhaltiger, gibt es doch Locke zufolge einen Punkt, ab dem sich das Reputations-Motiv *internalisiert*:

»Die Belohnungen und Strafen also, mit denen wir Kinder im Zaume halten, sind ganz anderer Art und so mächtig, daß, wenn wir sie einmal wirken lassen können, die Arbeit, wie ich meine, getan und die Schwierigkeit überwunden ist. Achtung [*esteem*] und Schande [*disgrace*] sind vor allen anderen die mächtigsten Antriebe für den Geist, wenn er einmal dazu gebracht worden ist, sie zu würdigen. Wenn man die Kinder nur einmal so weit hat, daß sie gutes Ansehen schätzen und Schande und Entehrung fürchten, dann hat man den wahren Grund in sie gelegt, der beständig wirken und sie in die rechte Richtung weisen wird« (Locke 1983, 52).

Locke skizziert ein liberales Ideal, das wenig später bei Adam Smith auf den (schon erwähnten) Begriff gebracht und präzise durchleuchtet wird – die Herrschaft des *Gewissens*:

»Wenn ich mich bemühe, mein eigenes Verhalten zu prüfen, wenn ich mich bemühe, über dasselbe ein Urteil zu fällen und es entweder zu billigen oder zu verurteilen, dann teile ich mich offenbar in all diesen Fällen gleichsam in zwei Personen. Es ist einleuchtend, daß ich, der Prüfer und Richter, eine Rolle spiele, die verschieden ist von jenem anderen Ich, nämlich von der Person, deren Verhalten geprüft und beurteilt wird. Die erste Person ist der Zuschauer, dessen Empfindungen ich in bezug auf mein Verhalten nachzufühlen trachte, indem ich mich an seine Stelle versetze und überlege, wie dieses Verhalten mir wohl erscheinen würde, wenn ich es von diesem eigentümlichen Gesichtspunkt aus betrachte, die zweite Person ist der Handelnde, die Person, die ich im eigentlichen Sinne mein Ich nennen kann, und über deren Verhalten ich mir – in der Rolle eines Zuschauers – eine Meinung zu bilden suche« (Smith 1985, 170f.).

Hier hat man alle Elemente des Freudschen Kategorienarsenals schon zusammen: Ich richte mich (Es) anhand einer Norm der Gesellschaft (Über-Ich). Und das Urteil ist von keinerlei Selbstmitleid getrübt: Wer sich für schuldig befunden hat, »wird niemals über die Gefühle nachdenken können, die die Menschen ihm gegenüber hegen müssen, ohne dabei alle Qualen der Scham, des Abscheus und der Zerknirschung zu empfinden«. Das Maß des Selbsthasses richtet sich natürlich nach dem Vergehen, in schweren Fällen kann er eine fatale Intensität annehmen: Dem Sünder zeigen seine Gedanken

»nichts als schwarze, unglückliche, unheilvolle Bilder, die trübsinnigen Vorahnungen unfaßbaren Elends und Verderbens. [...] Dies ist das Wesen jener Gefühle, die man recht eigentlich Gewissenbisse nennt, der fürchterlichsten von allen Gefühlen, die von eines Menschen Brust Besitz ergreifen können. In ihnen wirken zusammen die Scham, die aus dem Gefühl der Verwerflichkeit unseres früheren Verhaltens entsteht, der Kummer über die Wirkungen dieses Betragens, das Mitleid mit denen, die dadurch leiden, sowie Angst und Schrecken vor der Strafe, die aus dem Bewußtsein entspringen, den gerechten Zorn und den Vergeltungstrieb aller vernünftigen Wesen herausgefordert zu haben« (Smith 1985, 125f.).

Adam Smith entwickelt keine Kontroll-Utopie, sondern versteht seinen Beitrag als Beschreibung der zeitgenössischen Erziehungsgesellschaft – deren dialektische Qualität, ihr freundlicher Terror, von Locke bekannt ist: Weil man »sensibel« ist (*culture of sensibility*), nur das Beste will und freundlich miteinander umgeht, fallen »soziale« Strafen für unwilliges, widerspenstiges oder sonstwie abweichendes Verhalten besonders streng aus.

Gerade darum stellt sich die Frage, warum das System, bei aller Effizienz in einzelnen Fällen, als Ganzes offenbar so unvollkommen wirkt, daß es lange Zeit ganz in Vergessenheit geraten und erst in allerjüngster Zeit wieder aus der Versenkung aufgetaucht ist (Etzioni 1988, 1997, 1999). Im Falle Adam Smiths kommt erschwerend hinzu, daß er seine Hoffnungen ja nicht auf den variablen Faktor Erziehung stützt (also Pädagogikversagen reklamieren könnte), sondern sich bekanntlich eins mit der Natur weiß – das Gewissen sitzt in uns als sozialen Wesen einfach drin und »beißt« daher verläßlich. Allerdings gibt die Natur dem Gewissen auch ein dauerndes Handikap mit auf den Weg: in Gestalt jener unterschiedlichen Grade der Sozialität, denen unterschiedliche Kontroll- und Strafintensitäten entsprechen. Je weiter die sozialen Kreise reichen, desto indifferenter werden wir ihnen und sie uns gegenüber – irgendwann ist dann einfach alles egal.

3.5 Kontextsteuerung

Die Idee, daß Charakter und Umwelt fließend ineinander übergehen, wird von Adam Smith auf eine neue Stufe gehoben. Sie hat zwar schon vorher existiert, doch wurde der Übergang als bloßer »Punkt« begriffen. Hobbes' Mensch weiß natürlich von den äußeren Umständen, unter denen er mit anderen verkehrt, und reagiert auch darauf: »Natürliche« Verhältnisse zwingen ihm mißtrauische Reaktionen auf, befriedete Lagen erlauben zivile Umgangsformen. Wobei beide Optionen extern nur veranlaßt werden; alles andere passiert intern, als nachdenkliche Wahrnehmung »natürlicher« Rechte, wie sie »vernünftigen« Menschen gottseidank zustehen: »Das Ich erscheint uns« in dieser Logik »selbständig, einheitlich und gegen alles andere gut abgesetzt« (Freud 1999, 66).

Bei Adam Smith ist der Kontakt Subjekt-System eine »Fläche«. Außeneinflüsse in Gestalt sozialer Normen dringen auf breiter Front – und tief gestaffelt – in den Menschen hinein. Hauptsächlich sie formen Mentalitäten und Dispositionen. Als »Richter« oder »Zuschauer« besetzt die Gesellschaft das Gehirn.

Freilich, eine Steigerung ihrer »Geselligkeit« kann sich die liberale Gesellschaft von dieser Symbiose nur dann erhoffen, wenn das soziale Leben *moralisch gesund* und nicht »korrumpiert« ist. Genau das war aber *die* Modeangst des 18. Jahrhunderts (Pocock 1993); dabei gerieten Arme wie Reiche ins Visier der Tugendwächter (später sollte sich das ändern – da graute es dem *juste milieu* ausschließlich vor den Massen). Wo man mit einem *ungesunden* Menschenverstand glaubte rechnen zu müssen, kam ein anderer Kontext ins pädagogische Spiel: die *Natur*.

Das kann selbstredend nur da funktionieren, wo die zivilisatorischen Errungenschaften diese Natur noch nicht überwältigt und durchdrungen haben: »So war zu Anfang, und mehr als es heute der Fall ist, die ganze Welt ein Amerika« – also in grauer Vorzeit oder jenseits des Atlantiks gab es einmal, wenn Locke recht hat (1988, 38), gute Voraussetzungen für ein ökologisches »Brüter«-Programm. Die Amerikaner selbst waren jedenfalls noch lange davon überzeugt, sie könnten aus dem korrumpierenden Fortschritt aussteigen und auf ihrem naturbelassenen Kontinent liberale Tugenden erhalten (McCoy 1980). Zu den wortgewaltigsten Propheten eines strategischen Primitivismus zählte Thomas Jefferson, der in seinen *Notes on the State of Virginia* kurzerhand den Stillstand empfiehlt: Jene Menschen, »die den Boden bearbeiten, sind Gottes auserwähltes Volk, so Gott jemals ein Volk auserwählt hat, das ihm als Gefäß für eine wahre und echte Tugend dienen könnte. Es ist der Brennpunkt, in dem er jenes heilige Feuer am Leben erhält, das ansonsten von der Erdoberfläche verschwinden würde. Massenhafter Sittenverfall im Bauernstand – das hat es noch zu keiner Zeit und in keiner Nation gegeben. Ihn findet man vielmehr bei denen, deren Existenz nicht von Gott, dem Boden und eigenem Fleiß abhängt.« Darum sollten wir, appelliert Jefferson an sein hin und her gerissenes Publikum, »solange es noch unbebautes Land gibt, nie darauf drängen, daß unsere Landsleute an einer Werkbank arbeiten« (Jefferson in: Peterson 1985, 217).

Nicht Lockes »junger Gentleman«, der »einfache Landmann«, war das verbindliche Erziehungsideal einer *pastoralen Pädagogik*, die ihre Aufgabe vor allem darin sah, den Kurs des Gemeinwesens so zu steuern, daß das agrarische Milieu möglichst lange erhalten blieb – stand doch für sie unverrückbar fest, daß den Farmern an »Kraft, Selbständigkeit, Tugend« (man könnte genausogut sagen: Nützlichkeit, Männlichkeit, Rechtlichkeit) keiner gleich käme, wie Jefferson in einem Brief an John Jay, den Mitverfasser der *Federalist Papers*, einige Jahre später nochmals betont hat (in: Peterson 1985, 384).

Daß diese Blockadepolitik eine Illusion sein würde – davor konnten nicht einmal Agrar-Apostel vom Schlage Jeffersons lange ihre Augen verschließen. Doch damit war das Ende der Natur-Karriere noch nicht gekommen, zu fest saß die Überzeugung von der heilsamen Wirkung der ursprünglichen »Wälder« (Hegels Amerikabild) aufs menschliche Gemüt (Adair 2000, Crèvecœur 1986, Marx 1967, Smith 1978).

Um ihre Stellung zu behaupten, mußte sich die Natur freilich spalten: in eine »künstliche« und eine »wilde«, wobei mit den ökologischen Form- auch pädagogische Funktionsveränderungen einhergegangen sind.

»Künstlich« kann man eine Natur nennen, wenn sie nicht natürlich vorkommt, sondern eigens angelegt werden muß: ländliche Orte innerhalb städtischer Räume, also vor allem »Parks«. Amerikas Park-Papst, Frederick Law Olmsted, wollte diesen Begriff für Landstriche reserviert wissen, die ganz genauen Spezifikationen genügten: »Wir wollen«, schreibt er 1870 in einer Analyse des Verhältnisses von *Public Parcs and the Enlargement of Towns*,

»daß sie mit Straßen, Läden und städtischen Örtlichkeiten den größtmöglichen Kontrast bilden, der mit den Erfordernissen von Erreichbarkeit, Ordnung und Sauberkeit vereinbar ist. Vor allem wollen wir einen größtmöglichen Gegensatz zu den begrenzten und beengten Verhältnissen der Stadt, also jenen Umständen, welche uns zu umsichtigen, aufmerksamen, sorgfältigen Bewegungen zwingen und dazu, daß wir andere

Menschen ebenso wachsam wie mitleidlos beobachten. In praktischer Hinsicht soll es in erster Linie eine einfache, weite, offene, hinreichend ausgedehnte Rasenfläche sein, mit genügend vielen Bäumen bewachsen, damit eine vielfältige Struktur aus Licht und Schatten entsteht. Darauf kommt es uns ganz besonders an. Dazuhin müssen Waldstücke angelegt werden, die so tief gestaffelt sind, daß sie nicht nur Schutz gegen die heiße Sonne bieten, sondern unsere Landschaft auch vollständig gegen die Stadt abschließen« (Olmstedt 1997, 80).

Stadt gegen Land – in der Stadt. Diese Dialektik spiegelt Befürchtungen wider, die das urbane Dasein für *unvermeidlich* halten und gleichzeitig als *ungesund* einschätzen, in jeder Hinsicht: physisch, psychisch, sozial. Weit entfernt davon, frei zu machen, zerstört »Stadtluft« eher das Fundament der Freiheit. Stadtmenschen atmen schlechte Luft ein, das schwächt sie körperlich; ihr Alltag ist grau, dumpf, unruhig, anonym, eben der beste Nährboden für »Krankheit und Elend, Laster und Verbrechen« (Olmsted 1997, 64). Er weckt in dieser tödlichen Mischung den Hobbesschen Horror vor dem *schlechten* Naturzustand: Das »menschliche Leben ist einsam, armselig, ekelhaft, tierisch und kurz« (Hobbes 1984, 96), dieses Mal mitten in jener Zivilisation, die eigentlich unsere Rettung sein sollte und nun von der *guten* Natur selbst gerettet werden muß (vgl. Boyer 1995, 233ff.).

Dagegen die »wilde« Natur – sie wird nicht in den städtischen Zentren lokalisiert, sondern möglichst weit weg von ihnen. Und ihre Aufgabe ist es nicht, »angestellte« Seelen auf dem Pfad der Tugend ruhigzustellen, sondern »unternehmerischen« einen nützlichen Auslauf zu bieten: pädagogisches »Bauland« für agrarisch fundierte Abenteuer: *regeneration through violence* im *fatal environment* des Wilden Westens (Slotkin 1973, 1986). Oder in den Worten (von 1920) *des* Historikers der »Grenze« und Grenzverschiebung:

»Von überragender Bedeutung ist die Tatsache gewesen, daß es in Amerika jenseits der westlichen Grenze des besiedelten Territoriums immer freies Land gegeben hat. [...] Dieses freie Land hat Individualismus, ökonomische Gleichheit, soziale Mobilität und Demokratie gefördert. [...] In einem Satz, freies Land bedeutete freie Entfaltung. Das hat die amerikanische Demokratie von ihren Vorgängerinnen unterschieden: Immer wenn sich an der Ostküste eine hochspezialisierte und -komplizierte Industriegesellschaft entwickelt hatte, stand ihr ein Westen gegenüber, der seine ursprünglichen Wurzeln noch nicht gekappt hatte; und beide Kräfte haben in einem Verhältnis von Aktion und Reaktion unsere Geschichte geprägt« (Turner 1986, 259f.).

Im Westen wurden dem Subjekt heroische Bewährungsproben aufgeladen – deren glücklicher Ausgang, wie im Rückblick (und Einklang mit Turner) Werner Sombart notiert hat, auch ein Glück fürs System war:

»Der großen Masse unzufriedener Lohnarbeiter aber winkte [...] ein Ziel, das Hunderttausende und Millionen tatsächlich im Lauf des verflossenen Jahrhunderts erstrebt und erreicht haben und das ihnen Befreiung vom Drucke des Kapitalismus, und zwar Befreiung im vollsten Sinne des Wortes brachte: die freie Heimstätte des unbesiedelten Westens. Ich glaube in der Tat in diesem Umstande, daß praktisch beliebig viele Menschen mit gesunden Gliedern ohne oder fast ohne jedes Vermögen durch die Ansiedelung auf Freiland sich zu unabhängigen Bauern machen konnten, liegt vor allem die Erklärung für die eigenartig friedsame Stimmung des amerikanischen Arbeiters« (Sombart 1906, 136).

Solange normale Menschen kleine Bauern sind, werden sie gute Liberale abgeben: daran haben genügend Amerikaner lange Zeit geglaubt – und auch etliche Europäer, vor Sombart z. B. so unterschiedliche Figuren wie Rousseau und Hegel. Wiewohl letzterem der Wald-und-Wiesen-Bürger auf Dauer etwas zu wenig war, weil er beides, die amerikanische Rückständigkeit wie auch deren limitierte Dauer, genau erkannt hatte: »Mit Europa«, konstatiert er hellsichtig, »könnte Nordamerika erst verglichen werden, wenn der unermeßliche Raum, den dieser Staat darbietet, ausgefüllt und die bürgerliche Gesellschaft in sich zurückgedrängt wäre« (Hegel 1989, 146).

Auch diesseits des Atlantiks sollte sich der »ländliche« Liberalismus etablieren, an hübschen Fabrikdörfern sein Gefallen finden und sich auch für die (raum-)*extensive* Form einer naturreinen Erziehung erwärmen – fast bis auf den heutigen Tag, wie wir noch sehen werden (Rüstow 1958). Im allgemeinen aber galten amerikanische Verhältnisse als (geographisch) einmalig großzügig. Zudem existierte ein alternatives *Intensiv*-Programm, das den vorhandenen, knappen Raum pädagogisch besser nutzen würde. Konkret: Aus liberaler Warte waren Natur und *Architektur* funktional äquivalent. Jedenfalls laufen Jeremy Benthams Pläne, Ende des 18. Jahrhunderts dem bürgerlichen

Publikum aller Länder unterbreitet, darauf hinaus (s. dazu Foucault 1981, 251ff.; Himmelfarb 1965, 1985, 78ff.).

Die Rede ist vom *Panopticon*, im Grundriß einem Rundbau mit kreisförmig angeordneten, einsehbaren Zellen, die von einem – selbst den »einsitzenden« Blicken entzogenen, weil abgedunkelten – Kontrollzentrum aus überwacht werden, wobei der Clou des ganzen Arrangements darin bestehen soll, daß sich die Insassen dauernd beobachtet fühlen, ohne es tatsächlich zu sein: so daß sie sich faktisch *selbst* beobachten und reglementieren. Also eine *Architektur des Gewissens*, wenn man so will, die Adam Smiths soziale durch eine »bauliche« Kontrolle reproduziert (Bowring 1962, 39ff.). Dem Spektrum der potentiellen Insassen ist abzulesen, daß ein panoptisches Netz, über die Gesellschaft ausgeworfen, als Allheilmittel gegen jede Sorte von »Ungeselligkeit« gedacht war: Es taugte dafür, »Unverbesserliche zu bestrafen, Schwachsinnige zu bewachen, Lasterhafte umzuerziehen, Verdächtige festzuhalten, Faulenzer zu beschäftigen, Bedürftigen zu helfen, Kranke zu heilen, Arbeitswillige in jeder Berufssparte auszubilden, den Nachwuchs zu sozialisieren«. Daher solle man nach diesem Plan alles bauen, »Gefängnisse und Untersuchungsgefängnisse, Erziehungs- oder Besserungsanstalten, Arbeitshäuser, Fabriken, Irrenanstalten, Krankenhäuser und Schulen« (Bentham 1962, 40).

Ebenso vielfältig sind die Effekte, die den Interessenten versprochen werden: »Eine Reform der Moral, die Erhaltung der Gesundheit, eine Mehrung des Fleißes, die Verbreitung der Erziehung, ein Fundament für die Wirtschaft, die Entwirrung, wenn auch nicht Zerschlagung des gordischen Knotens der Armenhäuser [die vordem Armut stimuliert, statt eliminiert haben] – und alles durch eine einfache Vorkehrung der Architektur!« (Bentham 1962, 39) Die einfache Vorkehrung: das ist eben jene architektonisch umgesetzte Idee, daß »alle inspizierten Personen« – und darunter fallen Verbrecher so gut wie Irre, Kranke oder Schüler – »sich unablässig beobachtet fühlen sollen« (Bentham 1962, 44).

Was Benthams System von dem Adam Smiths auf den ersten Blick unterscheidet, ist die illiberale, zumindest »unfreundliche« Qualität der Repression: in Zellen und hinter Mauern statt unter Menschen mit Gefühlen. Diesen Makel wollte der »Panoptismus« (Foucault) dadurch abstreifen, daß er sein repressives

System dem liberalen Publikum öffnete. »Die Tore aller öffentlichen Anstalten«, fordert Bentham, »sollten dem interessierten Publikum weit offen stehen – so entsteht das große offene Komitee des Welttribunals« (1962, 46). Der »Zuschauer« würde es wieder einmal richten.

Nicht reproduzieren kann indessen diese architektonische Überwachung die charakterbildende Tiefe der gesellschaftlichen Normierung: Benthams typische Insassen verhalten sich immer nur deshalb konform, weil sie sich von einem *anderen* beobachtet fühlen; sie übernehmen eine Kontrollfunktion ohne den dazugehörigen Wertekanon, praktizieren also das gewünschte Verhalten, ohne von ihm »durchdrungen« zu sein, wollen nicht auffallen, anstatt umzudenken, werden zwar durch das bauliche Arrangement daran gehindert, sich gegen ihre Kontrolleure zusammenzurotten, entwickeln aber weder *positive* Überzeugungen noch *soziale* Tugenden: »Zu ihrem Wächter verhalten sie sich wie eine Menge, doch nicht wie eine Masse; untereinander sind sie vereinzelte und eingeschlossene Individuen« (Bowring 1962, 47). Insoweit fehlt es dem »panoptischen Impuls« an der Raffinesse funktionierender Sozialstrukturen (à la Smith) oder fortgeschrittener Psychotechniken. Das mag seine Epochenbindung ausmachen, und darin liegt ein gravierendes Handicap. Jedenfalls empfindet man es heute so (Boyne 2000).

4. Die Organisation des Risikos

Glaubt man Georg Simmel, dann setzt die erfolgreiche Vergesellschaftung des – modernen, liberalen – Subjekts voraus, daß es nicht *ganz* im System aufgeht, sondern ein nicht-vergesellschaftetes »Außerhalb«, eine systemabgewandte Seite behält. Beamte, Kaufleute, Offiziere könnten nicht funktionieren, wären sie nur solche; Arbeiter, Funktionäre, Journalisten sind mehr als das (1983, 183f.).

Beide Figuren-Kataloge unterscheiden sich aber dadurch, daß der eine Biedermänner versammelt, der andere Brandstifter (damals). Wäre also die liberale Welt wenn schon nicht in Ordnung, so doch wenigstens übersichtlich? Kaum. Denn es existieren genügend Beispiele dafür, wie schnell redliches »Mittelmaß« in rasenden »Wahn« umschlagen kann (H.M. Enzensberger) – unerwartet, unbeherrscht, unverständlich werden Weiber zu Hyänen, Büromenschen zu Elementargewalten, Angestellte zu Amokläufern, Schüler zu Schlächtern. Daher gibt es ein öffentliches Interesse am privaten Vorbehalt, jener »negativen Reserve« (Simmel), von der unbekannte Gefahren aller Art ausgehen. Erkenntnis- und Erziehungsanstrengungen machen deshalb vor dem Innenleben nicht halt.

Freilich gilt es eine prekäre Balance zu wahren: Das überschießende Selbst darf, weil »soziales Apriori« (Simmel), nicht vollständig kolonialisiert und seiner Selbständigkeit beraubt werden. Hegel verbindet mit dem Eigensinn der Existenz gar die Qualität des Moralischen: »In der Moralität«, stellt er klar, »ist es das eigentümliche Interesse des Menschen, das in Frage kommt, und dies ist eben der hohe Wert desselben, daß dieser sich selbst als absolut weiß und sich bestimmt. Der ungebildete Mensch läßt sich von der Gewalt der Stärke und von Naturbestimmtheiten alles auferlegen, die Kinder haben keinen moralischen Willen, sondern lassen sich von ihren Eltern bestimmen; aber der gebildete, innerlich werdende Mensch will, daß er selbst in allem sei, was er tut.« Daher folgt fürs öffentliche Interesse am privaten Leben: »Das Allgemeine muß [...] betätigt sein, aber die Subjektivität auf der anderen Seite ganz und gar entwickelt werden. Nur dadurch, daß beide Momente in ihrer Stärke bestehen, ist der Staat als ein gegliederter und wahrhaft organisierter anzusehen« (Hegel 1986, 206, 407).

In einem Satz: Kontrolle ist gut, Vertrauen ist besser – weshalb der »gläserne« Mensch, selbst wenn man ihn produzieren könnte, keineswegs der Weisheit letzter Schluß wäre.

Als Gegenleistung verlangt das System vom Subjekt, daß es die »Einseitigkeit der bloßen Subjektivität« (Hegel) abstreife, also seinen Freiheitsraum, auch und gerade den reservierten, recht gebrauche, sprich: *informed by Reason, and limited by Duty* (so die überraschend kantianische Formel eines amerikanischen Kant-Zeitgenossen; vgl. Shain 1994, 161). Doch Menschen mißbrauchen Freiheit leicht, schieben deren Ansprüche achtlos beiseite, vergessen einfach, sich von der Vernunft informieren und durch die Pflicht begrenzen zu lassen: »Der gewöhnliche Mensch glaubt, frei zu sein, wenn ihm willkürlich zu handeln erlaubt ist, aber gerade in der Willkür liegt, daß er nicht frei ist« (Hegel 1986, 67) – was ihn aber nicht scheren mag. Dann wird jenes asoziale »Etwas«, das außerdem noch ist (Simmel), zum *Risiko*, eine »soziale Imponderabilie«, gegen die man sich vorsehen muß: Vertrauen ist gut, *versichertes* Vertrauen ist besser. Wie aber kann man das Gemeinwesen gegen Vertrauensbrüche solcher Art versichern? Die liberale Phantasie war nicht faul und hat sich ein umfangreiches Arsenal raffiniert ausgedachter, teils präventiv wirkender, teils reaktiv einsetzender Maßnahmen einfallen lassen – die sich im übrigen auch darin unterscheiden, wie sie mit dem Umstand fertig werden, daß Unwägbarkeit, ein »imponderabler« Charakter, kein Standesprivileg ist, also »schlechtes Verhalten« (Thomas Paine) Prinzen genausogut heimsuchen kann wie den Pöbel.

4.1 Die Kunst der Repräsentation

Zu denen, die auf allen Seiten Gefahren wittern, gehört Hobbes. Wenn es dennoch so aussieht, als ob die Gefahr ausschließlich »unten« lauere, wohingegen das Rettende ganz allein »oben« liege, dann deswegen, weil er eine Logik des kleineren und notwendigen Übels vertritt – das in Kauf genommen werden muß, weil ansonsten der größere Schaden unweigerlich über uns hereinbricht.

Hobbes' Rechnung stellt Tyrannei gegen Chaos. Dieses verursacht höhere Kosten *und* tritt mit tödlicher Sicherheit ein; jene hingegen ist nicht nur weniger grausam, sondern, halbwegs vernünftige Gestalten an der Macht vorausgesetzt, auch vermeidbar. Wir sollten bedenken,

»daß der Zustand der Menschen nie ohne die eine oder die andere Unannehmlichkeit sein kann, und daß die größte, die dem Volk gewöhnlich zustoßen mag, kaum fühlbar ist, wenn man sie mit dem Elend und den schrecklichen Nöten vergleicht, die ein Bürgerkrieg oder die Zügellosigkeit herrenloser Menschen ohne Unterwerfung unter Gesetze und unter eine Zwangsgewalt, die ihre Hände von Raub und Rache abhält, mit sich bringen. Sie bedenken ebenfalls nicht, daß auch der größte Druck durch souveräne Regenten nicht von irgendeiner Freude oder einem Nutzen herrührt, die sie aus dem Schaden oder der Schwächung ihrer Untertanen erwarten können, in deren Kraft ihre eigene Stärke und ihr eigener Ruhm bestehen« (Hobbes 1984, 144).

In dieser Logik brauchen Menschen einen Souverän, der für Ordnung sorgt – eine Ordnung, die sie aus eigener Kraft nicht herstellen können. Das Manko rührt weniger daher, daß sie animalische Geschöpfe wären, sondern hat in erster Linie mit dem »animalischen« Gemenge zu tun: »Herrenlose« Zustände machen jeden sozialen Kontakt zum tödlichen Risiko. Wer im dunkeln tappt, stellt sich besser aufs Schlimmste ein – und weil alle so denken, erreicht niemand, was er *eigentlich* haben will, nämlich Frieden. Daher kommt der absolute Vorrang des Ordnungs- vor jedem anderen Interesse. Deshalb wehrt sich Hobbes gegen jegliche Schwächung des obersten »Repräsentanten«, die entstünde, sobald bornierte »Repräsentierte« Gründe ersinnen oder Verfahren erfinden dürften, mit deren Hilfe sie sich *distanzieren* könnten: »Der alleinige Weg« in einen Zustand von Ruhe und Ordnung liegt für die Leute

»in der Übertragung ihrer gesamten Macht und Stärke auf einen Menschen oder eine Versammlung von Menschen, die ihre Einzelwillen durch Stimmenmehrheit auf einen Willen reduzieren können [also ein Parlament – was Hobbes freilich für keine so gute Idee hält]. Das heißt soviel wie einen Menschen oder eine Versammlung von Menschen bestimmen, die deren Person verkörpern sollen, und bedeutet, daß jedermann alles als eigen anerkennt, was derjenige, der auf diese Weise seine Person verkörpert, in Dingen des allgemeinen Friedens und der allgemeinen Sicherheit tun oder veranlassen wird, und sich selbst als Autor alles dessen bekennt und dabei den eigenen Willen und das eigene Urteil seinem Willen und Urteil unterwirft« (Hobbes 1984, 134).

Die »absolute« Repräsentation hobbesscher Prägung konstituiert eine Art »Blanko-Unterworfenheit« (Herbert Krüger) – der Repräsentant kann tun und lassen, was er will, denn praktisch alles ist durch seinen Auftrag abgedeckt, der da heißt: Frieden um *jeden* Preis. Wird es den Repräsentierten zuviel, müssen sie sich sagen (lassen): »Ihr habt sie gewollt, ihr, die Untertanen (sujets) habt die Souveränität konstituiert, die euch repräsentiert« (Foucault 1999, 123). Wenn das aber mehr sein soll als zahnloser Zynismus, dann muß den »gefangenen« Adressaten ihre eigene Ohnmacht plausibel erscheinen.

So gesehen ist die Stellung des *Leviathan* fragiler, als sein Ruf erahnen läßt. Zwar profitiert er von einem extrem asymmetrischen Konstruktionsplan: Alle Macht liegt beim Repräsentanten, weil alle Gefahr von den Repräsentierten ausgeht. Gefahrenkalkül und Machtmonopol sind jedoch so eng aneinander gekoppelt, daß jede Veränderung des »kausalen« (ersten) Faktors den »finalen« (zweiten) tangieren muß. Bereits wenige Generationen nach Hobbes war nicht mehr nachvollziehbar, welchen Sinn es eigentlich haben sollte, sich der Staatsmacht auf Gedeih und Verderb zu unterwerfen, denn: »Dies hieße die Menschen für so töricht halten, daß sie zwar zu verhüten suchen, was ihnen Marder oder Füchse antun könnten, aber glücklich sind, ja es für Sicherheit halten, von Löwen verschlungen zu werden« (Locke 1988, 71).

Locke kann sich Repräsentanten sowieso nur noch im Kollektiv, als gesetzgebende »Versammlung«, vorstellen. Doch selbst ihr mißtraut er – und das, *obwohl* ihre Mitglieder vom Volk lediglich auf Zeit gewählt worden sind, also auch wieder abgewählt werden können.

Wieder einige Zeit später betrachtet man, in einer dann völlig verdrehten Welt, Repräsentanten mit Argusaugen, *weil* sie von (Wahl-)Stimmen resp. (Wähler-)Stimmungen abhängen. Hinter diesem Mißtrauen der (mehr oder minder) *demokratischen Souveränität* gegenüber stecken zwei neue Ängste: erstens vor dem »gemeinen Pöbel« (Hume), der seiner natürlichen Charakterschwäche wegen für populistische (Wahl-)Parolen empfänglich sei; zweitens vor einer fatalen »Gruppenbildung« (*factions*) entlang divergierender Interessengegensätze, die, entsprechend zugespitzt, den souveränen Willen pervertieren könnten. Sozialingenieure und Verfassungskonstrukteure sehen sich so vor die schwierige Aufgabe gestellt, mit »krummem Holz« (Kant) ein gerades (stabiles, liberales) Gehäuse zu zimmern: Entwirft man »ein Regierungssystem von Menschen über Menschen, dann besteht die große Schwierigkeit darin: man muß zuerst die Regierung befähigen, die Regierten zu beherrschen, und sie dann zwingen, die Schranken der eigenen Macht zu beachten« (in: Hamilton/Madison/Jay 1994, 314). Das klingt fast nach der Quadratur des Kreises; entsprechend schwer haben sich liberale Vordenker auch getan, für dieses Organisationsproblem eine effektive Lösung zu finden. Ihre Antworten suchen das Heil und die »Sicherheit in Zahlen«: entweder möglichst kleinen oder möglichst großen.

Ein entschiedener Verfechter der *Minimierungs*strategie war David Hume. Wenn der Mensch, so, wie er gemeinhin vorkommt, für die Selbstregierung nicht geeignet ist, dann muß man seine Einflußmöglichkeiten in »Demokratien« so weit beschneiden, daß er keinen Schaden anrichten kann. Dabei verfällt Hume, wie viele vor ihm (darunter auch Locke), auf den patenten Gedanken, all jene vom Wahlrecht auszuschließen, deren Wahlentscheidung erwartbar »unsachgemäß«, eben freiheitsfeindlich, ausfallen würde, sprich: wenn nicht gleich gegen fremdes Leben, so doch gegen fremdes Eigentum gerichtet wäre (*life, liberty, property* gehören seit Locke bekanntlich untrennbar zusammen). Erwartet werden konnte diese Attacke natürlich von denen, die über kein Eigentum verfügten, also einen guten (eigentlich: schlechten) Grund hätten, sich mit Hilfe ihrer Wahlstimme an fremdem Eigentum zu vergreifen, und diese Attacke, weil *en masse* auftretend, auch erfolgreich abschließen würden. Daher sieht Hume in seinem Plan des »perfekten Gemeinwesens« eine streng begrenzte demokratische Basis vor: Überhaupt irgendwen wählen sollte seiner Meinung nach nur dürfen, wer über hinreichend viel Eigentum oder Besitz verfügt (Hume 1987, 516).

Der übergroße Rest ohne »Substanz« bleibt außen vor. Und selbst die, die mit von der (Wahl-)Partie sind, haben größtenteils wenig gewonnen. Nicht allein, daß gerade ein einziger den Willen des Wahlkreises vertritt – hinzu kommt noch etwas anderes:

Die dermaßen »Abgeordneten« wählen aus ihrem Kreis wieder Delegierte mit teils lokalen, teils nationalen Aufgaben, so daß die kleine Zahl stufenweise weiter reduziert wird, je näher das Zentrum der Macht rückt – am Ende ist es noch ein *protector*, auserkoren *not by an undistinguishing rabble, like the ENGLISH electors, but by men of fortune and education* (Hume 1987, 523f.). Dahinter steckt ein abgrundtiefes Mißtrauen gegenüber den Kompetenzen des kleinen Mannes: »Die niederen Stände und kleinen Eigentümer besitzen genügend Urteilskraft, um Personen von ähnlichem Rang und Stand einzuschätzen; deshalb werden sie in ihren Gemeindeversammlungen vermutlich die besten oder annähernd besten Abgeordneten wählen. Dort aber, wo Personen für die höheren Ämter der Republik bestimmt werden müssen, wären sie völlig überfordert« (Hume 1987, 522).

So also funktioniert Humes Modell der »perfekten« Repräsentation: Wer nichts hat, hat nichts zu melden, wer wenig hat, hat auch wenig zu sagen – weshalb am Ende das Gemeinwesen durch seine Reichen und Gebildeten repräsentiert wird. Hume sieht in diesem »meisterhaft geplanten« Ausschlußverfahren eine ideale Methode für die »Verfeinerung der Demokratie« (Hume 1987, 528).

Men of fortune and education – diese Zauberformel wirkt noch hundert Jahre später in den Vorstellungen John Stuart Mills nach, und zwar in derselben Staffelung, die Hume einst vorgesehen hat: Je näher das Zentrum der Macht rückt, desto höher ist die Latte zu legen. Eine Mindestmenge von beidem, Besitz und Bildung, ist notwendig, um auf politische Entscheidungen überhaupt Einfluß nehmen zu dürfen, sei es passiv (als Repräsentierter), sei es aktiv (als Repräsentant). Wie beim Volk, so liegt auch bei seinen Vertretern das ultimative Maß der geforderten Qualifikation darin, daß sie *andere*, fähigere Personen mit dem »tätigen« Regieren beauftragen und auf deren Regiment nicht unsachgemäß einwirken: »Ein Fortschritt in Richtung auf eine arbeitsfähige Demokratie«, behauptet Mill unmißverständlich, »ist überhaupt nur dann denkbar, wenn der Volkssouverän bereit ist, die Arbeit, die spezifische Fähigkeiten voraussetzt, denen zu überlassen, die sie besitzen. Das Volk selbst ist genug damit beschäftigt, ein für seine eigentliche Aufgabe der Oberaufsicht und Kontrolle ausreichendes Maß geistiger Befähigung zu erwerben« (Mill 1971, 111).

Dabei steht außer Frage, daß den Standard derjenige erreicht hat, der weiß, daß er nichts weiß – oder jedenfalls nicht genug, um denen ins Handwerk zu pfuschen, die etwas wissen. Den angemessen gebildeten Volkssouverän zeichnet (wie auch bei Hegel) aus, daß der sich als »Volk« erkennt und seine Souveränität daher abtritt:

»Je weniger ihre Zusammensetzung diese geistige Qualifikation gewährleistet, desto mehr wird sich die gesetzgebende Versammlung durch entsprechende Beschlüsse Übergriffe auf das Gebiet der Exekutive leisten, wird fähige Männer ihres Amtes entheben und schlechte in ihren Positionen halten, wird den Mißbrauch ihrer Amtsgewalt ruhig hinnehmen oder übersehen, sich von ihnen durch Vorspiegelungen falscher Tatsachen täuschen lassen oder Männern, die ihr Amt gewissenhaft zu erfüllen bemüht sind, ihre Unterstützung verweigern; sie wird eine egoistische, unberechenbare, jedem Antrieb gehorchende, kurzsichtige, von Kenntnis ungetrübte und mit Vorurteilen beladene Innen- und Außenpolitik unterstützen oder fordern; sie wird gute Gesetze abschaffen oder schlechte erlassen, neue Mißstände einführen oder mit verstocktem Eigensinn an alten festhalten; irreführende Regungen ihrer Mitglieder oder deren Wählerschaft, die permanent oder vorübergehend Einfluß gewinnen, werden sie in Fällen, wo unparteiische Gerechtigkeit vom Volk nicht akzeptiert wird, vielleicht sogar dazu treiben, offene Gesetzesbrüche zu tolerieren oder stillschweigend hinzunehmen. Diese und andere Gefahren ergeben sich aus einem Repräsentativsystem, in dem die Zusammensetzung der Volksvertretung nicht ein adäquates Maß an politischem Urteilsvermögen und Wissen garantiert« (Mill 1971, 111).

Augenscheinlich kann man sich das Regime der Ungebildeten und deshalb Unbezähmten, die weder als einzelne noch im Kollektiv ihre Triebhaftigkeit hinreichend kontrollieren, gar nicht schrecklich genug vorstellen. Die fernere Zukunft könnte man dadurch entschärfen, daß Arbeiter zu (individuellen oder genossenschaftlichen) Eigentümern befördert und im Gefolge dieser sozialen Reform sich verbürgerlichen (Mill 1985, 118ff.). Fürs erste freilich war Repression, nicht Reform gefragt. Mill fordert, das Volk habe, bevor es zur Politik zugelassen werde, »noch die erste Lektion der Zivilisation, den Gehorsam, zu lernen« (1971, 80).

Gehorsam ist nicht der einzige Lernstoff. Sonst könnte gar zu leicht sich eine falsche Version davon verbreiten: ohne freiheitlichen Wert, weil abgesunken in die »extreme Passivität und bereitwillige Unterwerfung unter eine Tyrannei« (Mill 1971, 80).

Es geht um den *aktiven* Kotau vor (Besitz und) Bildung – dessen Herstellung heute unter dem Motto *to empower people* (Berger/Neuhaus 1996) betrieben wird.

Doch was wir Modernen dabei als Chance sehen, die lokale Selbstverwaltung der kleinen Lebenswelt, gibt Mill ein weiteres Rätsel auf. Menschen wollen vor Ort selbst bestimmen, was »Sache ist«, maßen sich zwar nicht an, Resultate ihres bornierten Patriotismus weiteren Kreisen aufzudrängen, sind aber genauso unwillig, weitere Kreise in den eigenen hineinregieren zu lassen. Weshalb das Bewußtsein, »ein Volk zu sein«, bei ihnen erst noch entwickelt werden muß. Dafür bedarf es nach Mill der Horizonterweiterung durch eine autoritäre Zentralgewalt (Mill 1971, 82).

Stimmt die Balance zwischen Freiheit und (Unter-)Ordnung im groben, dann ist es Sache eines feindosierten *Wahlrechts*, den Repräsentationsbetrieb auf dem rechten Kurs zu halten. Mill nennt drei Handikaps, derentwegen »normale« Menschen seiner Epoche keinen Anspruch darauf erheben können sollen, daß ihre Stimmen politisch zählen. Erstens ihre *intellektuelle* Lage – es sei »gänzlich unzulässig«, jemanden wählen zu lassen, »der nicht lesen und schreiben kann und [...] die Grundrechenarten nicht beherrscht. [...] Solange die Gesellschaft ihrer Pflicht, dieses Maß an Bildung allen erreichbar zu machen, nicht nachgekommen ist, liegt«, so fährt Mill verständnisvoll fort, »zwar eine gewisse Härte in der Verweigerung des Stimmrechts, aber es ist eine Härte, die hingenommen werden muß« (Mill 1971, 146f.). Im Zweifel hält es Mill für vollkommen legitim, derartige Qualifikationen abzuprüfen: Wer von seinem Stimmrecht Gebrauch machen will, dem müsse zugemutet werden, »daß er in Gegenwart des registrierenden Beamten einen Satz aus einem englischen Buch« abschreibe und »ein Rechenexempel nach dem Dreisatz« durchführe (1971, 147f.).

Ein zweiter Defekt, der den gewöhnlichen Menschen politisch disqualifiziert, rührt aus einer *sozialen* Position, die ihn nahezu zwangsläufig in Versuchung führt: »Wichtig ist ferner«, warnt Mill, »daß die Versammlung, die – sei es zentral oder lokal – über die Höhe der Steuern zu entscheiden hat, ausschließlich von denen gewählt wird, die ihren Teil zum Steueraufkommen beitragen. Diejenigen, die, ohne selbst Steuern zu zahlen, über das Geld anderer Leute verfügen, haben alle möglichen Beweggründe zu verschwenden und keine, sparsam zu sein« (Mill 1971, 148). Andernfalls würde den vielen erlaubt, »ihre Hände in anderer Leute Tasche zu stecken« (Mill 1971, 148), sprich: das Eigentum der wenigen umzuverteilen. Was zum dritten Grund überleitet, der *ökonomischen* Lage: Sonnenklar ist für Mill,

»daß die Inanspruchnahme einer Unterstützung durch die Kirchengemeinde unbedingt vom Wahlrecht ausschließen sollte. Wer sich durch seiner Hände Arbeit sein Brot nicht selbst verdienen kann, hat keinen Anspruch auf das Recht, sich zu dem Geld anderer zu verhelfen. Indem er in bezug auf seinen unmittelbaren Lebensunterhalt von den übrigen Mitgliedern des Gemeinwesens abhängig wird, verliert er seinen Anspruch, in anderer Hinsicht mit ihnen die gleichen Rechte zu teilen. Vielmehr dürfen die, denen er die Erhaltung seiner baren Existenz verdankt, mit Recht die ausschließliche Verwaltung der gemeinsamen Angelegenheiten beanspruchen, zu denen er einstweilen nichts beiträgt oder doch weniger, als er wegnimmt« (Mill 1971, 149).

Und damit nicht etwa ein *momentaner* Höhenflug aus dem materiellen Elend politisch ausgeschlachtet werden kann, fordert Mill (1971, 149), daß, wer immer seine Stimme gezählt haben will, vorher mindestens fünf Jahre wirtschaftlich auf eigenen Füßen gestanden haben müsse (und zwar, so fordert es die zweite Bedingung, im Range eines Steuerzahlers).

Wenn der »hochliberale« Mill das repräsentative Prinzip eher noch rigider auslegt als David Hume, sein frühliberaler Vorgänger, dann liegt das an veränderten Rahmenbedingungen: Staatliche Machtkonzentration und demokratische Massengesellschaft hatten den Verhältnissen ein ganz anderes Gepräge gegeben – unvermeidlich, im ganzen durchaus begrüßenswert, aber doch mit enormen Risiken behaftet, gegen die man sich besser wappnet. Zusätzlich verkompliziert wurde alles dadurch, daß unter diesen Bedingungen nicht nur den Repräsentierten mißtraut werden mußte, auch ihre Repräsentanten standen ab jetzt ja grundsätzlich unter Verdacht: daß sie der »Vernunft« zum Durchbruch verhelfen und den »Leidenschaften« ihrer Klientel die »gerechte« Sache entgegensetzen würden, schien nicht mehr selbstverständlich.

Andererseits war keinesfalls ausgemacht, daß *saftey in numbers* zwangsläufig »kleine Zahlen« und restriktive Regeln verlangt. Amerikas Verfassungsväter, allen voran James Madison, dachten da ganz anders. Ihren Berechnungen nach würde das politische Heil in der großen Zahl liegen. Die *Maximierungsstrategie* hatte mehrere Vorzüge, darunter diesen: Es wird

»jeder Volksvertreter in einer großen Republik von mehr Bürgern gewählt als in einer kleinen, und so wird es für charakterlose, unwürdige Kandidaten schwieriger sein, solche bösen Praktiken mit Erfolg anzuwenden, durch die so oft Wahlen entschieden werden, und da die Wahlmöglichkeiten des Volkes größer sind, ist auch die Wahrscheinlichkeit größer, daß man die Männer bevorzugt, die sich durch herausragende Verdienste und eine offene und allseits anerkannte Persönlichkeit hervorgetan haben« (Madison in: Hamilton/Madison/Jay 1994, 56).

Doch auch, wenn die Basis selbst so verdorben ist, daß sie Männer mit Charakter weder erkennt noch wählt, sorgen große Zahlen für sichere Verhältnisse. Vor allem ihnen ist es zuzuschreiben, wenn Gruppenegoismen keinen bleibenden Schaden anrichten könnten:

»Je kleiner ein Gemeinwesen ist, desto weniger Parteien und Sonderinteressen werden darin existieren. Je weniger Parteien und Sonderinteressen bestehen, desto häufiger kann sich eine Mehrheit aus derselben Partei bilden. Je weniger Personen eine Mehrheit bilden können, und je enger sie beieinander leben, desto leichter fällt es ihnen, ihre Pläne zur Unterdrückung anderer zu koordinieren und ins Werk zu setzen. Vergrößert man das Gebiet, so umfaßt es eine größere Vielfalt von Parteien und Interessen, damit aber wird es weniger wahrscheinlich, daß eine Mehrheit des Ganzen ein gemeinsames Motiv hat und die Rechte anderer Bürger verletzt. Sollte ein solches gemeinsames Motiv dennoch existieren, dann ist es für alle, die davon angetrieben sind, schwieriger, sich ihrer Stärke bewußt zu werden und gemeinsam zu handeln« (Madison in: Hamilton/Madison/Jay 1994, 57).

Aus dieser Warte gesehen ist der Versuch, das Recht, repräsentiert zu werden, auf den exklusiven Klub »substantieller« (Land-)Eigentümer einzuschränken, politisch nicht erforderlich – er wäre auch, wie Madison klar sieht, für Demokratien langfristig kein gangbarer Weg, weil im Zuge des industriellen Fortschritts die Zahl armer Schlucker so massiv ansteigen würde, daß auch Amerikas territoriale Reserve einmal aufgebraucht sein würde. Andererseits stand außer Frage: Massenhafte Armut müßte, in demokratische Mehrheitsmacht umgesetzt, dem politisch leichtgewichtigen Eigentum gefährlich werden (Matthew 1995, McCoy 1995). Dagegen würden vielleicht breit gestreute Erziehungsprogramme helfen, doch verlassen wollte man sich darauf nicht. Daher ersann Madison alles in allem mehr als ein Dutzend institutioneller *checks and balances* (Matthews 1995, 198); unter anderem sollte das »Zahlenspiel« dadurch verkompliziert werden, daß es verdoppelt wurde:

»Beschränkung des Wahlrechts einer Kammer der Legislative auf die Eigentümer, während die andere Kammer von allen, unter Einschluß der Eigentümer, gewählt werden soll. Dies würde den Besitzenden eine Veto-Macht einräumen, ebenso den Nichtbesitzenden, sofern sie zur Mehrheit werden, wobei ihnen, bis es so weit ist, immerhin die Chance bleibt, an den Beratungen des Gremiums teilzunehmen. Zwar wären die Eigentümer auf diese Weise zweifach repräsentiert, doch haben sie auch ein doppeltes Interesse zu vertreten: das Recht des Eigentums und der Person, die beiden Bezugsgrößen der politischen Verfassung. Wenn schon kein ganz exaktes und sicheres Gleichgewicht gefunden werden kann, dann ist es besser, dem größeren Interesse mehr Gewicht einzuräumen als dem geringeren« (zit. nach Matthews 1995, 202).

En passant deutet sich in Madisons Architektur des Wahlverfahrens das zweite wichtige Instrument im liberalen Arsenal der politischen Gefahrenabwehr an: die *Gewaltenteilung*.

4.2 Das Labyrinth der Gewaltenteilung

Daß nicht alle Gewalt, die vom Volk ausgeht, in einer Hand ruhen soll – dafür kann man auch Kosten-Nutzen-Überlegungen vorbringen. Wie etwa John Stuart Mill, der Gewalten- primär als Arbeitsteilung begreift: »Die Geschäfte der Regierung zu kontrollieren oder sie selbst durchzuführen«, befindet er, »sind zwei völlig verschiedene Dinge« (1971, 91) – weswegen sich die Volksvertretung am besten aus dem exekutiven Geschäft heraushalte und es anderen (klügeren) Köpfen überlasse.

Doch schon bei Mill fällt auf, wie harsch etwaige Übertretungen dieser Grenze behandelt werden. Die Repräsentanten dürfen keineswegs aus Erfahrung so klug werden, daß sie, ihre Beschränktheit am eigenen Leibe erlebend, aus freien Stücken auf Ausflüge in die »Ausführung« verzichten. Diese Erfahrung wird ihnen vielmehr rundweg *verboten*. Derartige Experimente sind »dem Parlament weder aufgetragen noch gestattet« (Mill 1971, 91). Punkt. So liegt der Verdacht nahe, daß es um mehr geht als die Vermeidung suboptimaler Arrangements des Politischen.

Von Locke bis Kant (mit der notorischen Ausnahme Rousseaus) steht denn auch eine andere Skepsis im Vordergrund: die nämlich, das gesetzgebende Organ könne, wie umsichtig auch immer seine Wahl organisiert worden ist, den Hebel der Macht, anstatt ihn nach den Vorschriften des allgemeinen Wohls zu bedienen, für falsche, sprich: partikulare Zwecke einsetzen. Grund für ein derartiges Mißtrauen besteht selbst dann, wenn ausschließlich Eigentümer über Eigentümer regieren, denn:

»Bei der Schwäche der menschlichen Natur, die stets bereit ist, nach der Macht zu greifen, dürfte es [...] eine zu große Versuchung darstellen, wenn dieselben Personen, die die Macht haben, Gesetze zu geben, auch die Macht in der Hand hätten, sie zu vollstrecken, wobei sie sich selbst von dem Gehorsam gegen die Gesetze, die sie erlassen, ausschließen und das Gesetz in seiner Gestaltung wie auch in der Vollstreckung auf ihren eigenen persönlichen Vorteil ausrichten könnten und damit schließlich von den übrigen Gliedern der Gemeinschaft gesonderte Interessen verfolgten, die dem Ziel von Gesellschaft und Regierung zuwiderlaufen« (Locke 1988, 111).

Also keineswegs: »Denn sie wissen nicht, was sie tun«, sondern sie sind sich dessen nur allzugut bewußt, und darum muß man ihnen auf die Finger sehen bzw., besser noch, ihren Aktionsradius von vornherein so beschränken, daß der natürliche Trieb zur Selbstbedienung im Keim erstickt wird. Diese demokratieskeptische Logik hat am Ende gesiegt und zu dem heroischen Schluß provoziert: daß, um dem Mißbrauch vorzubeugen, *Gesetze statt Menschen* herrschen müssen (Kahn 1997, Kriegel 1995, Neumann 1980, Sartori 1992).

Die geforderte Ablösung funktioniert so, daß man Menschen den Umgang mit Gesetzen tunlichst erschwert. Die Trennung von Exekutive und Legislative ist hierfür nur *ein*, wenngleich das populärste Instrument (Howard 2001, 280ff.). Sie kommt – kombiniert mit der zusätzlichen Komplikation einer Aufspaltung des Gesetzgebungsprozesses – auch in James Madisons langer Liste vor, unzweideutig getragen vom Horror vor demokratischen, daher tyrannischen Mehrheiten:

»In einem republikanischen Regierungssystem dominiert notwendig die Legislative. Eine mögliche Abhilfe für dieses Problem ist es, die Legislative in unterschiedliche Kammern aufzuteilen und deren Gemeinsamkeiten durch einen unterschiedlichen Wahlmodus und unterschiedliche Grundsätze für ihre Tätigkeit so weit zu reduzieren, wie es das Wesen ihrer gemeinsamen Abhängigkeit von der Gesellschaft zuläßt. Dabei kann es sogar notwendig werden, gefährliche Übergriffe durch zusätzliche Vorsichtsmaßnahmen abzuwehren. Ebenso wie das große Gewicht der Legislative deren Teilung erfordert, kann sich aus der relativen Schwäche der Exekutive die Notwendigkeit ergeben, diese zu stärken. Ein absolutes Vetorecht gegenüber der Legislative erscheint auf den ersten Blick als die logische Waffe, mit der die Exekutive ausgestattet werden müßte« (Madison in: Hamilton/Madison/Jay 1994, 315).

Wenn diese Restriktion des Volkswillens auf den zweiten Blick weniger attraktiv wirkt, dann nicht ihres brutalen Charakters wegen, sondern weil sie weniger effektiv und zuverlässig wirken mag als gedacht. Vielleicht sollte man, räsoniert Madison, den gewünschten Zweck besser dadurch verfolgen, daß eine Kammer (das »Oberhaus« des Eigentums) mit der Exekutive verkuppelt wird, damit beide zusammen dem armen Volkssouverän mit Aussicht auf Erfolg Paroli – hinhaltenden Widerstand – bieten könnten.

Weitere Verstärkung erhält das Lager der besitzenden Freiheit durch eine dritte, »judikative« Gewalt. Ob die Rechtsprechung vom Parlament mit übernommen werden kann oder soll, darüber ist man in liberalen Kreisen unterschiedlicher Meinung. Friedrich Christoph Dahlmann, gelehrter Verfasser der wichtigsten Politik-Abhandlung frühliberaler Provenienz, hält diese Doppelbelastung nicht nur für eine tragbare, sondern sogar optimale, weil kostengünstige Lösung: »Wenn aber ein stehender Gerichtshof solcher Art beabsichtigt wird [...], so hieße das viele Menschen-Kraft vergeuden für einen vielleicht in Menschenaltern nicht vorkommenden Zweck« (Dahlmann 1997, 87).

So nonchalant ist die dritte Gewalt nicht immer abserviert worden. Vermutlich war der liberale Gleichmut Ausdruck des moderaten Umfelds einer »wohlgeordneten Freiheit«, konstitutionell beruhigt und repräsentativ eingehegt. Verhandelt werden dabei königliche Fehltritte (bzw. solche politisch verantwortlicher Agenten) – was auch schon als »äußerstes Mittel des Widerstands« und »Schwert der Stände« galt (Dahlmann 1997, 87). Politik noch im Geist der Noblesse gewissermaßen, weit weg von den Orten und Zeiten, wo »der Hunger herrscht« (Arendt 1986, 120) – oder wahrgenommen wird.

Unter anderen Umständen würde man, das war dem liberalen

Bewußtsein durchaus geläufig, im Kampf zwischen »Mensch« und »Gesetz«, Aktion und System, Revolte und Ordnung auf den Beistand nobler – volksferner – Richter gern zurückgreifen (Kahn 1997). Nicht von ungefähr erklären die *Federalist Papers* – dieses Mal aus Alexander Hamiltons Feder – das Fehlen der richterlichen Gewalt für »den krönenden Gipfel aller Mängel«, den ein politisches System aufweisen kann, denn Gesetze seien »tote Buchstaben ohne Gerichte, die sie auslegen, ihren wahren Sinn und Geltungsbereich definieren« (in: Hamilton/Madison/Jay 1994, 130).

Im Klartext: Jene, die das Gesetz »geben«, wissen eigentlich nicht genau, was sie wollen oder tun – der legislative Sinn erschließt sich erst in seiner judikativen Deutung. Damit diese Arbeitsteilung zwischen Willen und Wahrheit funktioniert, müssen beide Faktoren strikt separiert werden. Deshalb sei, so Hamilton weiter, darauf zu achten, daß Richter nur in extremen Fällen und mittels aufwendigster Verfahren aus ihrem Amt entfernt werden könnten. Bei guter (Amts-)Führung, *during good behavior*, sollten sie, wen immer ihre unabhängigen Urteile ärgern mögen, nicht aus dem Amt entfernt werden dürfen – dies sei »eine der wertvollsten Verbesserungen der modernen Verfassungspraxis«, weil »keine hervorragendere Barriere gegen Übergriffe und Willkürmaßnahmen der Volksvertretung« existiere (in: Hamilton/Madison/Jay 1994, 470). Wobei Hamiltons Einsicht keineswegs privilegiert ist; im Gegenteil: Amerikas Elite war darum bemüht, ihre eigene Erfahrungsarmut durch das gründliche Studium herrschender Meinungen aus aller Herren Länder zu kompensieren, und hatte dabei vor allem von Montesquieus Ansichten (1965) massiv profitiert – die es freilich zu adaptieren galt, waren doch konstitutionell geteilte Gewalten im europäischen Kontext immer Reflex ständisch gespaltener Gesellschaften, also genau jenes Zustands, den überwunden zu haben sich das amerikanische Experiment besonders hoch angerechnet hat (Berns 1987, 131ff.).

Wie dem auch sei – besorgte Demokraten hatten (haben bis heute) guten Grund, Verdacht zu schöpfen: Ist die richterliche Gewalt, als institutioneller Ort verbindlicher Entscheidungen in letzter Instanz, aus dem System der *checks and balances* ausgebrochen? Thront sie nicht in Wahrheit über den anderen Gewalten? Nein, hält Hamilton solchen Einwänden entgegen, denn ihr fehlen »Wille« (beim Parlament angesiedelt) und »Schwert« (in den Händen der Administration), was unwiderlegbar zu dem Schluß führe, »daß die Judikative bei weitem die schwächste der drei Gewalten ist, daß sie erfolgreich eine der anderen angreifen kann und jede erdenkliche Sorgfalt erforderlich ist, um sie in die Lage zu versetzen, sich gegen deren Angriffe zu verteidigen«; und daß »die generelle Freiheit des Volkes niemals aus dieser Richtung gefährdet werden kann« (in: Hamilton/Madison/Jay 1994, 471).

Eine beruhigende Lageskizze, deren Plausibilität darauf basiert, daß sie vom Ernst- und Extremfall aus entworfen ist: dem »Angriff« auf die Verfassung. Er setzt in der Tat voraus, daß ein »Wille« sein »Schwert« einsetzt. Das extra-konstitutionelle Schlachtengetümmel einmal ausgenommen, hat jene Instanz mit der Macht des letzten Wortes den unüberbietbaren Vorteil (immer dann wenigstens, wenn Verhältnisse via Gesetz *verändert* werden sollen), ihr *Veto* einlegen zu können, so daß sich bestehende Zustände entweder gar nicht oder nur nach richterlichem Gutdünken neu arrangieren lassen – *checks and balances* impliziert also keineswegs *a balance of checks*.

Das Plädoyer für unabhängige Gerichte läßt sich dadurch noch überbieten, daß ein *oberstes* Gericht verlangt wird, zu dessen Kompetenzen es gehört, die Rechtsprechung zu vereinheitlichen. Divergierende Urteile müßten gerade in föderalistisch aufgebauten und pluralistisch zusammengesetzten Nationen wie der amerikanischen kein unbedingtes Ärgernis sein. Sie werden es erst dann, wenn hinter lokalen Variationen des Rechts nicht kulturelle Besonderheiten stehen, sondern politische Abhängigkeiten – die ihrerseits unter dem Generalverdacht stehen können, ökonomische Interessen antiliberaler Kräfte widerzuspiegeln. Uniformität sichert dann Liberalität:

»Es gibt endlose Meinungsunterschiede unter den Menschen. Wir erleben häufig nicht nur unterschiedliche Auffassungen zwischen den Gerichten, sondern zwischen Richtern desselben Gerichts. Um die Verwirrung zu vermeiden, die unweigerlich aus widersprüchlichen Entscheidungen einer Vielzahl unabhängiger Gerichtssysteme entstehen würde, haben alle Länder es nötig gefunden, ein Gericht einzurichten, das über allen anderen steht, das die allgemeine Oberaufsicht besitzt und die Kompetenz, in letzter Instanz einheitliche Regeln staatlicher Rechtsprechung (*civil justice*) festzusetzen und zu verkünden. Das ist um so nötiger, wo das Regierungssystem so komplex ist, daß die Gesetze der Gesamtheit Gefahr laufen, von den Gesetzen der Teile verletzt zu werden. Wenn in einem solchen Fall die einzelnen Gerichte die Kompetenz letztinstanzlicher Rechtsprechung erhielten, müßte man nicht nur Widersprüche aufgrund von unterschiedlichen Meinungen erwarten, man müßte auch Angst vor einer gewissen Befangenheit aufgrund lokaler Ansichten und Vorurteile und vor der Kollision mit örtlichen Bestimmungen haben. Sooft eine solche Kollision stattfinden würde, wäre zu befürchten, daß die örtlichen Gesetze der allgemeinen Gesetzgebung vorgezogen würden. Denn Inhaber öffentlicher Ämter blicken natürlicherweise besonders unterwürfig zu der Autorität auf, der sie ihr Dasein im Amt verdanken« (Hamilton in: Hamilton/Madison/Jay 1994, 130).

Das Örtliche ist das Feindliche, jedenfalls tendenziell, weil vor Ort leicht populistische Stimmungen vorherrschen, die erst auf dem Instanzenweg herausgefiltert werden. Weshalb James Madison übrigens der unbeirrbaren Meinung war, es müsse auch ein *politisches* Veto-Recht gegen jedwede nachgeordnete Gesetzgebung – der Einzelstaaten – geben (Matthews 1995, 180ff.).

In diesem Punkt stimmten Madison und Jefferson ebensowenig überein wie in einer anderen Frage, die den liberalen Umgang mit *passions and constraint* (Holmes 1995) bis heute verunsichert: Sollen Verfassungen veränderbar sein – und, wenn überhaupt, wie leicht? Jeffersons unbekümmerte Radikalität hat ihn dazu verführt, konstitutionelle Regeln als einfache Arrangements anzusehen, von Lebenden für Lebende gemacht, daher ohne Bindungswirkung für spätere Generationen – Tote sollten kein Recht haben, ihre heiligen Kühe den Nachfahren als ewige Weisheiten vorzusetzen (Matthews 1986).

Madisons Gegenposition steht, auf den ersten Blick wenigstens, in der Tradition eines »reaktionären Denkens« (Hirschman), das auch Edmund Burkes Kampf gegen den *tabula rasa*-Fanatismus französischer Revolutionäre kennzeichnet: »Da, wo es auf das Interesse der Menschheit in vielen Generationen ankommt, ist es nicht unbillig, daß noch die Nachfolger einen gewissen Anteil an den Beschlüssen haben, die sie so wesentlich treffen. Wie dies die Gerechtigkeit fordert, so fordert die Vollkommenheit des Werks selbst mehr Verstandeskräfte, als vielleicht *eine* Generation liefern kann« (Burke 1991, 306). Eine dauerhafte (generationsübergreifende) Ordnung ist aus Gründen der Moral und Vernunft unabdingbar. Sie garantiert, daß den Nachfahren Optionen erhalten bleiben und Erfahrungen der Vorfahren nicht vergeblich waren. Dahinter steht Burkes Metaphysik des unsterblichen Volkskörpers.

Madison unterläuft die Philosophie des ewigen »Bandes«. Er argumentiert »situationistisch«, soll heißen: führt extra-ordinäre Verfassungsprinzipien auf extra-ordinäre Entscheidungslagen zurück:

»Ungeachtet des Erfolgs, den die Revisionen unserer etablierten Regierungsformen bisher gehabt haben [...], müssen wir zugeben, daß solche Experimente ihrem Wesen nach zu heikel sind, als daß man sie unnötig vermehren sollte. Wir müssen uns in Erinnerung rufen, daß alle bestehenden Verfassungen entstanden, als eine Bedrohung alle die Leidenschaften erstickte, die Ordnung und Eintracht gefährdeten; als das Volk seinen patriotischen Führern enthusiastisches Vertrauen entgegenbrachte, das die normale Meinungsvielfalt zu den großen nationalen Fragen zeitweilig unterdrückte; als eine allgegenwärtige Begeisterung für neue und grundverschiedene Formen aus der universellen Ablehnung und dem Unwillen über die überlieferten Regierungsformen herrührte; und als noch kein Parteiengeist bei den anstehenden Veränderungen und der Reform von Mißständen wie Zündstoff wirken konnte« (Madison in: Hamilton/Madison/Jay 1994, 307).

Moments of Madness (Zolberg 1972) erweisen sich manchmal – vielleicht dann, wenn sie nicht Eruptionen des puren Elends sind – als Augenblicke der Aufklärung: in denen verrückte Menschen tiefer blicken.

Was diese seltenen, daher kostbaren Momente an »konstitutioneller« Rück-, Vor- und Voraussicht offenbaren, sollte dem Zugriff alltäglicher Impulse unbedingt entzogen bleiben. Dies um so mehr, als nach der liberalen Erleuchtung keine weitere zu erwarten ist, die falsche Entscheidungen korrigieren könnte: »Die zukünftigen Situationen, die wir als das für uns Normale erwarten müssen, werden keinen vergleichbaren Schutz vor der zu befürchtenden Gefahr bieten.« Im Gegenteil, gerade wer, wie Jefferson, künstliche Ausnahmezustände durch zyklische »Anrufungen des Volkes« provoziert, riskiert, daß der Status quo nicht verwandelt, sondern nur verschlechtert wird – *reason* und *passions* würden keine glückliche Verbindung eingehen, sondern einander durchkreuzen, wobei keinerlei Illusion darüber bestehen kann, welche Kraft am längeren Hebel wirkt (Madison in: Madison/Hamilton/Jay 1994, 307ff.).

Kurzum: So »einfältig« das Ziel, so vielfältig die Mittel – den Massen ohne Eigentum mußte »zur Verteidigung des Eigentums« (Dietze 1978) ein starker Staat entgegengesetzt werden; dessen Macht konnte freilich, falls demokratisch verfaßt, in genau die falschen Hände geraten. Dagegen mußten Vorkehrungen getroffen werden; davon wurden endlos viele erdacht, jedenfalls weit mehr und viel raffiniertere, als die Verhältnisse es zuließen. Die destruktive Phantasie schien keine Grenzen zu kennen; doch ihr haftete ein unauslöschlicher Makel an – sie war *destruktiv.*

4.3 Das Maß des Meinens

Amerikanische Ängste finden sich auch bei deutschen Denkern – z. B. in Kants Vorliebe für die Republik als ein Staatsprinzip »der Absonderung der ausführenden Gewalt (der Regierung) von der gesetzgebenden« (1984b, 14), das zugleich den souveränen Volkswillen ausdrücken soll (s. Maus 1992, 191ff.). Mitbestimmung *und* Gewaltenteilung heißt die Devise.

So wird dem Volk mit einer Hand etwas gegeben, das ihm mit der anderen wenn nicht genommen, so doch zerschlagen wird. Insofern wäre es auch falsch, die Destruktivkraft von *checks and balances* isoliert zu betrachten, denn sie ist die Kehrseite eingeräumter resp. erkämpfter Demokratiegewinne. Aufs rechte Mischungsverhältnis kommt es also an – und damit haben liberale Regime seit jeher ihre liebe Mühe gehabt. Was sich besonders auffällig am ewigen Gezerre um den rechten Platz für die politische *Öffentlichkeit* zeigen läßt.

Öffentlichkeit hat, als Begriff wie Sache, eine wechselvolle Geschichte hinter sich, teils unter eigenem Namen (Habermas 1965), teils versteckt hinter den Freiheiten, die – zur *politischen* zusammengefaßt – als ihre Voraussetzungen gelten: im Kern »die Gedanken- und Gewissens-Freiheit, die Rede- und Preß-Freiheit«, wobei letztere traditionell als Kernstück einer funktionierenden »Publizität« gilt (Rotteck 1838, 69, 71; s. auch Kant 1984b, 49ff.).

Diese Publizität hat der liberale Geist aber keineswegs immer zu schätzen gewußt. Seine Neigung, sich »zu öffnen«, schien davon abzuhängen, welche Risiken damit verbunden waren. Für Hobbes etwa läßt sich festhalten, daß ihm Gewissens- resp. Gedankenfreiheit darum zu privaten Angelegenheiten geschrumpft sind, also keinerlei Publizität bedurften, weil öffentliche Debatten hauptsächlich über religiöse Fragen gegangen wären, also jene Feuer neu angefacht hätten, deren schnelle Löschung primärer Staats-, ja Gesellschaftszweck sein sollte: »Weil die Untertanen«, faßt Habermas diese Position zusammen, »von der im Staatsapparat objektivierten Öffentlichkeit ausgeschlossen sind, wird der Streit ihrer Gesinnungen politisch unentscheidbar, ja aus der Sphäre der Politik wird er ganz verwiesen – der Bürgerkrieg findet unter dem Diktat einer konfessionell neutralisierten Obrigkeit sein Ende. Die Konfession ist Privatsache, private Gesinnung; für den Staat folgenlos: eine ist ihm soviel wert wie die andere« (Habermas 1965, 103f.) – und keine interessiert ihn, solange sie sich nirgends manifestiert. Sobald sie aber »publik« werden will, greift der Souverän ein. Öffentlichkeit am Staat vorbei wird strikt unterbunden oder, besser noch, strategisch eingefangen, etwa durch die Gründung einer Staatskirche (bei Hobbes) oder »bürgerlichen Religion«, wie sie Jean-Jacques Rousseau projektiert. Rousseaus Empfehlung: Nur solche Konfessionen seien zu lizenzieren, deren Glaubensgrundsätze den staatlichen Herrschaftsanspruch untermauern. Ihre Dogmen müßten darum »einfach, gering an Zahl, klar im Ausdruck, ohne Erklärungen und Auslegungen sein. Das Vorhandensein einer mächtigen, mit Verstand begabten, wohltätigen, vorausschauenden und fürsorglichen Gottheit, ein künftiges Leben, das Glück des Gerechten, die Bestrafung der Bösen, die Heiligkeit des Gesellschaftsvertrags und der Gesetze« (Rousseau 1991, 151) – diese Partikel ergeben zusammen einen enttäuschungsfesten Kanon öffentlicher Staatsanbetung, erklärungsfrei und auslegungsresistent, also in jeder Hinsicht »unkritisch«. Hobbes treibt den sakralen Minimalismus auf die Spitze; ginge es nach ihm, wäre das leerformelhafte *Jesus ist der Christus* die einzige Maxime, der wir um Gottes willen verpflichtet wären (1984, 383) – was dem säkularen Regime zwar keine positiven Energien zuführt, es aber immerhin vor religiösen Fesseln und theologischen Fehden bewahrt.

Ruhigere Zeiten erlauben lautere Reden, und wenn sie allzu

ruhig werden, kann die öffentliche Meinung unter liberaler Ägide sogar vom riskanten Zugeständnis zum funktionalen Imperativ mutieren. Benjamin Constant etwa sorgt sich, »moderne« (sprich: liberale) Menschen könnten so sehr damit befaßt sein, ihren kleinen Alltag zu organisieren, daß sie größere Zusammenhänge ganz aus den Augen verlieren, samt den Gefahren, die von dort fürs private Leben drohen: »Könnten wir durch Genüsse glücklich werden, wenn diesen Genüssen kein Schutz gewährt würde? Und wo fänden wir diesen Schutz, wenn wir auf die politische Freiheit verzichteten? Darauf verzichten, wäre Wahnsinn« (Constant 1946, 58).

Kant verleiht dieser Sorge einen anderen Akzent – für ihn steht nicht im Vordergrund, daß Publizitätsdefizite persönliche (negative) Freiheitsräume ihres wirksamsten Schutzes berauben würden; ihn bekümmert vielmehr die erwartbare Stagnation des allgemeinen Fortschritts im Gefolge ausbleibender Staats- wie Volksaufklärung. Einerseits müsse

»dem Staatsbürger und zwar mit Vergünstigung des Oberherrn selbst die Befugnis zustehen, über das, was von den Verfügungen desselben ihm ein Unrecht gegen das gemeine Wesen zu sein scheint, öffentlich bekannt zu machen. Denn daß das Oberhaupt auch nicht einmal irren, oder einer Sache unkundig sein könne, anzunehmen, würde ihn als mit himmlischen Eingebungen begnadigt und über die Menschheit erhaben vorstellen. Also«, folgert Kant weiter, »ist die *Freiheit der Feder* – in den Schranken der Hochachtung und Liebe für die Verfassung, worin man lebt, durch die liberale Denkungsart der Untertanen, die jene noch dazu selbst einflößt, gehalten [...] – das einzige Palladium der Volksrechte. Denn diese Freiheit ihm auch absprechen zu wollen, ist nicht allein so viel, als ihm allen Anspruch auf Recht in Ansehung des obersten Befehlshabers (nach Hobbes) nehmen, sondern auch dem letzteren, dessen Wille bloß dadurch, daß er den allgemeinen Volkswillen repräsentiert, Untertanen als Bürgern Befehle gibt, alle Kenntnis von dem entziehen, was, wenn er es wüßte, er selbst abändern würde, und ihn mit sich selbst in Widerspruch setzen« (Kant 1974, 154).

Die andere Seite ist in dieser schon angedeutet und stillschweigend zu deren Voraussetzung gemacht: Eine Aufklärung des Souveräns funktioniert um so nachhaltiger, je aufgeklärter seine Schutzbefohlenen agieren. Deswegen sind gemeine Fortschritte im Denken ebenfalls zu gewährleisten, und zwar von denselben »Federn«:

»*Volksaufklärung* ist die öffentliche Belehrung des Volks von seinen Pflichten und Rechten in Ansehung des Staats, dem es angehört. Weil es hier nur natürliche und aus dem gemeinen Menschenverstande hervorgehende Rechte betrifft, so sind die natürlichen Verkündiger und Ausleger im Volk nicht die vom Staat bestellte amtsmäßige, sondern freie Rechtslehrer, d. i. die Philosophen, welche eben um dieser Freiheit willen, die sie sich erlauben, dem Staate, der immer nur herrschen will, anstößig sind, und werden unter dem Namen *Aufklärer* als für den Staat gefährliche Leute verschrieen« (Kant 1974, 195).

Würde man ihnen aber einen Maulkorb verpassen, wäre das fürs liberale Projekt selbstzerstörerisch, verhindert doch »das Verbot der Publizität den Fortschritt eines Volkes zum Besseren«.

Kants »publizistische« Liberalität ist (wie seine moralistische Rigorosität) für den Liberalismus nicht ohne Risiko: zum Motor und Richter des Fortschritts wird in letzter Instanz der freischwebende Gedanke, das »bessere Argument« (Habermas). Ideen, auch wenn sie schicklich – nicht widerspenstig oder aufrührerisch – in die Welt gesetzt worden sind, entfalten leicht eine spreng-kräftige Eigendynamik, wenn keine Möglichkeit besteht, sie zeitig, lautlos, unmerklich zu domestizieren. Soll heißen: Auch als Publizität muß Liberalität *institutionalisiert* werden.

Auf welche Weise – das hat am genauesten Hegel demonstriert, richtungweisend, wie den Klagen von heute zu entnehmen ist, die mit schöner Regelmäßigkeit monieren, daß immer noch nicht realisiert sei, was bereits damals als Königsweg erkannt worden ist:

»Die Öffentlichkeit der Ständeversammlungen ist«, nach Hegel, »ein großes, die Bürger vorzüglich bildendes Schauspiel, und das Volk lernt daran am meisten das Wahrhafte seiner Interessen kennen. Es herrscht in der Regel die Vorstellung, daß alle schon wissen, was dem Staate gut sei, und daß es in der Ständeversammlung nur zur Sprache komme, aber in der Tat findet gerade das Gegenteil statt: erst hier entwickeln sich Tugenden, Talente, Geschicklichkeiten, die zu Mustern zu dienen haben.« So ist »die Öffentlichkeit das größte Bildungsmittel für die Staatsinteressen überhaupt. In einem Volke, wo diese stattfindet, zeigt sich eine ganz andere Lebendigkeit in Beziehung auf den Staat als da, wo die Ständeversammlung fehlt oder nicht öffentlich ist. Erst durch diese Bekanntwerdung eines jeden ihrer Schritte hängen die Kammern mit dem Weiteren der *öffentlichen Meinung* zusammen, und es zeigt sich, daß es ein anderes ist, was sich jemand zu Hause bei seiner Frau oder seinen Freunden einbildet, und wieder ein anderes, was in einer großen Versammlung geschieht, wo eine Gescheitheit die andere auffrißt« (Hegel 1986, 482f.).

Hegel verlangt also eine *repräsentative Öffentlichkeit*, die Öffentlichkeit der Repräsentation: nicht freischwebende Philosophen, sondern institutionell verankerte Mandatare messen ihre Talente und erledigen damit zwei Fliegen auf einen Streich, indem sie einerseits für vernünftige Politiken sorgen (»Bildungsmittel für die Staatsinteressen«) und andererseits deren Akzeptanz im staunenden Publikum sichern, dessen eigenes Räsonnement, so unerläßlich es in modernen Gesellschaften auch sein mag, andernfalls (gefährlich) blaß bliebe:

»Die öffentliche Meinung ist die unorganische Weise, wie sich das, was ein Volk will und meint, zu erkennen gibt. Was sich wirklich im Staate geltend macht, muß sich freilich auf organische Weise betätigen, und dies ist in der Verfassung der Fall. Aber zu allen Zeiten war die öffentliche Meinung eine große Macht und ist es besonders in unserer Zeit, wo das Prinzip der subjektiven Freiheit diese Wichtigkeit und Bedeutung hat. Was jetzt gelten soll, gilt nicht mehr durch Gewalt, wenig durch Gewohnheit und Sitte, wohl aber durch Einsicht und Gründe« (Hegel 1986, 483).

Auf eine zynische Formel gebracht, gibt die *Doppelstruktur* der öffentlichen Meinung (organisch-repräsentativ plus unorganisch-demokratisch) dem Volk genau das, was es als Preis für seinen Gehorsam haben will: »Das Prinzip der modernen Welt fordert, daß, was jeder anerkennen soll, sich ihm als ein Berechtigtes zeige. Außerdem aber will jeder noch mitgesprochen und geraten haben. Hat er seine Schuldigkeit, das heißt sein Wort dazu getan, so läßt er sich nach dieser Befriedigung seiner Subjektivität gar vieles gefallen« (Hegel 1986, 485).

Oder noch anders gesagt: Die *korrektive* Wirkung öffentlicher Kontroversen bewirkt, daß »statt Revolution Evolution« (Kant) stattfindet und der liberale Geist in zwar kleinen, doch kontinuierlichen Schritten zu sich kommt. Dafür gibt es nur eine Voraussetzung: Weiterhin dürfen keine Themen auf der Tagesordnung stehen, die – wie einst das »richtige« Glaubensbekenntnis – den Diskutanten und dem Publikum dermaßen nahegehen, daß alle darüber in handgreiflichen Streit geraten, anstatt entspannt nach dem besseren Argument zu suchen (was Jefferson mit Madison sogar im Himmel gern fortgesetzt hätte).

Seit Hobbes gibt es diesen Vorbehalt. Zwei Dinge haben sich aber – mit gravierenden Folgen – geändert. Die Metapher des *bellum omnium contra omnes* ist insoweit veraltet, als nicht mehr zahllos viele Subjekte gleicher (Ohn-)Macht aufeinanderprallen würden, sondern zwei *Kollektive* mit vollkommen ungleicher Ausstattung: wenige Reiche gegen viele Arme, saturierte Minderheiten versus elende Mehrheiten, hier Eliten, dort Massen. Und man streitet weniger für Gott denn um Brot – idealistische Kriege machen *materialistischen* Kämpfen Platz. Seit neuestem bestand, so Hannah Arendt im Rückblick, die »politische Gefahr« darin, daß der Hunger »Pluralität vernichtet und aus den Vielen so etwas wie Eines macht, daß dieses physische Leiden Gefühle und Stimmungen erzeugt, welche der Solidarität zum Verwechseln ähnlich sehen, und daß schließlich das Mitleid mit einem leidenden Kollektiv leicht für echtes Mitleiden gehalten werden kann« (Arendt 1986, 120).

In einem Satz: Der Liberalismus im allgemeinen und das Prinzip *Öffentlichkeit* im besonderen lassen sich nur dort stabilisieren, wo Armut nicht vorhanden und Solidarität nicht gefragt ist – keineswegs von ungefähr ist »Brüderlichkeit« das »fast vergessene Ideal« (Krüger 1971) des liberalen Wertehimmels. *Um Mitleid zu verhindern, muß Leid verschwinden*, gegebenenfalls durch die systemfremde Expansion der staatlichen Gewalt auf *soziales* (»sozialistisches«) Terrain. Dem liberalen Souverän wächst dadurch eine ebenso widersprüchliche wie prekäre Aufgabe zu: sich ausdehnend soll er seine Ausdehnung überflüssig machen.

4.4 *Die Wirkung der Wohlfahrt*

Das liberale Regime ist als ein System von Trennmauern – *walls of separation* – charakterisiert worden (Walzer 1984). Will sagen: Es stellt Freiheitsspielräume dadurch her, daß zwischen den verschiedenen Lebenssphären der Menschen keine Abhängigkeiten zugelassen werden. Der Arme etwa, wenn er nicht zu arm ist, mag trotzdem in anderer Hinsicht ohne weiteres reüssieren, kann also durchaus geachteter Nachbar, beliebtes Vereinsmitglied, aktiver Parteigenosse sein.

Das weite Feld rollenspezifischer »Separationen« überlagernd, hat ein ganz besonderer »Wall« nachgerade konstitutive Bedeutung gewonnen – jener zwischen *privat* (also beliebig) und *öffentlich* (mithin geregelt). Unglücklicherweise ist er beidseitig sehr porös. Seine »äußere« Wand war schon lange ein Ärgernis: Gelingt es nicht, den *Leviathan* am Durchbruch zu hindern, wird er die dünne Schutzschicht rücksichtslos penetrieren. Daß an der »inneren« Seite ebenfalls Verwerfungen entstehen, *obwohl* starke Staaten für sichere Verhältnisse sorgen – darauf hat nicht nur John Stuart Mill hingewiesen; doch er formuliert als erster das Prinzip, den *öffentlichen Charakter jeder privaten Handlung*. Aktion *ist* Inter-Aktion, meist sogar bewußt, weil liberales Leben vor allem im Tausch (»Handel«) besteht:

»Handel ist ein sozialer Akt. Wer es unternimmt, dem Publikum irgendeine Art von Gütern zu verkaufen, tut damit etwas, was die Interessen anderer und der Gesellschaft im allgemeinen betrifft. Grundsätzlich unterliegt daher seine Handlungsweise der Gerichtsbarkeit der Gemeinschaft. Dementsprechend hielt man es früher in allen Fällen von Bedeutung für die Pflicht der Regierung, Preise festzusetzen und den Prozeß der handwerksmäßigen Herstellung zu regulieren. Heute – allerdings erst nach langem Kampf – hat man aber erkannt, daß man sowohl für Billigkeit wie für gute Qualität der Gebrauchsgüter am wirksamsten sorgt, wenn man Herstellern und Verkäufern völlig freie Hand läßt« (Mill 1974, 130).

Freiheit des Handels deswegen, weil er fein säuberlich der Privatsphäre zugerechnet werden könnte? Alles andere als das – Tauschaktionen sind öffentliche Angelegenheiten, deren öffentliche Regelung bloß deswegen unterbleibt, weil sie sich selbst besser regulieren.

Angeblich. Es ist nämlich keineswegs so, daß der Menschheit irgendwann einmal die Schuppen von den Augen gefallen wären und sie die Segnungen des Marktes erkannt hätte. Im Gegenteil – es war ein gewaltsam erzwungener, häufig blutig ausgefochtener Lernprozeß (Thompson 1987). Dazu ein unabgeschlossener, wie sich noch zu Mills Zeiten herausstellt, weil in dem Augenblick, als menschliche *Arbeitskraft* massenhafter Tauschfaktor wird, die Unsicherheit, welche Regulierungsform – Markt oder Staat – effektiver sei, prompt und mit Macht zurückkehrt.

Selbst Hegel, gemeinhin in keinerlei Zweifel darüber, was die Stunde geschlagen hat und der Weltgeist will, weiß an diesem historischen Punkt nicht recht weiter. An den empirischen Zuständen gibt es nichts zu rütteln:

»Das Herabsinken einer großen Masse unter das Maß einer gewissen Subsistenzweise, die sich von selbst als die für ein Mitglied der Gesellschaft notwendige reguliert – und damit zum Verluste des Gefühls des Rechts, der Rechtlichkeit und der Ehre, durch eigene Tätigkeit und Arbeit zu bestehen –, bringt die Erzeugung des *Pöbels* hervor, die hinwiederum zugleich die größere Leichtigkeit, unverhältnismäßige Reichtümer in wenige Hände zu konzentrieren, mit sich führt« (Hegel 1986, 389).

Plebejer sind keine Liberale und dennoch nie mehr aus der liberalen Welt zu schaffen. Was tun? An eine schmerzfreie Lösung glaubt Hegel nicht, denn hier komme »zum Vorschein, daß bei dem *Übermaße des Reichtums* die bürgerliche Gesellschaft *nicht reich genug* ist, d. h. an dem ihr eigentümlichen Vermögen nicht genug besitzt, dem Übermaße der Armut und der Erzeugung des Pöbels zu steuern« (Hegel 1986, 390).

Den Pöbel kann man nicht verhindern, man muß mit ihm umgehen. Wie am besten – das schaut Hegel den englischen Verhältnissen ab:

»Als das direkteste Mittel hat sich daselbst (vornehmlich in Schottland) gegen Armut sowohl als insbesondere gegen die Abwerfung der Scham und Ehre, der subjektiven Basen der Gesellschaft, und gegen die Faulheit und Verschwendung usf., woraus der Pöbel hervorgeht, dies erprobt, die Armen ihrem Schicksal zu überlassen und sie auf den öffentlichen Bettel anzuweisen« (Hegel 1986, 390f.).

Hegels Hartherzigkeit war keineswegs ungewöhnlich, sondern in liberalen Zirkeln allgemein verbreitet (Bremner 1988, Himmelfarb 1985) – ausgerechnet unter dem Etikett »Wohltätigkeit« (*charity, philanthropy*). Dabei trat die Endlichkeit des bürgerlichen Reichtums freilich ganz in den Hintergrund und überließ das Feld der öffentlichen Debatte dem Argument, arbeitslose Einkommen produzierten charakterliche Schäden: weshalb jedenfalls pauschale, d. h. öffentliche Unterstützungsmaßnahmen gefälligst zu unterbleiben hätten. Solche Töne lassen sich übrigens auch bei Alexis de Tocqueville vernehmen, ansonsten eher Hegels Antipode (Drescher 1968), dem freilich, wie vielen seiner Gesinnungsfreunde, noch eine zweite Angst im Nacken saß: daß die Staatsmacht gar kein Interesse daran habe, den massenhaften Charakterdefekten abzuhelfen, weil sie ihnen ihre Existenz verdankt – das System der Wohlfahrtsdespotie über Abhängige.

Moralkalküle, die sich primär darum scheren, wie Armenhilfe den Charakter (negativ) affiziert, haben *eine* Sorge (noch) nicht: daß sich die Vernachlässigten gegen ihre Peiniger gegebenenfalls zusammenrotten könnten. Mandeville hatte ja diese Möglichkeit schon sehr früh ins Auge gefaßt, doch schlaflose Nächte hat ihm das impertinente »Pack« höchstens seiner Impertinenz wegen gemacht. Bis aus der Entrüstung Angst wurde, mußten noch mehr als hundert Jahre vergehen. Zu den ersten Liberalen, deren Sensibilität weit genug entwickelt war, um in Sorge umzuschlagen, gehörte Robert v. Mohl. Keiner traut dem bürokratischen Staatsapparat mehr zu als er: Mittels gezielter Strategien (»Anstalten«) läßt sich die »gehörige Volkszahl« produzieren (Heiratserleichterung oder -erschwerung, bis hin zum Druck auf Mönche, ihre parasitär-kinderlose Existenz aufzugeben); Leben und Gesundheit jedes einzelnen Bürgers werden von Staats wegen besorgt (Hygienekampagnen, Seuchenbekämpfung, Arzneimittelversorgung etc. – selbst die »Rettung blos Scheintodter« zählt dazu); weiters schreiten Beamte ein, wenn die »Befriedung der nothwendigen Lebensbedürfnisse« stockt (Inflationsbekämpfung, Unterstützungsmaßnahmen gegen »Einzeln-« wie »Massen-Armuth«, letztere dem »Proletariat« zugerechnet); gleichgewichtig neben der materiellen Vorsorge steht die Verwaltung der »geistigen Persönlichkeit« des Bürgers: darunter fallen allerlei Maßnahmen zur »Verstandesbildung« (vor allem durch ein gegliedertes Schulsystem), darüber hinaus wird auch die »sittliche Bildung« vorangetrieben (Ausrottung von Unzucht, Trunk- und Spielsucht, von »Lieblosigkeit gegen Nebenmenschen« und Tierquälerei); zu guter Letzt kümmern sich kompetente Beamte um religiöse und sogar ästhetische Erziehung.

All dies vermag der Staat – und trotzdem ist äußerst fraglich, ob es ausreicht, um den »proletarischen« Kollaps abzuwehren: denn hier, lamentiert Mohl, »treten wir der dunkelsten Seite unseres geselligen Zustandes näher, einem Krebsschaden der Staaten und der Gesittung, welcher sie zu verschlingen drohet, wenn nicht die schwierige Heilung beizeiten gelingt« (Mohl/Mathy 1847, 754).

Einerseits verzweifeln die liberalen Therapeuten am schweren Leiden selbst, andererseits geraten sie in große Bedrängnis, weil ihre Kur, um überhaupt noch zu wirken, schnellstens anschlagen muß: Diese »Masse armer, über ihr Schicksal, die höheren Stände und die bestehenden Staatseinrichtungen erbitterter, in jedem Augenblicke durch einen unabwendbaren Zufall gänzlicher Arbeitslosigkeit und somit dem äußersten Elende ausgesetzter, zum großen Theile ungebildeter und verdorbener Menschen kann nur gefährlich sein für das Bestehen der gesetzlichen Ordnung und der höheren Gesittung. Die Mittel zur Niederhaltung der Gefahr werden aber mit jedem Tage schwächer, da die Zahl der Fabrikarbeiter außergewöhnlich zunimmt« (Mohl/Mathy 1847, 763).

Was aber sollte die Staatsgewalt unternehmen, um dieser – ihrer – Katastrophe zuvorzukommen? »Der geniale Gedanke, welcher eine weltverbessernde Einrichtung hervorruft, ist noch nicht gefunden« (Mohl/Mathy 1847, 763).

Wenig später *war* er, wie sich zeigen wird, gefunden: nämlich im System der staatlich verwalteten Sozialversicherung (Ewald 1993). Robert v. Mohl wollte den Liberalismus, diese gefährdete Spezies, noch anders retten. Seine *Polizei-Wissenschaft* entfaltet ein monströses Repertoire »polizeilicher Anstalten«, dem keine Regung und kein Winkel des gesellschaftlichen Lebens verborgen bleiben – nicht als Bollwerk *gegen* liberale Exzesse, sondern ausschließlich dafür ersonnen, der gutbürgerlichen Existenz ein sicheres Fundament zu verschaffen (Maier 1986, 191 ff.). Die öffentliche Sorge galt nichts anderem als der persönlichen Freiheit – unter prekären, den Radius privater Kontrolle überschreitenden Bedingungen:

»Ein Rechtsstaat«, wie ihn Mohl anstrebt, »kann also keinen andern Zweck haben, als daß jedes Mitglied desselben in der möglichst freien und allseitigen Übung und Benützung seiner sämmtlichen Kräfte unterstützt und gefördert werde. In was aber diese Unterstützung und Förderung zu bestehen hat, ist leicht einzusehen. Die Freiheit des Bürgers ist bei dieser Lebensansicht der oberste Grundsatz. Er selbst soll handeln und sich bewegen innerhalb der Gränzen der Vernunft und des Rechts; gerade eine selbständige Ausbildung ist sein Recht und seine Pflicht gegen sich selbst« (Mohl 1844, 8).

Es bleibt also durchaus bei jener liberalen Trias der Rechtschaffenheit: nützlich-männlich-rechtlich. Politik höhlt diese Lebensform nicht aus, sondern flankiert und ermöglicht sie (heute wird vom *enabling state* gesprochen, dessen oberstes Ziel *empowerment* sei): »Der Staat tritt keineswegs an die Stelle des gesammten Volkslebens, dasselbe völlig verschlingend; sondern er ist nur ein, freilich höchst mächtiges und unentbehrliches, Mittel zur Ausbildung desselben« (Mohl 1844, 8).

Wobei Mohl nicht vergißt anzufügen, daß das Staatsarsenal nicht nur Eingriffsreserve und ruhende Energie ist. Seiner Beobachtung nach sind »der Fälle unzählige, in welchen eine vernunftgemäße Thätigkeit« des Menschen die fürsorgliche Obrigkeit voraussetze (1844, 16f.). Den Bezugspunkt für wohlfahrtsstaatliche Eingriffe gibt daher nicht mehr allein das einzeln anfallende oder massenhaft auftretende Elend ab – anstatt *soziale Ernstfälle* zu bewältigen, organisieren sie nun die *liberale Normalität*. Diesen Zustand hatte Tocqueville vor Augen, als er dem Volk prognostizierte, es ende als »eine Herde ängstlicher und arbeitsamer Tiere«, deren »Hirte die Regierung ist« (Tocqueville 1976, 814f.).

Von Moll in Dur wandelt sich die Tonart (und sonst nichts), wo statt des aristokratischen das liberale Hirn den künftigen Kurs der Gesellschaft ausdenkt. Seine zwangsweise Anpassung an industrielle Nöte und soziale Not mündet in jenes hybride Konstrukt eines Vertragsorganismus (*organisme contractuel*), dessen institutionelle Gestalt die sachlich-soziale Totalversicherung ist. Sie basiert grundsätzlich darauf, »daß alle Menschen sich darauf verständigen, wirklich reziproke Einrichtungen zu schaffen, die von allen unterstützt werden und für alle offenstehen. Deren Zweck ist es sicherzustellen, daß alle Menschen sich möglichst weitgehend auf die gemeinsamen Ressourcen stützen und möglichst berechenbar gegen die gemeinsamen Risiken sichern können« (Bourgeois 1922, 95) – woraus dann im speziellen folgt, »daß alle Mitglieder der Gesellschaft sich wechselseitig gegen jene Risiken der Natur oder Zivilisation versichern, die jeden treffen können: Krankheit, Unfälle jeglicher Art, ungewollte Arbeitslosigkeit, Alter« (Bourgeois 1922, 95).

Alle versichern alle gegen alles – ein »rousseauistischer« Vorsorgestaat als liberale Antwort auf die riskante Normalität der industriellen Gesellschaft. Rousseaus Vorstellung von Reziprozität liest sich so: »Finde eine Form des Zusammenschlusses, die mit ihrer ganzen gemeinsamen Kraft die Person und das Vermögen jedes einzelnen Mitglieds verteidigt und schützt und durch die doch jeder, indem er sich mit allen vereinigt, nur sich selbst gehorcht« (Rousseau 1991, 17).

Bourgeois selbst bringt diese »solidarische« Transformation auf ihren abstraktesten Nenner und enthüllt damit zugleich, warum sie den Liberalismus ins Mark trifft: Es ist die ideelle Ablösung *»des Fehlers durch das Risiko«* (1922, 276) – oder der Verantwortung durch die Verstrickung, der Schuld durch das Schicksal, der Stärke durch die Sorge, der Moral durch das Milieu, oder auch: der »Männlichkeit« durch Geborgenheit.

4.5 Das Elend der Normalität

Im System des Liberalismus bricht an dieser Stelle eine Identität auseinander: die zwischen *Redlichkeit* und *Männlichkeit*. Jenes alte Problem »herrenloser« Zustände, als Menschen weder bei sich noch anderen sicheren Boden finden konnten (*Erfassung*), schien zunächst durch eine gründliche Pädagogik gelöst worden zu sein: Das unbekannte Wesen Mensch sollte vom Nullpunkt aus »gebildet« und dadurch bekannt gemacht werden (*Erziehung*). Bekannt und berechenbar war im liberalen Kontext nicht irgendein Verhalten, sondern eben nur rechtschaffenes – jede andere Art der Ordnung wäre ihm unordentlich vorgekommen und damit verschlossen geblieben. Liberale sehen im Spiegel der Gesellschaft, ihrem bevorzugten Instrument der Selbsterfahrung, das eigene Gesicht, nichts anderes. Freilich: Damit daraus keine Fratze wurde, war der Liberalismus zunehmend gezwungen, die prekären Verhältnisse durch kollektive Systeme, Wohlfahrtsstaat und Sozialversicherung, »pastoral« verwalten zu lassen – daher jene hämische *Herden-Metapher*.

»Schafsköpfe« sind zahm und emsig, agieren also durchaus im Rahmen des Rechts und machen sich nützlich. Abhanden gekommen ist ihnen freilich jene dritte Qualität, das *Männliche*, die Herr-lichkeit. Ganz lapidar lautet die zackige Botschaft des liberalen Chauvinismus: »Ein Mann, der Frau und Kind nicht mehr ernähren kann, verliert am Ende seine Männlichkeit« (Gilder 1981, 17).

Herren-Vokabular und Herden-Rhetorik scheinen einer verborgenen, jedenfalls vernachlässigten Seelenschicht des Liberalismus zu entstammen. Zwar ist es spätestens seit Isaiah Berlins Entdeckung zweier Freiheiten ja kein Geheimnis mehr, daß sich die liberale Idee nicht auf einer Ebene abbilden läßt und ihre andere Seite unter Verdacht steht, mit illiberalem Gedankengut infiziert zu sein: was sich an Berlins »positiver Freiheit« daran ablesen läßt, daß der »männliche« Wunsch nach Selbstbeherrschung gern einem kollektiven »guten« Selbst übertragen wird, dem sich das individuelle »schlechte« dann bedingungslos unterwirft. Derart wollen liberale Subjekte den Ausgang aus der selbstverschuldeten Sklaverei bewerkstelligen, sprich: im Verbund mit Gleichgesinnten die terroristische Herrschaft ihrer »ungezügelten Leidenschaften« beenden (Berlin 1995).

Etwas Ähnliches fördert Quentin Skinners Ausgrabung einer vorliberalen Freiheitsidee zutage (1998). Jene *liberty before liberalism* trifft sich mit der positiven Freiheit darin, daß sie einen *höheren Ordnungsgrad* realisieren möchte – Menschen leben idealerweise nicht einfach (»negativ«) nebeneinanderher, sondern verwirklichen gemeinsame Projekte – genau so, wie sich das später Rousseau vorgestellt hat:

> »Ich unterstelle«, leitet er seine Überlegungen zum Gesellschaftsvertrag ein, »daß die Menschen jenen Punkt erreicht haben, an dem die Hindernisse, die ihrem Fortbestand im Naturzustand schaden, in ihrem Widerstand den Sieg davontragen über die Kräfte, die jedes Individuum einsetzen kann, um sich in diesem Zustand zu halten. [...] Da die Menschen nun keine neuen Kräfte hervorbringen, sondern nur die vorhandenen vereinen und lenken können, haben sie kein anderes Mittel sich zu erhalten, als durch Zusammenschluß eine Summe von Kräften zu bilden, stärker als jener Widerstand, und diese aus einem einzigen Antrieb einzusetzen und gemeinsam wirken zu lassen« (Rousseau 1991, 16f.).

Daß daraus, weil sich alle ohne Vorbehalt »einbringen« müssen, ein *totalitärer* »Terror der Tugend« (Hegel) entstehen mag – dieser Vorwurf beschädigt Rousseaus Ruf bis in unsere Tage (s. Talmon 1961; kritisch Sartori 1992, 304ff.). Nicht zufällig verortet auch Isaiah Berlin (1995) den Franzosen im Lager des totalitär guten Willens.

Vergessen wird darüber leicht, daß der Liberalismus auch ins andere, anarchistische Extrem umschlagen kann. Denn es sieht danach aus, als ob die Freiheit von innen heraus Impulse – der

»Männlichkeit« – erzeugen würde, deren Ausläufer das *liberal normierte* Leben voller Verve durchbrechen. Derartige Eruptionen sind vielleicht Reminiszenzen an freiheitliche Lebensformen »vor dem Liberalismus«: *Liberty Against the Law* (Hill 1996). Diese Freiheit, besungen etwa in der Figur des *Robin Hood* und verkörpert u. a. in Sozialcharakteren wie dem Bettler oder Zigeuner, ist asozial, antiautoritär, abenteuerlich, sieht im Eigentum nicht die Krönung, sondern eine Fessel, verachtet das Recht, anstatt es zu verhimmeln – und verhimmelt dafür den Rechtsbrecher »als Helden, Champions, Rächer, Kämpfer für die gerechte Sache, vielleicht sogar Führer der Befreiungsbewegung« (s. Hill 1996, 79).

Die *Form* des Verhaltens, der existentielle Kampf und heroische Exzeß (gemessen am liberalen Mittelmaß), ist das zeitlos interessierende Moment und überliefert sich in nostalgischen Erzählungen als wirkliche, männliche Freiheit; der *Inhalt* – tendenziell konservativ, gewohntes Recht gegen »gesatztes« gerichtet, das dem gemeinen Mann angestammte Privilegien wegnimmt – gerät darüber ganz in Vergessenheit oder wird selbst heroisiert: eben als Freiheitskampf von *leaders of liberation*.

Die Differenz dieser zur »normalen« Freiheit läßt sich auf kurze Nenner bringen: *passions* gegen *constraints* (angelehnt an Holmes 1995), Vitalität gegen Normalität, Rausch gegen Routine – oder ganz allgemein *Lebens-Freiheit* gegen *Regel-Freiheit*. Das pralle Leben »ganzer« Männer gilt zwar im allgemeinen als gefährliche »Leidenschaft«, deren dauerhafte Bändigung sich die Gesellschaft im eigenen »Interesse« angelegen sein lassen sollte – etwa mit Hilfe der Sozialtechnik des »sanften Handels« (Hirschman); explosive Männlichkeitsdemonstrationen schrumpfen dann zu schalen Feierabendvergnügungen – nach dem Muster angetrunkener Angestellter (Kracauer). Dennoch, in den *Phantasien* leben sie in ihrer wahren Größe weiter (Ehrenreich 1999, Theweleit 1980), und sobald diesen eine Gelegenheit winkt, sich gegen den drückend langweiligen Alltag durchzusetzen, gibt es manchmal kein Halten mehr:

»Ich spürte den Wunsch«, rekapituliert Ernst Jünger am Ausgang des Ersten Weltkriegs stellvertretend für den kastrierten Bourgeois, »nun bald der Schulbank ledig zu sein, die ich als immer drückender empfand. Ich fühlte mich meinem Wesen nach auf eine Weite und Freiheit des Lebens angelegt, von der ich wohl mit Recht vermutete, daß sie im bürgerlichen

Deutschland nicht zu verwirklichen sei. Schon vor einem Jahr hatte ich zu einem Gewaltstreich angesetzt und war bei Nacht und Nebel davongelaufen, um auf Abenteuer zu gehen. Man hatte mich aber, wie das jugendlichen Ausreißern gemeinhin zu ergehen pflegt, recht bald zurückgeholt, und mein Vater, der einen praktischen Sinn besaß, hatte mit mir einen Pakt geschlossen, der darauf hinauslief, daß ich zunächst das Abiturium machen sollte, um mich dann nach Lust und Belieben in der Welt umzusehen« (Jünger 1978, 541).

Noch einmal schafft es dieses erzliberale Instrument, der Vertrag, die Ekstase des Einzelfalls zu bändigen. Doch da, wo *individueller* Männerfrust in einen *kollektiven* umschlägt, bricht sich die mühsam gefesselte Energie unwiderstehlich Bahn: »So war mit einem Schlage, wie überall in Deutschland, wo Männer zusammen waren, aus unserer kleinen friedlichen Gemeinschaft [der Insel Juist] eine militärische geworden.« Und in der großen Stadt, dem heimatlichen Hannover, zeigt sich die Transformation in ihrem ganzen Elan: »Die Soldaten sangen, Frauen und Mädchen hatten sich in ihre Reihen gedrängt und sie mit Blumen geschmückt. Ich habe seitdem noch manche begeisterte Volksmenge gesehen, keine Begeisterung war so tief und mächtig wie an jenem Tag« (Jünger 1978, 542f.). Oder, zivilisationskritisch verallgemeinert und als Gesetzmäßigkeit formuliert, die davon ausgeht, daß das liberale Leben seinen vitalen Gegensatz zwar meist verdeckt, doch nie ganz vernichtet: »Jede Erschütterung der Grundlagen der Kultur löst jähe Ausbrüche der Sinnlichkeit. Der Lebensnerv, bislang isoliert und gepolstert mit allen Sicherungen, welche die Gemeinschaft bieten konnte, liegt plötzlich schutzlos da« (Jünger o. J., 18).

Unter dem »Leben« brodelt das Leben, und bei passender Gelegenheit werden anämische »Händler« zu animalischen »Helden« (Sombart 1915) – deren Männlichkeit in einer Ekstase aus (animalischem) Sturm und (sexuellem) Drang gipfelt. *Verschwendung* und *Vergewaltigung* des Lebens entpuppen sich dann als dessen höchste Form:

»Raubbau treiben, prassen, vergeuden, das ganze Feuerwerk in tausend Sonnen und kreisenden Flammenrändern verspritzen, die gespeicherte Kraft verbrennen vorm Gang in die eisige Wüste. Hinein in die Brandung des Fleisches, dem Phallus schimmernde Tempel errichten. [...] Scharfäugig und verwittert schritten sie über die Straßen fremder Städte, Landsknechte der Liebe, die nach allem die Hand ausstrecken durften, weil sie nichts zu verlieren hatten. Flüchtige Wanderer auf den Wegen des Krieges, griffen sie zu, wie sie es gewohnt waren, mit harter Faust und ohne viel Sentiment. Sie hatten keine Zeit zu langer Werbung, romanhafter Entwicklung, zum Drum und Dran, das auch dem kleinsten Bürgermädchen Bedürfnis bleibt« (Jünger o. J., 19, 41).

Man sieht: Das Bürgerliche schlägt der Held dem Weiblichen zu, die Regel wird zum Handikap des schwachen Geschlechts, und Normalität herrscht, wo Mädchen träumen.

Das Problem solcher »verrückten Augenblicke« (Zolberg) liegt weniger da, wo man es eigentlich vermuten würde: bei der *Verrücktheit.* Denn was den selbsternannten Landsknechten völlig entgeht, ist ihre latente Funktionalität: sie sind *Funktionäre* einer Tötungsmaschinerie, die ihnen alle Freiheiten der Illusion beläßt, um ihnen noch das letzte Quentchen Energie zu entziehen. Es ist die Stunde des *organisierten* Heldentums, der *totalen* Mobilmachung, jenes »Aktes, durch den das weit verzweigte und vielfach geäderte Stromnetz des modernen Lebens durch einen einzigen Griff am Schaltbrett dem großen Strom der kriegerischen Energie zugeleitet wird« (Jünger o. J., 130). Die »wilde« Freiheit ist *regierbar*, der Impuls läßt sich in Dienst stellen, unabhängig von seiner Intensität. Zu dieser Einsicht ist man schon früh gelangt; und ebenso zu der, daß Wildheit, entsprechend kanalisiert, das Fundament der Ordnung sein kann: »Aus Grausamkeit, Habsucht und Ehrgeiz, den drei Lastern, die alle Menschheit in die Irre führen«, schreibt Giambattista Vico im frühen 18. Jahrhundert, macht die Gesellschaft »nationale Verteidigung, Handel und Politik und begründet damit die Stärke, den Wohlstand und die Weisheit der Republiken« (s. Hirschman 1980, 25).

Etwas anderes dagegen bereitet mehr Sorgen: diese *Augenblicke* höchster Intensität lassen sich nicht festhalten, die kriegerische Ekstase ebbt bald wieder ab, und der maskuline Impuls verzieht sich wieder, je nach Lebensalter, an Stammtisch oder Lagerfeuer, wo er in friedlicher Koexistenz mit dem liberalen Alltag sein so blutleeres wie geschwätziges Dasein fristet, geschlagene Schlachten erinnernd und künftige Kämpfe erträumend (Reulecke 2001).

Es sieht so aus, als habe sich das liberale Credo dem *Kontrast der Freiheiten* – hier Dauer/Regel/Redlichkeit, da Spannung/Leben/Männlichkeit – auf eigentümliche Weise entzogen: durch ein »In-sich-Geschäft« gewissermaßen, soll heißen mittels des Tauschs von Spannung gegen Dauer. Der Liberalismus hält haus mit seiner Eruption, seine Erregungskurve verläuft flacher und zieht sich dafür in die Länge. Verkörpert findet sich dieser Kompromiß – der *sozialverträgliche* »Einbruch elementarer Mächte in den bürgerlichen Raum« (Ernst Jünger) – in jener neuartigen Mischung zwischen Krieger und Krämer, dem *Unternehmer*, der hier seine Karriere als Lichtgestalt des liberalen Firmaments beginnt. Was ihn vor den alten Idolen, Adam Smiths Handwerkernaturen (des »Metzgers, Brauers und Bäckers«), besonders auszeichnet, ist

»eine Fülle von ›Lebenskraft‹, ›Lebensenergien‹ oder wie wir sonst diese Veranlagung nennen wollen, von der wir nur soviel wissen, daß sie die notwendige Voraussetzung allen ›unternehmerischen‹ Gebarens ist: daß sie die Lust an der Unternehmung, die Taten*lust* schafft und dann für die Durchführung des Unternehmens sorgt, indem sie die nötige Taten*kraft* dem Menschen zur Verfügung stellt. Es muß etwas Forderndes in dem Wesen sein, etwas, das hinaustreibt, das die träge Ruhe auf der Ofenbank zur Qual werden läßt. Und etwas Starkknochiges – mit dem Beil Zugehauenes –, etwas Starknerviges«, dazu »die Entschlossenheit, die Stetigkeit, die Ausdauer, die Rastlosigkeit, die Zielstrebigkeit, die Zähigkeit, der Wagemut, die Kühnheit« – und »alle wurzeln sie in einer starken Lebenskraft, in einer überdurchschnittlichen Lebendigkeit oder ›Vitalität‹, wie wir zu sagen gewohnt sind« (Sombart 1987, 197).

Dem, der diese Charakterstudie kurz vor dem ersten Weltkrieg verfaßt, fällt als passender Vergleich der »Feldherr« und »Staatsmann« ein, die er beide – gleich – beschreibt als »Eroberer, Organisatoren und Händler« (Sombart 1987, 198). Eben *Krieger und Krämer* in einer Person.

Unternehmer nach Sombart sind noch in anderer Hinsicht doppelt codiert: als Person mit *allgemeiner* Vorbildfunktion und durch ihre *besondere* Stellung innerhalb des Systems gesellschaftlicher Arbeitsteilung. Den liberalen Vitalisierungsdrang bringt dies in erhebliche Verlegenheit, denn das richtige Leben wird zum knappen Gut, vorbehalten den wenigen, deren sozialer Ort diese Option überhaupt eröffnet: »In der Mitte seines Arbeiterheeres« gleicht der strahlende Enterpreneur »einem mächtigen Häuptlinge« (Mohl/Mathy 1847, 756) – dessen Exklusivität ihn zum Muster ohne Wert für andere schrumpfen läßt.

Daher verdienen zeitgenössische Versuche Beachtung, die den Männlichkeits- und Heroenkult aus seiner arbeitsteiligen Verklammerung – erst Soldat, dann Fabrikant – herauslösen und als Leitbild für *jede* Lebenswelt etablieren wollen. Nietzsches »Übermenschentum« ist das bekannteste Projekt (Thiele 1990); doch landet auch dieser Vorstoß in einer Sackgasse, weil er am Ende doch wieder, wenn auch nach anderen Standards, dem Gros der Menschheit keine Chance läßt dabeizusein. Getragen vom »Pathos der Distanz«, befreit sich der singuläre Starke vom Joch des schwachen Pulks und unterjocht ihn seinerseits (Nietzsche 1991).

Die Vision ist freilich paradox. Der Elitismus soll demokratisiert werden – etwas, das wahrscheinlich nur in Amerika gelingen konnte. Jedenfalls hat dort eine Verschmelzung dieser schwierigen Art (wenigstens konzeptionell) stattgefunden und (wenigstens partiell) Furore gemacht: Ralph Waldo Emersons »Heroismus« (s. auch Kupiec Cayton 1989).

Den Standard setzt der Soldat, wie üblich: »Unsere Kultur«, fordert Emerson, darf

> »die Bewaffnung des Menschen nicht versäumen. Laßt ihn zur rechten Zeit vernehmen, daß er im Kriegszustand geboren ist und daß das Gemeinwohl und sein eigenes Wohlsein erfordern, daß er nicht etwa in den Gewändern des Friedens tanze, sondern gewarnt, in sich gefaßt, und den Donner weder herausfordernd noch fürchtend, nehme er sein Ansehen wie sein Leben in die Hand [...] Gegenüber all diesem äußeren Übel nimmt der Mensch in seiner Brust eine kriegerische Haltung ein und behauptet seine Fähigkeit, eigenhändig den Kampf mit einer unendlichen Anzahl von Feinden aufzunehmen. Dieser kriegerischen Seelenhaltung geben wir den Namen Heroismus. Seine roheste Form ist die Verachtung von Sicherheit und Bequemlichkeit, welche die Anziehungskraft des Krieges ausmacht. Er hat ein Selbstvertrauen, das die Hemmungen der Klugheit geringschätzt, im Erfülltsein seiner Energie und Kraft, die Schäden, die er erleiden mag, wieder auszubessern. Der Held ist ein Geist von solchem Gleichgewicht, daß keine Störung seinen Willen erschüttern kann, sondern daß er munter, ja fröhlich voranschreitet nach seiner eigenen Musik, sei es in furchterregendem Aufruhr oder in der trunkenen Lust allgemeiner Zügellosigkeit« (Emerson 1983, 195).

Emersons Held verkörpert das pralle *Leben*, und die seinem Geiste angemessene Sprache gleicht bis ins Detail Ernst Jüngers Landsknecht-Lyrik. Scharf kontrastiert damit das *Regel*-Gemüt verhauster Biedermänner, kleiner »Bürger, die nach den Gesetzen der Arithmetik denken« (Emerson 1983, 197).

Andererseits, während unter den Deutschen die Differenz zwischen den kontrastierenden Typen (Händler/Held) und korrespondierenden Lagen (Frieden/Krieg) ins Unermeßliche tendiert, geht es dem Amerikaner gerade darum, Unterschiede einzuebnen – das Kriegsgefühl soll *veralltäglicht*, ins normale Leben hinübergerettet werden: »Zeiten des Heroismus sind gewöhnlich Schreckenszeiten, aber es gibt keinen Tag, an dem dieses Element nicht wirken könnte« (Emerson 1983, 204).

Emersons Landsmann William James hat einige Jahre später für ein »moralisches Äquivalent zum Krieg« (*a moral equivalent to war*) plädiert. Nationale Jugendprojekte und Hilfsdienste sollten den Gefühlswert des Krieges ohne Blutvergießen herstellen. Derartige Programme wären zwar friedlich, aber nicht alltäglich; und sie würden genau jene Haltung nicht transponieren, deren Vitalisierung eigentlich anstand: männliche Stärke, nicht weibliche Sorge kam ja zu kurz. Emerson selbst findet die bessere Lösung:

»Das Charakteristische des Heroismus ist die Beharrlichkeit. [...] Wenn du einmal deine Wahl getroffen hast, bleibe dabei und versuche nicht, dich aus Schwäche mit der Welt doch noch irgendwie in Einklang zu bringen. Das Heroische kann nicht das Gemeine sein und das Gemeine nicht das Heroische. [...] Bleibe deiner eigenen Handlung treu und beglückwünsche dich, wenn du etwas Ungewöhnliches getan und die Monotonie eines auf Schicklichkeit bedachten Zeitalters durchbrochen hast.« Und: »Ein schlichter, mannhafter Charakter braucht niemals Abbitte zu leisten« (Emerson 1983, 203).

Soldatisch handeln im Alltag heißt: Etwas »unternehmen« – mutig ein Risiko eingehen, mannhaft die Verantwortung dafür tragen, unbeugsam zum Ergebnis stehen, wie immer es ausfällt.

Und aufs Gerede der anderen nichts geben.

Freilich, damit der Haltungstransfer nicht als Donquichotterie endet, muß das Umfeld stimmen. Ob Massachusetts und Connecticut damals das rechte Ambiente geboten haben, wie Emerson, offenbar allein auf weiter Flur, meint, mag dahingestellt bleiben; daß aber Adam Smiths liberale Kleinstadtidylle mit ihren handwerkelnden Biedermännern die denkbar untauglichste Folie abgibt, steht außer Frage. Denn unter dem schützenden Schirm der »unsichtbaren Hand« des Marktes verkommen männliche Tugenden – Initiative, Wagemut, Konsequenz – zu skurrilen Launen. Bestenfalls.

Also mußte sich parallel zum inneren auch das äußere Leben vermännlichen. Besorgen sollte dies der *Sozialdarwinismus.* Mit seinen Augen gesehen, ist die menschliche Existenz ein gewaltfreier Überlebenskampf; wo harmonischer Tausch war, herrscht nun gnadenlose Konkurrenz, und Starke ruinieren Schwache, wo einst Gleiche, wiewohl unbewußt, einander geholfen haben. So wurde die Wirklichkeit neu konstruiert; und ihr wichtigster Architekt war, Mitte des 19. Jahrhunderts, Herbert Spencer.

Genauer gesagt: Spencers Arbeit ist die »kreative Zerstörung« des Wohlfahrtsstaats – Destruktion und Konstruktion fallen in eins, weil mit dem Abbau des Alten das Neue automatisch seine bessere Gestalt annimmt: »Gewohnheitsmäßig verdrängen wir zunächst das Faktum, daß die physische Qualität der Gesellschaft vermindert wird, wenn wir ihre schwächsten Mitglieder künstlich am Leben erhalten. Doch wir schließen außerdem die Augen davor, daß auch das moralische und intellektuelle Niveau sinkt, wenn wir jene mitschleppen, die am wenigsten imstande sind, für sich selbst zu sorgen« (vgl. Peel 1971, 149).

Survival of the fittest, und von niemandem sonst – das ist Spencers Devise und die soziale Normalität seiner Traumgesellschaft (1981, 109). Kein Weltbild war damals populärer, sogar manche Sozialisten, selbst »Ausschuß« im herrschenden Verständnis, fahndeten erfolgreich nach unwürdigem Gesindel (»Lumpenproletarier«), denen sie das Überlebensrecht mit Verve absprachen (Schwarz 1994).

Notabene: Spencers »Fitneß« ist eine *zivilisierte* Qualität. Der Körper (die Physis) muß zwar gesund sein, doch seine Stärke spielt keine Rolle im Existenzkampf. Wer ihn einsetzt, verstößt gegen die *Regeln* und wird als Gewalttäter eliminiert – was »dem wilden Tier der Käfig«, ist »der Kerker für den Schurken« (Spencer 1851, 14). Liberale Auslese ist *legale* Auslese und findet deshalb am Markt, nirgends sonst statt. Doch warum sollte sich das Leben so limitieren lassen? Darauf gibt es nur eine schlüssige Antwort: Liberalität »schlägt« Vitalität – Männlichkeit wird gleichzeitig verhimmelt und verstümmelt, sprich: auf jenes passende Maß zurechtgestutzt, das genau diejenigen »stärkt«, die es sich wie die anderen anlegen.

Diese verdeckte Parteilichkeit, von der die Welt genügend, auch scheinbar entlegene Beispiele parat hält (O'Malley 1994), macht den Vitalismus angreifbar. *Leben »absolut«* hätte den Kampf objektiviert – an Sieg und Sieger gäbe es unter diesen Umständen nichts zu deuteln. Deshalb läßt Hegel den »Kampf um Anerkennung« im Tode enden (Honneth 1992, 11ff.). *Leben »liberal«* hingegen ist genauso beliebig (und seine Gewinner genauso umstritten) wie jedes andere, etwa das *»soziale«*, behütete, geplante, eben »weibliche«, dessen schiedlich-friedliche Spielregel lautet: *a career open to talents* (so die amerikanische Formel in der Kant-Nachfolge). Vor allem deswegen konnte es sich als *bessere* Alternative der elenden Normalität gegenüber nicht durchsetzen. Beim ersten Mal jedenfalls.

Die liberale Erregung verschwand so wieder von der Tagesordnung (und die Männerphantasien wanderten in andere Gefilde ab, sozialistische oder faschistische). Sie wurde erfaßt vom zugkräftigeren Sog des *Sozialen* – was schon Herbert Spencer hat kommen sehen: Der Überlebenskampf, selbst seine zivilisierte Version, sei »mit unserem Nervenkostüm« einfach nicht vereinbar (1978, 408). Sogar das starke Amerika wurde von einer Feminisierungswelle überrollt (Douglas 1977).

5. Der Sog des Sozialen

Den Triumphzug des kleinkariert Normalen, der bürgerlichen Langeweile, des ordinär Nützlichen, der »weiblichen« Dekadenz haben zwei große Kriege unterbrochen und viele kleine Katastrophen immer wieder verzögert. Dauerhaft aufzuhalten war er nicht.

Ein sprechendes Dokument dafür ist jene (auch von Michel Foucault wieder ausgegrabene) Rede, die Alexander Rüstow, liberaler Vordenker von großem Einfluß, mitten im Wirtschaftswunder vor geneigten Industriellen gehalten hat, um deren notorische Abneigung gegen das wuchernde System öffentlicher Wohlfahrt auf den Begriff zu bringen: *Nicht Versorgungsstaat, sondern Vitalpolitik* – schärfer hätte man die Differenz kaum zuspitzen können (Rüstow 1958). Hier *Vitalität*, dort *Sekurität*. Plastisch vorgestellt wird der alte Horror vor dem lähmenden Effekt paternalistischer Vorsorge:

»Nun ist aber gar kein Zweifel, daß das Bewußtsein, von Staats wegen in allen Risiken des Lebens versorgt zu sein, nicht gerade anspornend wirkt. ›Des Menschen Tätigkeit kann allzu leicht erschlaffen, er läßt sich leicht die unbedingte Ruh‹, d. h. also, diese Versuchsanordnung wirkt zweifellos auf Unternehmungslust, auf Unternehmungsfreude, auf Arbeitsantrieb usw., gelinde gesagt, stark dämpfend« (Rüstow 1958, 20).

Doch wie ausgehöhlt und kleingeschrumpft muß ein freiheitliches Hirn schon sein, das die ländliche Sittlichkeit als Krone der Lebendigkeit verherrlicht:

»Wenn eine Familie ein Eigenheim auf dem Lande hat, mit Garten und so weiter, dann ist ihre Vitalsituation schon völlig anders als in der Mietswohnung einer großstädtischen Straßenschlucht. [...] Und die veränderte Lebensperspektive, die sich aus all dem ergibt: eine erfreuliche Kindheit, ein erfolgreiches Arbeitsleben mit erfreulichem Weekend und erfreulichen Ferien, ein erfreuliches Alter, das ändert die Atmosphäre des gesamten Lebens, ändert das Lebensgefühl von Grund auf. Man ist ein ganz anderer Mensch« (Rüstow 1958, 23).

Als ob es auf dieser Welt nur die Wahl zwischen städtischem (Straßenschluchten) und schwäbischem (Eigenheim-)Liberalismus gäbe! Und als ob die süddeutsche Variante ohne fürsorglichen Staat auskäme! Das ist eigentlich der springende Punkt: *Liberale Vitalität* war (bis vor kurzem, muß man hinzufügen) nur noch auf dem Boden von *Sekurität* denkbar: Arbeitsplatz, Eigenheim, Familienleben, Freundeskreis, Landluft, »Wochenend' und Sonnenschein« galten als unverzichtbare Bestandteile bürgerlichen Lebens, die man sich verdienen mußte, aber auch konnte. Diese *Möglichkeit* zu garantieren: dafür bedarf es offenkundig staatlicher Eingriffsreserven: Wohnungsbauförderung, Familienbeihilfen, Arbeitszeitgesetze, Kindergärten und -spielplätze, Schulen, Straßenbau, Öffentlicher Nahverkehr, Müllabfuhr und manches mehr muß sein, damit der beschauliche »Normalfall« funktioniert; dessen Gefährdung provoziert dann zwangsläufig weitere, tiefere Interventionen: Versicherungen, Subventionen, Sozialhilfen aller Art (s. auch Bauman 1999).

Rüstows Rousseauismus – *Retour à la nature*! – verdrängt diese Umstände; er vergißt auch zu prüfen, wieviel Natur (resp. Vergangenheit) unter den herrschenden Bedingungen überhaupt zu vertreten, geschweige denn zuträglich gewesen wäre. Diese Sehnsucht war in ihrer Blindheit als *Grundstimmung* für den spätliberalen (postdarwinistischen und postmilitaristischen) Zeitgeist konstitutiv (vgl. Whyte 1957, Riesman 1958). Sein Freiheitsverständnis gipfelt in der *Freiheit von Unsicherheit*.

Dabei fügte sich der liberale Gemeinsinn in das, was ihm Karl Marx längst prognostiziert hatte: daß »alles Ständische und Stehende« im gewaltigen Feuer des industriellen Fortschritts »verdampfen« würde. Aus dieser Asche sind eben auch Rüstows »Straßenschluchten« entstanden, als moderne Äquivalente zu den Wunderwerken früherer Epochen: den »ägyptischen Pyramiden, römischen Wasserleitungen und gotischen Kathedralen« (Marx 1971, 528f.). Dagegen gab es kein Aufbegehren; wohl aber setzte die Suche nach Kompensation ein. Dabei sollte man zunächst dem Charme des Status quo verfallen: Freiheit durch Geborgenheit im Gegebenen, einer *Gesellschaft der Organisationen*.

Dies war zugleich die Geburtsstunde des *organization man*, der Behaglichkeit im Büro findet (gewissermaßen). Daß er ein nützlicher, redlicher Mensch, aber kein »richtiger« Mann sein würde, ist schon seiner Vorgeschichte anzusehen.

Glaubt man William H. Whyte (1957), dem zeitgenössischen Chronisten des »Organisationsmenschen«, dann waren die Subjekte, seitdem sie »alles Ständische und Stehende« pulverisiert hatten, niemals zuvor von ihrer sozialen, speziell organisierten Umgebung dermaßen abhängig. Schlimmer noch (fürs Ideal männlicher Emanzipation): dies schien keine vorübergehende Modeerscheinung zu sein, sondern das höchste Stadium liberaler Vergesellschaftung. Angebot an und Nachfrage nach *organisierter Sozialität*, so sah es aus, hatten einen stabilen Gleichgewichtszustand erreicht.

Den Sozialcharakter des *organization man* beschreibt Whyte so: Diese Leute »sind nicht die Arbeiter, noch sind sie Angestellte im herkömmlichen Sinn. Denn beide arbeiten nur für Die Organisation. Jene Menschen, von denen ich spreche, *gehören* ihr auch. Es sind diejenigen Angehörigen unserer Mittelklasse, die, mental wie real, ihr Heim verlassen haben, um sich ganz dem Organisationsleben zu verschreiben« (Whyte 1957, 5).

Also nicht das Eigenheim im Grünen fungiert als »Hafen in einer herzlosen Welt« (Christopher Lasch), sondern: Die *organisierte* Welt selbst zeigt Herz – jedenfalls vermittelt sie, im Tausch gegen Engagement, so etwas wie Nestwärme und entwertet, ja ersetzt den häuslichen Kosmos.

Wenn das »Draußen« vom umkämpften Terrain (mit wilden Wölfen) zur pastoralen Landschaft (mit weidenden Schafen) mutieren soll, muß den empirischen Veränderungen – kollektive Organisations- statt kompetitive Marktgesellschaft – ein moralischer Wandel folgen:

> »Der soziale Druck, die Frustrationen kreativer Individualität, die Anonymität der persönlichen Leistung: sind das Mängel, die man bekämpfen soll? Oder versteckte Tugenden? Der Organisationsmensch versucht, seinen Platz in der Welt neu zu definieren. Ihn dürstet nach einem Glauben, der dem, was er aushalten muß, einen tieferen Sinn als jenen verleiht, der an der Oberfläche erscheint. Was ihm fehlt, ist, kurz gesagt, ein Äquivalent zur Protestantischen Ethik von einst« (Whyte 1957, 6).

Deren Leistung bestand ja (auch) darin, die von den Verhältnissen geforderte Gewöhnung an harte, disziplinierte und kontinuierliche Arbeit dadurch zu erleichtern, daß der irdische Einsatz den Weg ins himmlische Reich ebnen würde (Weber 1979). Unter modernen – und organisierten – Verhältnissen kann Kompensation so aber nicht mehr funktionieren. War doch, erstens, des Menschen Verhältnis zu Gott radikal individualisiert – zwischen ihn und IHN hat sich keine »intermediäre« Instanz wie die Organisation geschoben; und noch viel dramatischer: Gott selbst hatte das Zeitliche gesegnet (Nietzsche) – oder doch seinen Wirkungskreis immer stärker in die Freizeit seiner Schutzbefohlenen zurückverlagern müssen.

Beide Entwicklungen zusammen, die Kollektivierung und Säkularisierung des öffentlichen Raumes, haben ein vollkommen neues Moralgefühl geschaffen: *sozial* ausgerichtet und *szientistisch* untermauert.

Das wissenschaftliche Fundament wurde – passenderweise – von der (Industrie-, Organisations-)Soziologie und ihren populären Derivaten gelegt. Die Stunde des *social engineering* hatte geschlagen – und des Traums, menschliche wie mechanische Beziehungen abstimmen zu können. Nach Whyte etabliert sich als epochaler Beruf der »Sozialingenieur«:

»Er entwickelt neue Beziehungen und Operationen in der Gesellschaft, entwirft neue Organisationen und Institutionen, baut und ölt die menschliche Maschinerie so, daß sie funktioniert. Die Herausforderung für soziale Ingenieure heute gleicht der, welcher sich technische Ingenieure vor fünfzig Jahren gegenüber sahen. Wie die erste Hälfte des zwanzigsten Jahrhunderts diesen gehört hat, gehört jenen die zweite« (Whyte 1957, 29).

An dieselbe Aufgabe mit demselben Elan und im selben Geist machten sich andere »Ingenieursberufe« ohne Vergangenheit: *Friedensplaner*, *Gruppentherapeuten*, *Integrationsführer*, *Sozialdiagnostiker* (Whyte 1957, 33).

Viele Blütenträume sind nie gereift, genügend Offerten entpuppten sich schnell als Seifenblasen, Moden und Methoden gingen allzuoft eine unheilige Allianz ein. Doch der wortreiche Aufbruch in neue Zeiten hatte auch einen ganz harten Kern: die *human relations*-Schule mit ihrem Gründungsvater, dem Industriesoziologen Elton Mayo, deren Arbeiten darauf zielten, mit Hilfe ausgedehnter Laborexperimente optimale *Teamwork*-Bedingungen herauszufinden. Mayos Hintergrundsphilosophie, in Whytes Charakterisierung:

»Im Mittelalter sind die Menschen durch soziale Codes verpflichtet worden, miteinander zu kooperieren. Die Industrielle Revolution hat – in Mayos Verständnis – unsere Gesellschaften in eine bloße Ansammlung konfligierender Gruppen zersplittert. Der Mensch gehörte mit einem Teil zu dieser, mit einem anderen zu jener Gruppe – was ihn verwirrt hat: es gab keine *einzige* Gruppe mehr, in der er aufgehoben war. Ganz zufrieden damit, daß das feudale Integrationsmuster überwunden worden war, haben liberale Philosophen diese Entlassung aus dem Kollektiv als Freiheit interpretiert. Mayo ist da ganz anderer Meinung. Er glaubt, das erste Bedürfnis des Menschen bestehe darin dazuzugehören: ›Der Wunsch des Menschen‹, heißt es bei ihm, ›mit seinesgleichen dauerhaft in Arbeitsbeziehungen assoziiert zu sein, ist ein wichtiger Grundzug seines Charakters – wenn nicht der wichtigste‹« (Whyte 1957, 39).

Und weiter heißt es: »Für uns alle beruht das Gefühl der Sicherheit und Gewißheit jederzeit auf einer festen Gruppenzugehörigkeit.«

Andererseits ist unübersehbar, daß die soziale Integration des öfteren mißlingt, so daß zwischen Mensch und Gruppe Konflikte ausbrechen. Diese indizieren freilich, nach den Prämissen von *human relations*, keine »wirklichen« Spannungen, denn das würde den prinzipiellen Harmoniebefund dementieren:

»Mayo betrachtet den Konflikt in erster Linie als Kommunikationsstörung. Ist ein Mensch mit seiner Arbeit unglücklich oder unzufrieden, geht es weniger darum, einen Konflikt aufzulösen – ein Mißverständnis muß aufgeklärt werden. Der Arbeiter mag das anders sehen« (Whyte 1957, 39f.) – aber die Wissenschaft weiß es besser. Daher beansprucht sie auch das Recht, ihren Wissensstand für den *organization man* in einen Moralkodex umzusetzen:

»Das Fundament der Bewegung ist wesentlich ethischer Natur. Der Organisationsmensch versteht die Suche nach besseren Gruppentechniken als eine Art Kreuzzug – gegen Autoritarismus, für mehr Freiheit und eine Aufwertung der Mittelklasse. [...] Aus dieser Perspektive können Organisationen dadurch, daß sie den Gruppengeist verstärken und ihre Mitglieder dazu erziehen, ihren Egoismus zu sublimieren, ihre autoritären Führer loswerden, um statt dessen eine *harmonische* Atmosphäre zu kreieren, die aus dem Menschen das Beste herausholt« (Whyte 1957, 54).

Die Harmonie kommt allen zugute: Organisation und Mensch optimieren sich wechselseitig – jene beutet aus, dieser lebt aus. Daher *verschmelzen* sie, nicht nur soziologisch gesehen, sondern auch aus ethischer Sicht. Was sich in der Faustregel niederschlägt: *Be loyal to the company and the company will be loyal to you* (Whyte 1957, 143).

Wie weit die ideelle Leitfigur des *organization man* ihre reale Gefolgschaft aus liberalem Terrain hinausführt, macht eine genauere Analyse des menschlichen Innenlebens deutlich.

Von Hobbes bis Hegel ist der Mensch durch ein Spannungsverhältnis gekennzeichnet: ausgedrückt in Dichotomien wie Natur/Gesellschaft oder Trieb/Vernunft. *Freiheit* (Liberalität) ist in letzter Instanz dadurch bestimmt, wie diese Zweipoligkeit »herrschaftlich« reguliert wird. Und die Regime selbst ordnen sich typologisch danach, wo – bei welchem Pol – sie den »freiheitlichen« Akzent setzen.

Hobbes steht für die eine Richtung – sie siedelt Freiheit »vor dem Strich« an, will heißen: auf der Seite von Natur und Trieb. Weil der Mensch frei sein, seine Natur ausleben und seine Triebe befriedigen will, ist er »ungesellig«; da er sich aber schwertut, so ganz allein, ohne oder gar gegen alle anderen, zu überleben, kommt es zum Kompromiß: Verzicht auf einen Teil der Freiheit, um den anderen für sich zu retten. Diese Rechnung macht ihn »gesellig« und aus ihm einen Staatsbürger.

Dagegen Hegel – er verlagert die Freiheit »hinter den Strich« und sieht sie erst in einer vernünftig-gesellschaftlichen, sprich: bürgerlich-staatlichen Verfassung verwirklicht. Für ihn ist Natur synonym mit Roh-, ja Wildheit, bedrohlichen oder wenigstens bornierten Wünschen, der menschlichen Bestimmung unwürdig, daher notwendig »aufzuheben« (nicht abzuschaffen – das wäre illusorisch). Für diese Transformation von der Natürlichkeit zur Sittlichkeit – und wahren Freiheit – sorgt ein tiefgestaffeltes Institutionensystem: mit Familie, Markt und Staat als »vernünftigen« Eckpfeilern.

In welche Richtung auch immer die Freiheitsidee tendiert hat – stets war klar, daß auch aus der anderen an ihr gezerrt würde. Kants »ungesellige Geselligkeit« meint eine *konstitutive* Zerrissenheit.

Das Ideal des Organisationsmenschen dagegen unterstellt den funktionalistischen Superlativ einer spannungslosen Harmonie. Soziologisch denken läßt sich diese transliberale Extremität des »übersozialisierten« Subjekts auf zweierlei Weise: über *internalization* und/oder *acceptance-seeking* (Wrong 1961). Einerseits mögen Erziehungs- (oder breiter: Sozialisations-)programme so stark anschlagen, daß der Mensch restlos »sozialverträglich« agiert – wozu ihn, andererseits, auch sein unwiderstehliches Bedürfnis führen kann, von Gleichen als Gleicher anerkannt zu werden. Bekanntlich sind beide Motive dem liberalen Denken keineswegs fremd; zugleich weiß es aber darum, daß sie in extremer Form nicht realistisch und vielleicht nicht einmal wünschenswert (Simmel) sind.

Mit anderen Worten: Unser *organization man* erblickt das Licht der Welt als ein harm-, weil substanzloses Menschenkind, das der Gesellschaft, ihren Pressionen und Attraktionen, buchstäblich nichts entgegenzusetzen hat, daher unendlich plastisch ist, keinerlei Eigensinn entwickelt und nicht einmal mehr ahnt, was »wirkliche« (geschweige denn »männliche«) Freiheit bedeutet. Er versteht darunter *belongingness*, die Rumdum-Sicherheit des sanften Lebens in der modernen Organisation.

5.2 *Die Einsamkeit der Masse*

Das Bild des spät- oder postliberalen Subjekts ist durch eine andere Studie jener Epoche mindestens ebenso stark bestimmt worden: David Riesmans Bericht über die »einsame Masse« (1958; vgl. König 1992, 255ff.).

Daß eine Masse »einsam« sein soll, ihre Mitglieder also abhängig, schwach, passiv, ja depressiv sein müssen und auf keinen Fall von »männlicher« Statur sind, ist alles andere als naheliegend. Gustave Le Bons berühmte Massenpsychologie hat eher das Gegenteil diagnostiziert – Vermassung und Vermännlichung müßten danach eigentlich *zusammenfallen*: »Allein durch die Tatsache, Glied einer Masse zu sein, steigt der Mensch«, resümiert Le Bon, »mehrere Stufen von der Leiter der Kultur hinab. Als einzelner war er vielleicht ein gebildetes Individuum. In der Masse ist er ein Triebwesen, also ein Barbar. Er hat die Unberechenbarkeit, die Heftigkeit, die Wildheit, aber auch die Begeisterung und den Heldenmut ursprünglicher Wesen« (1982, 17).

Die alten Männerphantasien: der gewalttätige Ausbruch aus Zivilität, Normalität, Dekadenz, wenn auch dieses Mal im frenetischen Kollektiv, nicht als Reflex eines »monadischen« Heroismus.

Also ist Masse nicht gleich Masse. Die Differenz liegt im Modus der Vermassung: *Unterwerfung* vs. *Anerkennung*. Jene charakterisiert den typischen Führer-Gefolgschafts-Fall: »Die Psyche der breiten Masse«, rekapituliert ein ausgewiesener Praktiker, »ist nicht empfänglich für alles Halbe und Schwache. Gleich dem Weibe, dessen seelisches Empfinden weniger durch Gründe abstrakter Vernunft bestimmt wird als durch solche einer undefinierbaren gefühlsmäßigen Sehnsucht nach ergänzender Kraft und das sich deshalb lieber dem Starken beugt als den Schwächlichen beherrscht, liebt auch die Masse mehr den Herrscher als den Bittenden« – so Adolf Hitler in *Mein Kampf* (zit. nach Nitschke 1990, 227). Offenbar kommt es, anders als bei singulären Helden, zu einem »hermaphroditischen« Knoten: der Massenmensch/-mann ist zugleich im Innenverhältnis »feminin«, unterwürfig gegenüber dem Führer, und »maskulin« nur nach außen, gegen Schwache und Fremde; unter seinesgleichen dagegen weder dies noch das, sondern gewissermaßen »geschlechtslos« in hypnotischer (Le Bon) Unterwerfung verbunden.

Die »einsame« Masse dagegen ist horizontal, nicht vertikal gegliedert; bei ihr kommt es auf das Verhältnis der Gleichen an, ja es existieren, zugespitzt gesagt, nur Gleiche. Sozialstrukturen entstehen dadurch, daß jedes Individuum seine signifikante Gruppe (*peer-group*) hat, deren Anerkennung es um alles in der Welt erwerben will: eben *acceptance-seeking* (Whyte) bzw. *other-directedness*, eine »außen-geleitete Lebensweise«, der Riesman den vorausgehenden Lebensstil entgegenhält:

> »Der innen-geleitete Mensch kommt innerlich und äußerlich nie zur Ruhe. Auf der einen Seite fesselt ihn die Produktion mit ständig neuen Aufgaben, auf der anderen Seite verbringt er sein Leben mit der dauernden inneren Erschaffung und Erarbeitung seines Charakters. Wie er auf wirtschaftlichem Gebiet Arbeitslosigkeit und ›Entlassung in den Ruhestand‹ fürchtet, empfindet er in fast allen anderen Lebensbereichen Müßiggang und Trägheit als eine ›Unterbeschäftigung‹ seiner charakterlichen Fähigkeiten. Der innen-geleitete Mensch fühlt sich gedrängt, ständig alle seine Kräfte zu mobilisieren und sie zur Bewältigung einer jeden Aufgabe voll und bewußt einzusetzen. Berufserfüllung bedeutet für ihn Lebenserfüllung« (Riesman 1958, 137).

Unverkennbar ist das der liberale Mustermensch in einer aktualisierten Variante: von rechtschaffener Art, unentwegt darauf bedacht, sich nützlich zu machen, und darin seiner Männlichkeit sicher – weshalb ihn Arbeitslosigkeit oder vor- und damit unzeitiger Ruhestand ins Mark treffen. Hingegen »sieht sich der außen-geleitete Mensch vor allem Aufgaben gegenüber, die sich aus dem Umgang mit anderen Menschen und den Beziehungen zu ihnen ergeben; er findet seine Lebenserfüllung im Umgang mit Menschen. Berufsarbeit und Vergnügen sind folglich beides Beschäftigungen, deren Sinn darin gesehen wird, mit anderen Menschen fertig zu werden« (Riesman 1958, 137).

Arbeit vs. Interaktion (Habermas), Herstellung von Sachen vs. Behandlung von Menschen, »freie« Produktion vs. »sichere« Kooperation, Autonomie vs. Konformität – auf diese oder ähnlich konträre Nenner lassen sich die Lebensstile der beiden Liberalitäten (alter, neuer) bringen.

Soweit sich dieses Leben in Organisationen abspielt, sind seine Grundzüge bekannt: »Sozialingenieure« modeln Arbeitsbeziehungen in *human relations* um und sorgen für eine gutgeölte Kommunikation. Außenleitung jenseits der vier Bürowände findet ohne Expertise statt – oder genauer: Jeder Mensch wird Experte in eigener Sache, sorgt also selbst dafür, daß seine Einpassung ins soziale Umfeld optimal gelingt. Ratgeber leiten ihn an; deren populärster, damals wie heute (er taucht bei Riesman wie in sämtlichen *Spiegel*-Bestseller-Listen auf), ist Dale Carnegie.

Einer seiner Millionen-Hits packt das Thema direkt an: *Wie man Freunde gewinnt* (2000; das amerikanische Original ist 1936 erschienen). Über die gewaltige Bedeutung dieser Art von Resonanz- und Akzeptanzbeschaffung wird der Leser gleich am Anfang aufgeklärt:

»Der Umgang mit Menschen ist wahrscheinlich das heikelste Problem, das wir zu lösen haben, besonders wenn wir im Geschäftsleben stehen. Das gleiche gilt aber auch für den Buchhalter, die Hausfrau, den Architekten oder den Ingenieur. Entsprechende Ermittlungen«, heißt es dann, »haben die sehr wichtige und bedeutsame Tatsache aufgezeigt [...], daß selbst in so technischen Berufen wie dem des Ingenieurs nur 15 Prozent des finanziellen Erfolgs aufs Konto des technischen Könnens geht, der ganze Rest von 85 Prozent aber dem Geschick im Umgang mit Menschen zuzuschreiben ist« (Carnegie 2000, 14).

Ob nun ein profitliches oder menschliches Interesse die Leute dahin bringt, das soziale Klima verbessern zu wollen – in jedem Falle bedarf es verläßlich wirkender Verhaltensmaximen und sorgfältig auf den Kontext abgestimmter Kommunikationstricks. Etwa dieser Art: *Wer den Honig will, muß der Biene Sumsum leiden* – ein Rat, der uns empfiehlt, mit kritischen Urteilen über andere möglichst lange hinter dem Berg zu halten: »Anstatt die Menschen zu verurteilen, sollten wir besser versuchen, sie zu verstehen. Versuchen herauszufinden, warum sie so und nicht anders handeln. Das ist vermutlich einträglicher und interessanter als Kritik. Dadurch schaffen wir eine Atmosphäre der Sympathie, Nachsicht und Güte. ›Alles verstehen heißt alles verzeihen.‹ Gott selbst wartet mit seinem Urteil über den Menschen bis zum letzten Tag. Warum sollten wir es da anders halten?« (Carnegie 2000, 29, 44)

In dem Stil geht es weiter, immer darauf bedacht, die Antenne des Menschen möglichst genau auf sein Gegenüber einzustellen: *Die hohe Kunst, Menschen richtig zu behandeln, Man muß den Fisch mit einem Köder locken, der ihm schmeckt, Wer sich für andere interessiert, ist überall willkommen, Der gute Zuhörer ist der beste Gesellschafter, Beim Streiten kann man nur verlieren, Unrecht zu haben ist kein Unglück, Der Weg zur Vernunft führt übers Herz, Man kann auch kritisieren, ohne sich unbeliebt zu machen* ... Den ganzen Kanon durchzieht ein Hauch von Passivität; Beruhigung, Einfühlung, Anpassung, ja Unterwerfung ist angezeigt – nichts soll geschehen, was die Harmonie stören und dem *goodwill* schaden könnte. Dahinter steckt offenkundig (wie übrigens schon bei Franklin, den auch Carnegie zu seinen Vorbildern zählt) eine manipulative Absicht – wer so agiert, will von anderen etwas, zum wenigsten ihre Sympathie. *Cherchez la femme* mag man denken, angesichts solch anschmiegsamer Raffinesse. Auf jeden Fall ist dieser Schmusekurs, gemessen am heroischen Ideal, nicht gerade männlich.

Allerdings: Über die epochale Dominanz des leichten »Gedankens« (und seines Managements) sollte das fortdauernde Wirken der harten »Sachen« nicht ganz vergessen werden: beispielsweise jener 15 %ige Technikanteil, den selbst Dale Carnegie nicht in Wohlgefallen auflösen kann. Daß damals liberale Zeitgenossen den (technischen) Produktionsprozeß weitgehend ausblenden und nicht im Traum darauf kommen, ihn mit der

Freiheitsfrage in Verbindung zu bringen, hat damit zu tun, wie sie die industrielle Zukunft einschätzen:

»Das Zentralproblem des Betriebes sind nun *die Menschen* und ihre Beziehungen untereinander, während die Weiterbildung der Maschinen, deren Einführung einst revolutionäre Folgen hatte, und die Organisation der Arbeit zur Routine werden. Das heißt nun nicht, daß die technische Entwicklung zum Stillstand kommt, aber die aufgrund dieser Entwicklung ständig steigende Produktion ist bereits von vornherein eingeplant und stellt eigentlich nur ein Nebenprodukt der betrieblichen Institution dar. Dagegen bringt die neue industrielle Revolution [...] neue technische Errungenschaften nicht mehr auf dem Gebiet maschineller Bearbeitungsvorgänge und wissenschaftlicher Arbeitsplanung und Betriebsführung, sondern auf dem der Kommunikation und Verwaltung« (Riesman 1958, 138f.).

Kurzum: Man betrachtet Produktion als maschinelle Routine und hält sie daher für *sozial irrelevant*. Genau das läßt sich von ihrem funktionalen Komplement, dem *Konsum*, nicht sagen, denn er *ist* Kommunikation, eine zwangsläufig soziale Aktivität, an der andere beobachtend teilnehmen (sollen) – neidisch, vergleichend, bewundernd, u. U. auch kritisch, ja verächtlich. Nicht umsonst spießt Ortega y Gassets berüchtigte Kritik am »Aufstand der Massen« (1959) den impertinent *konsumierenden* Zeitgenossen auf.

Sicher, Konsum muß nicht zu jeder Zeit und an allen Orten etwas kommunizieren – für den puritanischen Liberalismus hat er nie mehr bedeutet als Reproduktion auf minimalem Niveau, ohne jeden Hintergedanken. In scharfem Kontrast dazu steht das Phänomen des *demonstrativen Konsums*, dem schon früher Thorstein Veblen auf die Spur gekommen ist (Veblen 1981) und das seinerseits, Riesman zufolge, von einer außen-geleiteten Verbrauchsnorm abgelöst wird:

»Veblens ›geltungssüchtiger Verbraucher‹ (*conspicuous consumer*) versucht sich einer Rolle anzupassen, die ihm seine wirkliche oder jedenfalls angestrebte soziale Stellung auferlegt. Dagegen sucht der außen-geleitete Verbraucher den Erlebnis- und Erfahrungsgehalt und nicht die Dinge selbst; er trachtet danach, von anderen geleitet zu werden, und nicht, seinen Besitz vor ihnen zu entfalten und ihnen damit in die Augen zu stechen. Der geltungssüchtige Verbraucher besitzt einen Maßstab, an dem er sofort den Besitz anderer messen kann, nämlich das Geld. [...] So läßt sich der geltungssüchtige Verbraucher auf eine Rivalität mit der Außenwelt ein, wie Veblen es durch solche Ausdrücke wie ›prunksüchtig‹, ›protzsüchtig‹, ›geltungssüchtig‹ u. ä. gekennzeichnet hat. In scheinbar gleicher Weise kann auch der außen-geleitete Verbraucher in den Wettbewerb treten, aber nur dann und in dem Maße, in dem ihm dies von seinen Zeitgenossen (*peers*) aufgezwungen wird« (1958, 129f.).

Das heißt, beide Verbrauchsgewohnheiten haben zwar eine soziale Komponente, doch gepolt sind sie ganz gegensätzlich. Wer sein Konsumvermögen demonstrativ zur Schau stellt, will damit zeigen, was er geleistet hat und sich daher leisten kann – die »signifikanten Anderen« agieren als mehr oder minder staunendes Publikum.

Unvergleichlich tiefer reicht die soziale Abhängigkeit des außen-geleiteten Konsumenten. Seine Umwelt besteht nicht aus Zuschauern, sondern Zensoren. Diese »äußeren« Richter – sein kritisches Umfeld – urteilen darüber, welche Spektakel angemessen sind. Das rechte Maß leitet sich daher nicht mehr aus einer *sachlichen* Relation ab (Konsum gemessen am Einkommen), es entsteht vielmehr im *sozialen* Austausch (Konsum gemessen am Standard). Wie weit beide Maßstäbe auseinanderliegen, läßt sich daran ablesen, daß sie zwei konträre Sozialcharaktere herausbilden – den »auffälligen« Verbraucher löst der »unauffällige« (*inconspicuous*) ab:

»Heute dominiert der unauffällige Konsum, und in Nachbarschaften steht man ausdrücklich dazu. Eine der häufigsten Beobachtungen, über die man aus freien Stücken berichtet, lautet: ›Hier gibt es kein wechselseitiges Übertrumpfen.‹ Überraschend häufig wird diese Praxis kritisiert – eine Einstellung, die nicht darauf zurückgeführt werden darf, daß den Leuten eben das Geld fehlt, um sich anders zu verhalten. Die Unauffälligkeit wird vielmehr letztlich als etwas Moralisches angesehen. Sie sprechen davon, als ob ein Sozialvertrag existierte. [...] Wenn es einem besser geht, dann ist es unfair, das anderen Menschen, denen es weniger gutgeht, auch noch unter die Nase zu reiben. Dies würde den Waffenstillstand brechen. Die anderen eher zu ›untertrumpfen‹ – darauf kommt es eigentlich an« (Whyte 1957, 346).

Das Regime des Konsums etabliert eine neue Sozialnorm: *Fairneß* – statt Fitneß, wie noch zu den Zeiten, da »richtig« (und noch nicht »organisiert«) gearbeitet wurde. Gleichzeitig kann man Riesmans Zeitdiagnose entnehmen, daß sich parallel dazu *Konsumieren* als *hegemoniale Mentalität* in den Köpfen der Menschen festgesetzt hat. Dazu Helmut Schelsky: »Quer durch alle Aussagen Riesmans über einzelne Lebensgebiete zieht sich als Grundeinsicht die These, daß die Verbraucherhaltung zur dominanten Reaktionsform des Zeitgenossen geworden ist.« Die Konsumnorm »dringt als das primäre soziale Ansinnen in alle Verhaltensschichten des Menschen ein: in seine Stellung zur Kultur, zur Freizeit, zum Sport, zur Politik; sie bestimmt die Art der Kindererziehung und prägt die Rolle von Mann und Frau neu; sie wird zur Grundlage des sozialen Selbstbewußtseins und des sozialen Prestiges« (in: Riesman 1958, 13).

Evident ist dann, daß, in dem Maße, wie der Konsum das gesellschaftliche Leben prägt, die Konsumnorm nicht mehr einfach sich selbst überlassen werden darf – Fairneß wird zur Staats- und Verfassungsaffäre.

5.3 Der »faire« Konsum

Wie im 19. Jahrhundert das »eherne Lohngesetz« (des Ferdinand Lassalle) zu wirken schien, dem zufolge der Arbeiter nie mehr als sein Existenzminimum verdienen würde, so hätte man auch ein ehernes Sozialgesetz entdecken können: Öffentliche Hilfsleistungen orientieren sich am *sachlich* (zum Überleben) Notwendigen – mehr gibt es nicht. Dieses Niveau hat auch die Solidaritätsidee (Bourgeois etc.) im Visier gehabt: (Arbeitende) Subjekte tragen zur Reproduktion des Systems bei – dessen Anliegen es darum sein muß, (arbeitsunfähigen) Subjekten das Überleben zu ermöglichen. Was nur »gerecht« ist.

Gerechtigkeit als *Fairneß* bringt die erwartbare Wende – vom sachlichen zum *sozialen* Standard. Zugespitzt formuliert gilt ab jetzt: Der Mitmensch ist das Maß aller Dinge.

Vermutlich läßt sich jene überragende Bedeutung, die John Rawls' *Theorie der Gerechtigkeit* (1979) gewonnen hat, gar nicht anders erklären als dadurch, daß sie *justice* durch *fairness* ersetzt. Ihr Grundgedanke ist ebenfalls und kaum zufällig in den (amerikanischen) Nachkriegsjahren zum ersten Mal formuliert worden (Rawls 1958). Um diese Innovation ermessen zu können, empfiehlt sich ein Vergleich mit der Referenzphilosophie, Kants Sittenmetaphysik. Dort lesen wir über den Unterschied zwischen Naturzustand und staatlicher Ordnung:

»Zwar durfte sein natürlicher Zustand nicht eben darum ein Zustand der *Ungerechtigkeit* (iniustus) sein, einander nur nach dem bloßen Maße seiner Gewalt zu begegnen; aber es war doch ein Zustand der *Rechtlosigkeit* (status iustitia vacuus), wo denn das Recht *streitig* (ius controversum) war, sich kein kompetenter Richter fand, rechtskräftig den Ausspruch zu tun, aus welchem nun in einen rechtlichen zu treten ein jeder den anderen mit Gewalt antreiben darf; weil, obgleich nach eines jeden Rechtsbegriffen etwas Äußeres durch Bemächtigung oder Vertrag erworben werden kann, diese Erwerbung doch nur *provisorisch* ist, so lange sie noch nicht die Sanktion eines öffentlichen Gesetzes für sich hat, weil sie durch keine öffentliche (distributive) Gerechtigkeit bestimmt, und durch keine dies Recht ausübende Gewalt gesichert ist« (Kant 1989, 430f.).

Womit sich zwar die Sicherheit des Rechts, doch nicht seine Substanz ändert: »Denn, der Form nach, enthalten die Gesetze über das Mein und das Sein im Naturzustande ebendasselbe, was die im bürgerlichen vorschreiben, so fern dieser bloß nach reinen Vernunftbegriffen gedacht wird« (Kant 1989, 431).

Naturrecht regelt *Eigentum*, das »Mein und Dein«. Es legt fest, was einem Menschen gehört, nämlich jene Dinge, die er durch Arbeit (»Bemächtigung«) oder Tausch in seine Verfügungsgewalt gebracht hat. Und *Staatsrecht* sorgt für *Gerechtigkeit*, also dafür, daß die »Distribution« des Eigentums rechtens ist – eine »*Re*distribution« mittels privater (Diebstahl etc.), aber auch öffentlicher Gewalt (»Sozialabgaben«) wird ausgeschlossen. Was dem Subjekt legitimerweise gehört, entscheidet sich rein *sachlich*, nämlich durch die Art, wie es dazu gekommen ist.

Eine *soziale* Komponente lehnt Kant ausdrücklich ab. »Distributive« Rücksichten anderen Menschen, etwa der *peer-group*, gegenüber, darf es nicht geben; daß das Meine ein Vielfaches des Deinen ausmachen mag, soll kein Skandal sein – die »durchgängige Gleichheit der Menschen in einem Staat, als Untertanen desselben, besteht aber ganz wohl mit der größten Ungleichheit der Menge und den Graden ihres Besitztums nach, es sei an körperlicher oder Geistesüberlegenheit über andere, oder an Glücksgütern außer ihnen und an Rechten überhaupt (deren es viele geben kann) respektiv auf andere; so daß des einen Wohlfahrt sehr vom Willen des anderen abhängt (des Armen vom Reichen)« (Kant 1974, 138f.).

Man sieht: Eine »soziale Frage« taucht zwar auf, doch bleibt sie (damals noch) völlig peripher – *les misérables* sind Marginalien am Rande des Rechts. In außen-geleiteten Gesellschaften hingegen wird Armut, weil ihr *Anblick* provoziert, zum sozialen Skandal. Und Almosen wirken, anders als früher, keineswegs entlastend, im Gegenteil: Da niemand seinen Reichtum zeigen darf, am allerwenigsten dadurch, daß er hochnotpeinliche Geschenke an gedemütigte *have-nots* verteilt, bleiben die *haves* auf ihrem schlechten Gefühl sitzen. Fürs erste jedenfalls.

Allerdings kennt auch Kant einen sozialen Skandal. *Sein* Moralempfinden empört sich, wenn die ungleiche Verteilung des Reichtums, statt »natürliche« Unterschiede (Kraft, Intelligenz, Glück) widerzuspiegeln, auf »künstliche« Restriktionen bei dessen *Erzeugung* zurückgeht: »Aus dieser Idee der Gleichheit der Menschen im gemeinen Wesen als Untertanen« – mit deren Hilfe eine »distributive« Ungleichheit als rechtens und damit gerecht nachgewiesen wurde – »geht nun auch die Formel hervor: Jedes Glied desselben muß zu jeder Stufe eines Standes in demselben (die einem Untertan zukommen kann) gelangen dürfen, wozu ihn sein Talent, sein Fleiß und sein Glück hinbringen können; und es dürfen ihm seine Mituntertanen durch ein *erbliches* Prärogativ (als Privilegiaten für einen gewissen Stand) nicht im Wege stehen, um ihn und seine Nachkommen unter demselben ewig niederzuhalten« (Kant 1974, 139).

Freie Bahn dem Tüchtigen – *a career open to talents* (Rawls)! Jeder ist seines Glückes Schmied, alle sollen mit ihren Pfunden (oder dem Zufall) wuchern dürfen. Sozialität steht Vitalität gegenüber und zieht den kürzeren, wenigstens so lange, wie sich die Selbstverwirklichung im Rahmen des Rechts äußert. Also: *Fitneß schlägt Fairneß* – ein Prinzip, das ad absurdum geführt würde, wollte man seine Ergebnisse im nachhinein »redistributiv«, also auch sozialstaatlich, korrigieren.

John Rawls stellt seinen Lehrmeister auf den Kopf und dreht die Verhältnisse um: aus dem »System der natürlichen Freiheit« wird das einer »demokratischen Gleichheit« (1979, 86).

Von vorne angefangen. Auch Rawls stellt jene erzliberale (Eingangs-)Frage nach den prinzipiellen Vorzügen staatlich verfaßter Zustände – verglichen mit »natürlichen« (völlig ungeregelten) Verhältnissen, wie man sie zumindest imaginieren kann. Für Kant liegt, wie wir gesehen haben, die ausschlaggebende Differenz, erstens, in der rechtlich abgesicherten Freiheit des Eigentums; und, zweitens, darin, daß den Fähigen passende Laufbahnen offenstehen. Rawls fügt diesen (»sachlichen«) Gerechtigkeitsbedingungen eine dritte, *soziale* hinzu: Ungleichheiten sind so zu *gestalten*, »daß sie zu jedermanns Vorteil dienen« (Rawls 1979, 81).

Aus Kants Sicht gibt es an Ungleichheiten (im Rahmen der Gleichberechtigung) gar nichts zu »gestalten«. Für Rawls schon – weil er der Ansicht ist, Gerechtigkeit vertrage sich nicht mit einem »System der natürlichen Freiheit«, das den gesellschaftlichen Status quo schon dann absolviert, wenn *natürliche* Kräfte *frei* und friedlich walten dürfen. Sicher, auch Rawls hält eine Karriere-Liberalität für unabdingbar: sie »drückt die Überzeugung aus, wenn einige Positionen nicht in einer für alle fairen Weise offen seien, dann könnten sich die Ausgeschlossenen mit Recht ungerecht behandelt fühlen, auch wenn sie Vorteile von den größeren Anstrengungen derer haben, die die Positionen besetzen dürfen« (Rawls 1979, 105).

Soll heißen: Sonderrechte in der Produktionssphäre sind illegitim, unabhängig davon, welche Verteilungsvorteile den Ausgeschlossenen daraus entstehen. Allerdings kennt Rawls neben rechtlichen Privilegien (Kants Ärgernis) auch *natürliche* – eben jene teils genetisch bedingte, teils gesellschaftlich vermittelte Grundausstattung, die einigen im Wettrennen um Positionen und Gratifikationen uneinholbare Startvorteile verschafft: mehr Kraft, mehr Intelligenz, mehr Bildung, mehr Geld, mehr Beziehungen etc. Deren sachliche Selektionseffekte – *innerhalb* des offenen Karrieresystems – *sollen*, geht es nach Rawls, durch eine soziale Umverteilung des Produkts kompensiert werden: Dagegen könnte man zwar »einwenden, die besser Gestellten verdienten die größeren Vorteile [...]. Nun ist es durchaus richtig, daß in einem gerechten System öffentlicher Regeln mit den von ihm geschaffenen Erwartungen diejenigen, die in der Absicht, ihre Verhältnisse zu verbessern, etwas getan haben, was das System zu belohnen versprochen hat, einen Anspruch darauf haben, daß ihre Erwartungen erfüllt werden.« Doch dem steht entgegen: »Man hat seinen Platz in der Verteilung der natürlichen Gaben ebensowenig verdient wie seine Ausgangsposition in der Gesellschaft. Ob man den überlegenen Charakter, der die Initiative zur Ausbildung mit sich bringt, als Verdienst betrachten kann, ist ebenfalls fraglich; denn ein solcher Charakter hängt in erheblichem Maße von glücklichen familiären und gesellschaftlichen Bedingungen in der Kindheit ab, die man sich nicht als Verdienst anrechnen kann« (Rawls 1979, 124f.).

Zusammengefaßt: Verteilungsgerechtigkeit herrscht, wenn alle bekommen, was sie *verdienen*. Bei Kant heißt das: was ihnen Klugheit, Fleiß und Zufall (»Glück«) einbringen. Rawls modifiziert: Zufall ist kein Verdienst – noch sind es Klugheit oder Fleiß, weil sie vom Zufall abhängen. Mithin hat, wer mehr »verdient« als andere, darauf nur insoweit Anspruch, als andere davon auch etwas haben. *Darum* sind »soziale und wirtschaftliche Ungleichheiten so zu gestalten«, daß »sie zu jedermanns Vorteil dienen« (Rawls 1979, 81). Jedenfalls, behauptet Rawls, ist das eine *vernünftige*, modern: »sozialverträgliche« Lösung des Fairneßproblems; unvoreingenommene Leute müßten sich darauf einigen können.

Rawls' Vernunftbegriff kommt passenderweise im lockeren Gewande eines »Überlegungsgleichgewichts« (1979, 38) daher, deutlich abgehoben von Kants strenggeschnittener Rechtsidee. Sozial aufgeweicht gerät er noch weiter in den Sog des Sozialen, sobald klar wird, wie »unfair« Lebenschancen verteilt sein können, obwohl sie den Fairneßkriterien genügen. Rein liberale Hirne mögen für derartige Details kein Gefühl entwickeln, sozial-liberale tun es aber. »Psychologische Neigungen« sind ihnen keineswegs fremd – und »irgendwie muß man sie berücksichtigen« (Rawls 1979, 575).

Das ist *eine* Neuerung: Der Sozialstaat wird nicht mehr »systemisch« begründet (Ausfluß arbeitsteiliger Vergesellschaftung), sondern »subjektiv« und in dieser Hinsicht konsequent liberal. Er dient dann auch als sanftes Ruhekissen für Leute, denen das sozial-liberale Klima verwehrt, ihr Gewissen durch Almosen zu beruhigen (was umgekehrt erklärt, warum gerade die Renaissance der Spende härtere Zeiten ankündigt).

Die andere Neuerung besteht darin, daß der *Neid*, dieses vielgescholtene Gefühl, unversehens Relevanz und Respekt gewinnt. Wo immer er auftritt, drohen *human relations* auseinanderzubrechen: »Die [...] zulässigen Ungleichheiten könnten so groß sein, daß Neid in einem gesellschaftlich gefährlichen Ausmaße entsteht« (Rawls 1979, 176). Es ist also nicht nur jene mitleidende Empfindlichkeit reicher Leute, die den Wohlfahrtsstaat *soziologisch* begründet, sondern auch der verständliche »Sozialneid« ihrer ärmeren, *nicht unbedingt armen* Nachbarn (denn in einer *affluent society* ist arm, wer weniger hat als andere).

Kant handelt das Neidgefühl ebenfalls ab. Er zeigt sich ihm gegenüber konsequent ungnädig und schlägt es kurzerhand der »abscheulichen Familie« des Menschenhasses zu (1989, 596). Ein sozial sensitives »Überlegungsgleichgewicht« wird selbstredend freundlichere Positionen beziehen – Rawls räumt den Neidhammeln sogar ein moralisches Recht auf ihr Ressentiment ein, wenn die Einkommensschere zu weit auseinandergeht: »Jemand kann, gemessen an den objektiven Grundgütern, so schlecht gestellt sein, daß seine Selbstachtung verletzt wird; dann kann man Verständnis dafür haben, daß er sich zu kurz gekommen fühlt. Man kann es geradezu moralisch übelnehmen, daß man neidisch gemacht wird« (Rawls 1979, 179).

Wie das Problem ist auch die Lösung soziologisch begründet. Zwei Faktoren sorgen, glaubt man Rawls, für eine Entschärfung des Konflikts. Erstens geht niemand »davon aus, wer besser davongekommen sei, habe es moralisch verdient. Glück nach Maßgabe der Tugend wird als Verteilungsgrundsatz abgelehnt«, ebenso »der Grundsatz der Perfektion«. Darum »haben die weniger Begünstigten keinen Grund, sich als minderwertig zu betrachten« (Rawls 1979, 581). Hier wird, im Gegensatz zum produktivistischen Vorurteil, das Armut mit Faulheit fast identifiziert hat, der ökonomische Mangel nicht auf einen persönlichen Defekt zurückgeführt – was die Lage vermutlich entspannt: Rein menschlich begegnet man sich von gleich zu gleich.

Das zweite Argument profitiert davon, daß sich die moderne Gesellschaft immer weiter ausdifferenziert hat und als Ganze für den einzelnen kaum noch sichtbar wird – der daher seine Vergleichsmaßstäbe zunehmend vor Ort, also einem sozial homogenen, damit undramatischen Milieu, findet: »Die Gesellschaft«, konstatiert Rawls, »ist nun in so viele Gruppen aufgeteilt, zwischen denen nicht verglichen wird, daß die Unterschiede keine solche Aufmerksamkeit finden, daß das Leben der weniger Begünstigten aus den Fugen geraten würde« (1979, 182).

Das mag so sein. Wie auch immer – jener Einwand jedenfalls, der John Rawls am meisten zu schaffen gemacht hat, ist nach all dem etwas weniger plausibel geworden: daß *justice as fairness* über die Köpfe hinweg konstruiert und ins wirkliche Leben ungenügend »eingebettet« sei (vgl. Rawls 1998, Sandel 1987). Mit viel mehr Sozialität verträgt sich Liberalität vermutlich gar nicht.

5.4 »Soziale Kosten«

Kants Formel der *ungeselligen Geselligkeit* des Menschen scheint eine »Äquidistanz« zu suggerieren: Wir Modernen sind von jedem Pol – hier das Ich, dort die anderen – gleich weit entfernt und müssen daher jene »mittige« Balance finden, die beiden Seiten in gleicher Weise Rechnung trägt – was auch den liberalen Common sense träfe, der weder »Selbstversessenheit« noch »Selbstvergessenheit« schätzt.

Andererseits zieht sich durch den Gleichgewichtsdiskurs wie ein roter Faden das Lamento, daß es mit der Symmetrie nicht weit her sei, denn: Ich denke an mich ganz selbstverständlich, während es zur Rücksicht auf meine Mitmenschen nur kommt, wenn gesonderte Anstrengungen unternommen werden; sonst gewinnt unsere Ungeselligkeit die Oberhand. Adam Smith hat diese Erfahrung hinreichend drastisch formuliert: »Mag auch unser eigener Bruder auf der Folterbank liegen – solange wir selbst uns wohl befinden, werden uns unsere Sinne niemals sagen, was er leidet« (Smith 1985, 2).

Im Kern ist diese Asymmetrie unausrottbar, ihre Spitzen können aber kupiert und ihre Folgen eingeschränkt werden. Komplizierte Kalküle (wie das langfristige Interesse), höhere Einsichten (wie das bessere Wissen) oder repressive Kontrollen (wie das schlechte Gewissen) greifen ein, um den Schwerpunkt des Denkens zu verschieben: von, in Rousseaus Begriffen, der bornierten *amour-propre* (Selbstsucht) zur verträglichen *amour-de-soi* (Selbstsorge), von schlechter »Willkür« zum »freien Willen« (Hegel) oder was dergleichen Dichotomien sonst noch ausgedacht worden sind, um zu beschreiben, wie das Subjekt zur Räson kommt.

Der asozialen Asymmetrie hat Hobbes den radikalsten Ausdruck verliehen: Dort erscheint sie, falls naturbelassen, als *bellum omnium contra omnes*, ein Krieg aller gegen alle. Zwar hat sich zwischenzeitlich ja herausgestellt, daß traditionelle Interpretationen, die ausschließlich auf genetische Aggressionsneigungen abstellen, den komplexen Sachverhalt verkürzen, weil, im Zusammenhang mit riskanten Lagen (ohne Staat), andere Natureigenschaften, wie Angst oder Mißtrauen, zur menschlichen Unleidlichkeit wesentlich beitragen (Blits 1989). Auch lassen sich Gründe dafür angeben, daß Militanz dem Menschen von den Verhältnissen als rationale Strategie nachgerade aufgedrängt wird: Da niemand die Rücksicht anderer fest einplanen kann und Illusionen teuer zu stehen kommen, ja wahrscheinlich mit dem Leben bezahlt werden müssen, rechnen sich Erstschläge immer – was dann eben, weil alle so agieren, permanente Querelen und deprimierende Zustände produziert (Nida-Rümelin 1996). Aber: Hobbes' Mensch ist weder bloße Mimose noch reiner Stratege, und ganz kann der Revisionismus den »Wolf« (*homo homini lupus*) denn doch nicht vergessen machen. Immerhin sind uns so vitale Qualitäten wie Selbstvertrauen, Habsucht, Ehrgeiz, Tapferkeit, Haß, Zorn, Wollust, Genußsucht in die Wiege gelegt worden (Hobbes 1984, 42f.).

Pressionen oder Attraktionen – strenge Zucht, schlechtes Gewissen, guter Ruf – mögen den Triebhaushalt zivilisieren, doch geht die liberale »Verhaustierung« (Arnold Gehlen) nie weiter (noch soll sie es gewöhnlich) als bis zum »realistischen« Standard des Neben- und Voneinanderlebens: »Die Gesellschaft«, so fomuliert Adam Smith dieses Minimum, »kann zwischen einer Anzahl von Menschen – wie eine Gesellschaft unter mehreren Kaufleuten – auch aus einem Gefühl ihrer Nützlichkeit heraus, ohne gegenseitige Liebe und Zuneigung bestehen bleiben; und mag auch kein Mensch in dieser Gesellschaft einem anderen verpflichtet oder in Dankbarkeit verbunden sein, so kann die Gesellschaft doch noch durch eine Art kaufmännischen Austausches guter Dienste, die gleichsam nach einer vereinbarten Wertbestimmung geschätzt werden, aufrechterhalten werden« (Smith 1985, 127f.).

Liberale »Mustermänner« *begegnen* einander kostenrechnend, anstatt sich »freudetrunken« zu *verbrüdern* (Schillers Traum). Und sie wollen ihren Kopf durchsetzen – man erinnere sich an Hegels elementaren »Kampf um Anerkennung«, der unter Zivilisierten zwar nicht in den Tod führt, wohl aber vor Gericht, mithin als Kampf ums *Recht* seine kultivierte Fortsetzung erfährt: *ius controversum*, das »streitige Recht« (Kant 1989, 430). Besonders deutlich wird diese Kontinuität der Zustände bei John Locke:

»Das Fehlen eines mit Autorität ausgestatteten gemeinsamen Richters versetzt alle Menschen in den Naturzustand; Gewalt ohne Recht, gegen jemandes Person gerichtet, erzeugt den Kriegszustand, ganz gleich ob es einen gemeinsamen Richter gibt oder nicht. [...] Sobald aber die unmittelbare Gewaltanwendung vorüber ist, hat der Kriegszustand unter denen, die in der Gesellschaft leben, ein Ende, und beide Seiten sind gleichermaßen dem gerechten Entscheid der Gesetze unterworfen, denn es steht einem dann offen, zur Sühnung des erlittenen Unrechts und um zukünftigem Schaden vorzubeugen, als Heilmittel das Gesetz anzurufen« (Locke 1988, 17).

Menschen kommen sich ins Gehege, mit und ohne Paragraphen, mit und ohne Richter. Sobald aber Gesetze existieren und Urteile gesprochen werden, ist es vorbei damit, daß wir das Recht in unsere eigene Hand nehmen. Aber nichtsdestoweniger bleiben Konflikte – Menschen streiten weiter, kontroverse Fälle mögen abnehmen oder auch nicht, Frieden existiert nur als Befriedung, statt Gemeinschaftsgeist dominiert Gesellschaftsrecht – von einer Harmonie der »Außengeleiteten« keine Spur.

Daran hatte sich auch noch nichts geändert, als der Ökonom Ronald H. Coase zu der Zeit, da Whyte, Riesman und Rawls ihre Themen entdeckt haben, seinem Phänomen auf die Spur gekommen ist: den *sozialen Kosten*.

Das Material sind passenderweise Rechtsstreitigkeiten, darunter der folgende Fall aus den Jahren 1878/79: An zwei benachbarten Häusern war seit dreißig oder vierzig Jahren nichts verändert worden. 1876 wurde eines niedergerissen und wieder aufgebaut, freilich deutlich höher; schlimmer noch, der Eigentümer beschloß, auf seinem Dach Holz zu stapeln. Für den Nachbarn waren die Folgen sehr bedauerlich: Bis dahin konnte er in allen Zimmern seines Hauses problemlos Feuer machen, jetzt trieb es ihm den Rauch ins Haus zurück, weil die Zirkulation der Außenluft massiv eingeschränkt war. Er klagte, gewann zunächst und verlor am Ende. Das Gericht führte in seiner Begründung dazu aus, ein Schaden sei

»zweifellos entstanden, doch ihn hat nicht der Beklagte verursacht. Sein Haus und sein Holz sind offenkundig harmlos. Der Schaden stammt vom Kläger, der ein Feuer an Plätzen anzündet, deren Abzug so nahe an der Hauswand des Beklagten liegt, daß der Rauch nicht entweichen kann und ins Haus zurückgelenkt wird. Würde der Kläger kein Feuer mehr machen oder den Kamin verlegen bzw. verlängern, entstünde kein Schaden. Es steht außer Zweifel, daß er das getan hätte, hätte er sein Haus gebaut, nachdem der Beklagte auf seinem Holz zu stapeln begann. Daß er es früher gebaut hat, ändert an diesem Sachverhalt nichts. Oder mit anderen Worten: Wenn der Beklagte hier den Schaden verursacht, dann hat er ein Recht dazu. Falls das Recht des Klägers auf freie Luftzirkulation nur insoweit besteht, als der Beklagte seinerseits ein Recht darauf hat, sein Haus auszubauen oder auf dessen Dach Holz zu lagern, dann gilt es nachrangig. Und obwohl der Beklagte durch seine Rechtsausübung einen Schaden verursacht, ist er dafür nicht haftbar zu machen« (Coase 1960, 12).

Aus dem Urteil spricht eine »konfliktorische« Logik. *Entweder* diese *oder* jene Seite hat recht, Kompromisse sind nicht vorgesehen: »ein bißchen recht haben« geht genausowenig wie »ein bißchen schwanger sein« (um den abgedroschenen Vergleich wieder einmal zu bemühen).

Mit der schnittigen Legalität konfrontiert Coase die komplexe Kausalität – was den Blick symmetrisiert und die Fronten aufweicht: »Wer hat den Rauchschaden verursacht? Die Antwort ist eigentlich klar: *Beide* haben ihn verursacht, der eine, weil er die Wand gebaut, der andere, weil der das Feuer angezündet hat. Ohne Wand hätte das Feuer keinen Schaden anrichten können, und dasselbe gilt für die Wand – ohne Feuer wäre kein Rauchschaden entstanden« (Coase 1960, 13).

Daraus folgt, wenn man das Verursacherprinzip in ein *Kosten-Nutzen*-Kalkül übersetzt:

»*Beide* waren verantwortlich und *beide* hätten gezwungen werden müssen, den Verlust an Lebensqualität als Kostenfaktor in ihre Verhaltensentscheidungen miteinzubeziehen. Gäbe es die Möglichkeit, die Sache als Gütertausch zu organisieren, würden die Dinge tatsächlich so laufen. Den Mann, der die Wand errichtet hat, hätte man zwar rechtlich nicht zur Verantwortung ziehen können, aber da sein Opponent vermutlich willens wäre, ihm für die Lösung des Rauchproblems eine angemessene Geldsumme zu bezahlen, entstehen für ihn Kosten (in Form der entgangenen Zahlung), wenn er die Wand nicht abändert und auf dem Dach weiterhin Holz lagert« (Coase 1960, 13).

Geld, hat Marx einmal gesagt, sei der *große Leveller*, eine Größe also, die alles gleichmacht. Das Urteil trifft auch hier ins Schwarze: Recht spitzt Konflikte zu, Geld weicht sie auf; jenes ist »asozial«, dieses »sozial«.

Die Geschichte der Transformation, wie Coase sie erzählt, verkündet ebendiese Botschaft: »Diskutiert man das Problem in den Begriffen von Ursache und Wirkung, dann ist es so, daß beide Parteien den Schaden verursachen. Wenn wir dann eine optimale Allokation der Ressourcen erzielen wollen, ist es deswegen wünschenswert, daß beide Parteien die schädlichen Folgen ihrer Entscheidungen mit ins Kalkül ziehen.« Dafür zu sorgen »gehört zu den Reizen eines reibungslos operierenden Preissystems« (Coase 1960, 13).

Ist von Kausalität und Kalkül die Rede, denkt man im allgemeinen nicht an eine soziale Komponente, im Gegenteil: Empirie ist nüchtern, Ökonomie gefühllos, beide »wertfrei« – Sachverhalte sind so, wie sie sind, Investitionen rechnen sich oder nicht, Rücksichten bleiben außen vor und Gefühle sind unerwünscht. Dennoch, in ihrem Gefolge wird ein neues Ideal entdeckt: *smoothly operating*, »gut geölte« Beziehungen, realisiert durch »Verpreisung«, den neuen Sozialmechanismus, der die »Verrechtlichung« so weit verfeinert, daß aus sturen Konfliktparteien smarte Geschäftspartner werden.

Anders gesagt: Rechte sind im Kern eine private Angelegenheit (»Privatrecht«), Handlungen meist »ein sozialer Akt« (Mill 1974, 130) *mit Auswirkungen für andere* (»soziale Kosten«). Daran können sich Interessenkonflikte entzünden, deren Monetarisierung die oppositionellen Standpunkte dekonstruiert und dadurch sozialisiert. Es steht nicht mehr eine zu hohe Hauswand unverrückbar-unversöhnlich gegen einen zu niedrigen Kamin, sondern: A ist bereit, für *seine* fortdauernde Lebensqualität einen Preis zu entrichten, der B dazu bringen könnte, auf eine Verbesserung *seiner* Lebensumstände zu verzichten. So entsteht listig »das Soziale«: *Weil* beide am Ende besser dastehen, als wenn sie sich vor Gericht wiedersehen würden, akzeptiert A B's Interesse (und Recht), während B eine Verpflichtung spürt, auf A's Befinden Rücksicht zu nehmen. Hätte das erstinstanzliche Urteil Bestand gehabt, würden sich die Überlegungen einfach spiegelbildlich verkehren.

Unwissentlich wandelt die »Sozialisierung« der Kosten ein Argument ab, das aus den Anfangszeiten des Sozialen bekannt ist: Damals wurde ja (von Durkheim, Bourgeois und ihresgleichen) im Namen der *Funktionsgemeinschaft* generalisierte *Solidarität* gefordert; Coase führt die *Schadensgemeinschaft* ein, um unter ihren Auspizien generalisierte *Flexibilität* zu verlangen: Rechte werden nicht rücksichtslos (innen-geleitet) verfolgt, sondern sozialverträglich (außen-geleitet) verkauft – *doux commerce*, sanfter Handel, ist das früher genannt worden, als noch Kampf oder Krieg abzuwenden waren (Hirschman 1980, 65ff.).

Freilich ist die Entdeckung der sozialen Kosten mehr als eine Erinnerung an verschüttete Einsichten. Jene Sanftheit, von der Montesquieu und mit oder vor ihm andere geschwärmt haben, ruft »in den Menschen ein gewisses Gefühl für peinlichste Gerechtigkeit wach. Es steht einerseits im Gegensatz zum Räuberwesen, andererseits zu jenen moralischen« – man könnte auch sagen: sozialen – »Tugenden, auf Grund deren man nicht ständig seine Interessen hartnäckig verficht« (Montesquieu 1965, 320).

Als »sanft« gelten damals »nüchterne« (Montesquieu) oder rechtschaffene Menschen, die nichts anderes wollen als das, was ihnen zusteht; doch darauf insistieren sie bedingungslos – Gerechtigkeit als »peinlichstes« *Recht*.

Noch nicht: als rücksichtsvolle *Fairneß*, unter deren Regime die »soziale« Kostenrechnung innerhalb eines einzelnen Hirns stattfindet, dem nun einleuchtet, daß seine Pläne besser mit anderer Leute Befindlichkeiten abgeglichen werden. Übrigens nicht, weil es besonders karitativ veranlagt und deswegen darauf programmiert wäre, sich »fair« zu geben. Es geht um optimale Beweglichkeit, einen Als-ob-Altruismus, der den Rechtstitel für ein Linsengericht *abkauft*.

5.5 Die »Herzen der Männer«

In eine verwaltete Gesellschaft der »Großunternehmen, Verbandsbürokratien und Staatsapparate« (Lasch 1979, 91) hätte so etwas wie ein »ewiger Frieden« des fairen Ausgleichs und netten Klimas einkehren können. Sie wäre bevölkert worden von verträglichen Menschen, speziell Männern (die diese Organisationen fast ausschließlich besetzt hielten), deren hauptsächlicher Lebenszweck darin bestanden hätte, *konform* zu sein, einzutauchen in eine »Orgie unerschöpflicher *Nettigkeit*« (Ehrenreich 1984, 44), angereichert mit hübschen Accessoires der heilen Welt: »Laßt uns ganz niedliche, kleine, gewundene Straßen und süße kleine Häuser in Weiß und Rosa und Babyblau bauen; laßt uns alle gute Konsumenten sein mit ganz viel Zusammengehörigkeitsgefühl, laßt unsere Kinder in einem Meer von Sentimentalität aufwachsen – Vati ist ein großartiger Mann, weil er das Geld verdient, Mutti ist eine großartige Frau, weil sie über all diese Jahre zu Vati gehalten hat.«

Diese – freilich sarkastische – Feier der (spät-)liberalen Lebensart (Yates 1961, 65f.) gilt einer veränderten Existenzform, deren Neuartigkeit sich am kürzesten vielleicht so zusammenfassen läßt: Brüderlichkeit, das bekanntlich bis dato »vergessene Ideal« (Krüger 1971), tritt aus dem Schatten ihrer Komplementärwerte Freiheit und Gleichheit, ja verschlingt sie geradezu.

Der ursprüngliche Freiheitsgedanke, den schon die expansionistische Gleichheitsidee merklich ausgehöhlt hatte, lief jetzt Gefahr, von einem konformistischen Fraternisierungstrend vollends aufgefressen zu werden. »Seid nett zueinander« wird das Motto von Menschen, denen es dämmert, »daß ›Konformität‹ nicht notwendig Dumpfheit und gedankenloses Mitläufertum bedeuten müsse; daß vielmehr eines Menschen Kampf darum, seine Freiheit *durch* Unterwerfung unter die Gegebenheiten zu verwirklichen, etwas sehr Schönes und Bedeutungsvolles darstelle« (Podhoretz 1964, 109).

Freiheit als Einsicht nicht in die *Notwendigkeit* (einer höheren Vernunft) – das wäre die Härte »alten« (und deutschen) Idealismus gewesen –, sondern: in die *Gegebenheit*, den banalen Status quo der organisierten Gesellschaft, so wie er sich eben ergeben hat.

Wo aber kein transzendentaler Zwang existiert, muß es auch keine kategorische Unterwerfung geben. Jedem, der mit dieser organisierten *niceness* nicht zurechtkommen würde, stünde frei, dagegen zu rebellieren. Bewußte Männer, amerikanische zumal, nahmen sich diese Freiheit heraus. *Be savage again. Go hungry and cold like the wolf* hatte man ihnen mehr als einmal ins Stammbuch geschrieben (Rotundo 1993, 229), und was immer davon das Unterbewußtsein gespeichert hatte – die babyblaue Schönheit der Konformität überstieg ihre Leidensfähigkeit und war für sie Kastration (Ehrenreich 1984, 37ff., 41).

Andererseits mußte man auf der Hut sein. Wer den »Wolf« spielen oder »Wilden« mimen wollte, lief Gefahr, von »signifikanten Anderen« (Freunden, Nachbarn etc.) als unreifer Versager und eskapistischer Drückeberger eingestuft zu werden. Diese Paradoxie des Schicksals erschien den Möchtegernrebellen unerträglich: daß sie mit dem (Wieder-)Gewinn der *natür-*

lichen Männlichkeit ihre *gesellschaftliche* verlieren würden. Dementsprechend moderat, sprich: »innerlich« fiel das revolutionäre Projekt meistens aus.

Eine Art Revolte sollte etwa schon dort vorliegen, wo Männer nach »höherer Konformität« (Ehrenreich) strebten. Diesen Kompromiß favorisiert, auf seiner Suche nach Auswegen aus der Außenleitung, auch David Riesman, jedenfalls fürs erste: »Die ›Autonomen‹« sind in dieser Wahrnehmung »jene, die im großen und ganzen gesehen fähig sind, sich entsprechend den Verhaltensnormen ihrer Gesellschaft zu benehmen«, die »aber zwischen Konformität und Nonkonformität frei entscheiden können« (Riesman 1958, 254). Der autonome Mann, anders und zynischer gesagt, »weiß, daß er als Mann zerstört ist, aber wenigstens weiß er es« (Ehrenreich 1984, 40). So arrangieren sich ironische Rebellen, wie sie bei Yates beschrieben sind, mit ihrer feminisierten Existenz.

Damit ist, wie Barbara Ehrenreich demonstriert hat, das liberale Ausdrucksspektrum der gespaltenen Männerherzen noch lange nicht ausgeschöpft (und in anderen Regimen dürfen weitere, auch weniger harmlose Varianten vermutet werden). Den Dissidenten im grauen Flanell hat der typische *Playboy*-Leser abgelöst, dieser wich dem Beat- und Beatniktyp; folgende Generationen bezogen wesentliche Teile ihres Selbstbilds aus Medizin (»Streß«) und Psychologie (»Wachstum«). Offenkundig geht es dabei immer um Identitätsprobleme einer spezifischen Männer*schicht*, doch die eingeschränkte Repräsentativität ist ein Handikap (oder besser: Privileg) des liberalen Diskurses von Anfang an, der sich nie um alle, nicht einmal alle Männer geschert hat – man denke nur an John Lockes »jungen Gentleman«.

Freilich spricht gerade die Vielfalt einander ablösender, also labiler Stile dafür, daß das männliche Leben im verwalteten Liberalismus nicht »gesund« ist – oder vorsichtiger gesagt: mit seinem Image nicht ins reine kommt. Daher war es nur eine Frage der Zeit, bis epochale *Krankheitsbilder*, Verfallsdiagnosen, die Runde machen würden. Auf besonders große Resonanz ist das folgenreiche Vordringen des Narzißmus gestoßen.

Narziß, so geht bekanntlich die Sage, sieht im Wasser sein eigenes Spiegelbild, ist davon so fasziniert, daß er das andere des Wassers vergißt und selbstverliebt in ihm ertrinkt. Die Rede ist also von der Gefahr, daß ein Mensch seine Umwelt nur noch als gespiegeltes Ich wahrnimmt – um sie am Ende allein danach zu messen, wie weit sie ihm gerecht wird (vgl. Kohut 1976). Was freilich, genau besehen, nie richtig funktioniert, so daß gleichzeitig ein Wirklichkeits- und Zufriedenheitsverlust entsteht.

Schlimmer noch, beide Defizite gehen eine destruktive Verbindung ein, die Richard Sennett als »Tyrannei der Intimität« beschreibt und mit den mentalen Verwüstungen vergleicht, die unter anderen Umständen von der Hysterie angerichtet worden sind:

»So wie die Hysterie innerhalb der gesellschaftlichen Beziehungen von einer Kultur mobilisiert wurde, die in einer Krise von Öffentlichkeit und Privatsphäre befangen war, so wird heute der Narzißmus innerhalb der gesellschaftlichen Beziehungen von einer Kultur mobilisiert, der das Vertrauen in die Bedeutung der Öffentlichkeit abhanden gekommen ist und die von der Intimität als dem Maßstab für die Bedeutsamkeit der Realität beherrscht wird.« Und weiter: »Das Resultat dieser narzißtischen Realitätsdeutung ist eine Verkümmerung der expressiven Fähigkeiten bei den Erwachsenen. Sie können mit der Wirklichkeit nicht spielen, weil diese Wirklichkeit für sie nur insofern von Belang ist, als sie intime Bedürfnisse widerzuspiegeln verspricht« (Sennett 1986, 410).

Der öffentliche Raum verwandelt sich so in ein weites Feld authentischer Gefühle, jeder-mann nimmt sich das Recht heraus, seine Gestimmtheit nicht nur zu äußern, sondern als Maß aller Dinge einzusetzen. Verhältnisse werden nicht mehr *handelnd* gestaltet oder gar verändert, sondern gefühlig überfrachtet. In diesem Sinne radikalisiert die narzißtische Intimisierung jenen Entmaterialisierungstrend, der mit dem *human relations*-Stil ins verwaltete Leben Einzug gehalten hat. Gesellschaftliche Anforderungen und individuelle Neigungen greifen dabei nahtlos ineinander.

Das öffentliche (berufliche, politische) Leben wird dadurch privatisiert, ja personalisiert – eine Grenze fällt, die für den Liberalismus und seinen Freiheitsgedanken konstitutiv ist. Was nicht allein das dogmatische Gefüge erschüttert, sondern sich auch zum pragmatischen Dilemma auswächst – die allumfassend und allgegenwärtig veräußerte Innerlichkeit zerstört tyrannisch gesellschaftliches Leben:

»Wenn der Wunsch, sich anderen mitzuteilen, tief empfunden wird und somit als Realität erscheint, muß es an diesen anderen liegen, wenn sie« – weil sich reine Gefühle nie ergründen lassen – »nicht darauf eingehen können. So wird das Individuum in seiner Überzeugung, die eigenen Gefühlsregungen seien die einzige verläßliche Realität, noch bestärkt. Herauszufinden, was man empfindet, wird zur Suche nach dem eigenen Selbst; dabei läßt sich das Problem, wie man diese Suche anderen verständlich machen kann, beinahe vernachlässigen. Schon indem man ihnen sagt, daß man auf der Suche ist, müßten sie im Grunde alles verstehen« (Sennett 1986, 422f.).

Damit haben sich die Verhältnisse des liberalen Anfangs auf *paradoxe* Weise umgekehrt. Damals bestand das große Problem darin, in den einzelnen hineinzuschauen, um sein Handeln verstehen und vorhersagen zu können. Jetzt macht niemand mehr aus seinem Innenleben ein Geheimnis, doch diese Offenbarung belastet eher, weil niemand mehr richtig handelt, sondern alle eben nur bekennen. (Vermutlich muß man an die strapaziöse Intimität idealer Wohngemeinschaften denken, um zu erfassen, welche Erfahrungswelt solche Ängste speist.)

Aus dieser Sackgasse, so schien es jedenfalls, würden sich die »Herzen der Männer« aus eigener Kraft nicht mehr hinausmanövrieren können. Im frühen Stadium der Krise hatte David Riesman bereits darauf hingewiesen, wie schlecht die Chancen stehen, »Verschlüsse« solcher Art von innen heraus wieder aufzubrechen:

»Ist es vorstellbar, daß diese wirtschaftlich so begünstigten Amerikaner eines Tages aufwachen werden, um zu erkennen, daß sie ›überkonform‹ sind? Daß sie aufwachen, um die Entdeckung zu machen, daß eine Fülle von ritualisierten Verhaltensweisen nicht das Ergebnis eines unausweichlichen sozialen Imperativs, sondern einer Vorstellung von einer Gesellschaft sind, die zwar falsch ist, aber trotzdem bestimmte ›sekundäre Zielsetzungen‹ für jene liefert, die an sie glauben? Da die Charakterstruktur von besonderer und sogar noch größerer Zähigkeit als die Gesellschaftsstruktur ist, erscheint ein solches Erwachen außerordentlich unwahrscheinlich« (Riesman 1958, 318).

Bestenfalls als positive Utopie, so wollte es ihm vorkommen, konnte man sich alternative Menschen (und »richtige«, nämlich innen-geleitete Männer) noch vorstellen. Was hätte sich daran im Stadium der narzißtischen Überspitzung des Konformismus wesentlich ändern sollen?

Die *äußeren Umstände.* Man wurde Zeuge des Niedergangs der »Überflußgesellschaft« (Galbraith 1972). Jene »wirtschaftliche Begünstigung« geriet, kaum daß sich ihre Nutznießer an sie gewöhnt hatten, unter massiven Druck, so sehr, daß man in den siebziger Jahren eine »zweite Weltwirtschaftskrise« heraufziehen sah und Zeitgenossen wie Christopher Lasch den narzißtischen Kult bereits als krisengezeichneten Aggregatzustand des »amerikanischen Lebens im Zeitalter sinkender Erwartungen« einstufen konnten. Laschs Diagnose mündete daher keineswegs in das Bild einer Gesellschaft der sentimentalen Diffusion und authentischen Redseligkeit:

»In den fünfziger Jahren«, rekapituliert er, »zeichneten sich Überfluß, Freizeit und ›Lebensqualität‹ als die großen Themen ab. Es sah so aus, als ob der Wohlfahrtsstaat mit der Armut und den großen Einkommensunterschieden auch die dazugehörigen Konflikte eliminiert hätte.« Was sich in den siebziger Jahren augenscheinlich geändert hat: Leistung zählt jetzt, und »unter dieser Leistungsorientierung liegt eine tiefere Bereitschaft, um des eigenen Vorteils willen die Gefühle anderer zu manipulieren. Der Versuch, durch Manipulation von Gefühlen Wettbewerbsvorteile zu erzielen, durchwirkt nicht nur persönliche ebenso wie Arbeitsbeziehungen. Deswegen kann man Sozialverträglichkeit als Fortsetzung der Arbeit mit anderen Mitteln bezeichnen« (Lasch 1979a, 126).

Zwar bringt diese »kompetitive« Verschärfung noch keine Rückkehr der verdrängten Männlichkeit – ihre Renaissance ist im Rahmen eines *Gefühls*managements »natürlich« ausgeschlossen (Gilligan 1985). Doch das Stadium maskuliner Sentimentalität ist verlassen, und als das *age of diminishing expectations* drängt sich nicht von ungefähr die Prostituierte auf. Von ihr wußte schon Mandeville, daß sie Frau und doch anders ist: Der »trostlosen Aussicht« auf gewerbsmäßige Unzucht habe noch kein »ehrbares Mädchen« je seine Unschuld geopfert (2001, 86). Laschs Charakterskizze macht deutlich, daß der »Hure« starkes, »männliches« Verhalten angelastet wird:

»Sie verkauft sich selbst, um zu überleben, doch ihre Verführungskraft steht kaum für den Wunsch, einfach geliebt zu werden. Sie sehnt sich nach Bewunderung, aber verachtet jene, die sie ihr entgegenbringen, und zieht so wenig Befriedigung aus ihren sozialen Erfolgen. Sie will bei anderen Gefühle erzeugen, bleibt selbst aber gefühllos. Daß sie in einem Milieu persönlicher Beziehungen lebt, macht aus ihr keine Anpasserin oder eine *außen-geleitete* Figur. Sie bleibt eine Einzelgängerin, die von anderen nur in dem Sinne abhängt wie es für Habicht und Huhn gilt« (Lasch 1979a, 124f.).

Allerdings, eine wirkliche Chance, ihre Attraktivität zu testen, hat die Prostitutionsgesellschaft nie erhalten. Lasch übersieht, daß mit dem Ende des »Überflusses« der Wandel noch nicht abgeschlossen war. Erstaunlich reibungslos sollte das bürokratische Knappheits- und Anspruchsmanagement (»Neo-Keynesianismus«) einem psychoökonomischen Regime Platz machen, das ganz nach alter Väter Sitte geschneidert war: *freie Märkte für starke Männer* (»Neoliberalismus«).

Als Prophet dieser Ära hat sich – in Amerika und weit darüber hinaus – George Gilder profiliert: zunächst mit einer Psychologie der Männlichkeit, die den »sexuellen Selbstmord« des starken Geschlechts beklagt (s. Ehrenreich 1984, 182ff.), der einflußreiche Programmschriften zum rechten »Geist« des liberalen Kapitalismus gefolgt sind (Gilder 1981, 1984). Ein Kernstück der Gilder-Vision ist der Zusammenhang zwischen wirtschaftlichem Aufstieg, rastloser Arbeit und traditioneller Männlichkeit – was umgekehrt bedeutet, daß, wer den Chauvinismus mißachtet, auf Fortschritt nicht hoffen darf:

»Das Leben der Armen wird nur allzuoft von den Rhythmen der Anspannung und Erschlaffung markiert, welche für die Sexualität junger, unverheirateter Männer kennzeichnend ist. Da die weibliche Sexualität, so wie sie sich über die Jahrtausende entwickelt hat, darauf gerichtet ist, Kinder auszutragen und aufzuziehen, haben Frauen lange Horizonte im Körper und Funken der Ewigkeit in ihrem Schoß. Eine zivilisierte Gesellschaft kann nur dort existieren, wo die Spontansexualität des jungen Mannes dem langen Atem der Mütterlichkeit unterworfen wird. Das passiert in der monogamen Ehe. Vermittelt über den Schoß einer Frau diszipliniert der Mann seine Sexualität und richtet sie auf die Zukunft aus.«

Darum gilt: »So wie Arbeit das erste Prinzip ist, um Armut zu überwinden, ist die Ehe die wichtigste Quelle des Aufstiegs« (Gilder 1981, 190).

Gilder feiert keineswegs Sexualität *sans phrase* – die »Maske des Begehrens«, deren Schönheit ihn spürbar enthusiasmiert, glättet alles Zügellose, das Korsett weiblicher Obhut komprimiert überschießende Männlichkeit, unter dem Joch der Ehe mutieren wilde »Leidenschaften« zum zahmen »Interesse« am Sex. Dennoch ist dieser Geschlechterkampf keine einfache

Rückkehr zum alten Sexualverständnis, das zwar der fleischlichen Lust weniger konsequent abgeschworen hatte, als man im allgemeinen glaubt (Leites 1988, Morgan 1966), doch für den »wohlgeordneten« Sex ganz anders sorgen wollte. Wo jetzt *Zähmung* wirkt, stand früher die *Reinigung* – durch Vernunft, Gefühl (Liebe), Institution (Ehe), einzeln oder (wie bei Hegel 1986) zusammengenommen. Und statt wogender Kampfhandlungen wurden gleitende Läuterungsprozesse beschrieben.

Kurzum: Was *zivil* war, wird *vital*. Und »Vitalität« sollte sich zum Grundprinzip der allerneuesten Freiheit mausern.

6. Die Freiheit des Risikos

Daß eine freiheitliche »Revolution« stattgefunden und das liberale Denken aus seinen gewohnten Bahnen geworfen hat – daran gibt es eigentlich keinen vernünftigen Zweifel. Sicher, sie lief unter allen möglichen Etiketten: *Reagan Revolution*, *Thatcher Revolution* oder auch, weniger martialisch, *Wende in die Zukunft*, *Second Industrial Divide*, *Die neue Unübersichtlichkeit*, *Das neue Zeitalter der Unternehmer*, *Der gewendete Kapitalismus*, *Das neue Gesicht des Kapitalismus*, *Post-Fordismus*, *Postmoderne*, schließlich auch und besonders treffend: *Neoliberalismus*; doch all diese Namen stehen für dasselbe Gefühl: So wie bisher wird es nicht weitergehen. Aber warum nicht?

Hannah Arendt hat darauf hingewiesen, daß jene, die uns gewaltsam, sei es kriegerisch, sei es revolutionär, aus Routinen reißen, dafür zwei Gründe vorbringen: entweder Notwendigkeit oder Freiheit; und daß Revolutionen regelmäßig im Namen der Freiheit stattfinden (Arendt 1986, 9ff.). So war es auch dieses Mal – wer immer den neuen Kurs gegen das alte Muster durchsetzen *wollte*, nahm für sich nachgerade reflexhaft in Anspruch, *befreiend* zu wirken – dem »Selbst- und Freiheitsbewußtsein unserer Bürger« (Späth 1985, 45) würde ein längst überfälliger Gefallen getan.

Es *sollte* so nicht weitergehen – und *konnte* auch nicht, weil der Kapitalismus das fertigbrachte, was dem Kommunismus immer vorgeschwebt hatte: die Revolution in »allen Ländern«. Oder doch in vielen, die jetzt als Konkurrenten auftreten. Deshalb wird aus der Erneuerung eine dringliche Angelegenheit: »Wir haben noch Zeit, uns zu besinnen«, verkündete der Prophet dem eigenen Lande, »doch die Zeit läuft schnell: Bis zum nächsten Jahrhundert bleiben etwa dreitausend Arbeitstage; jeder einzelne davon ist wichtig« (Späth 1985, 137).

Also Freiheit *und* Notwendigkeit, (Kultur-)Revolution *und* (Wirtschafts-)Krieg – wobei zwischen beiden nicht der Druck, die »Gewalt«, vermittelt (Arendt 1986, 19), sondern ein Druck*ausgleich*: Freie Geister ziehen notwendige Schlüsse, notwendige Veränderungen befördern freie Entscheidungen.

Immer vorausgesetzt, es herrscht Einsicht im Lande. Daran

fehlen lassen es vor allem »große Organisationen« (Späth), eben jene Staats-, Partei-, Verbands-, Konzernapparate, die das gesellschaftliche Leben bis dahin *sozial* geordnet, *human* verwaltet, *bürokratisch* geregelt und dadurch vollends ausgelaugt (»neurotisiert«) oder total verknöchert (»sklerotisiert«) hatten – je nachdem, welche Phänomene derselben Krankheit dem ärztlichen Blick als erstes ins Visier gekommen sind.

Wer diese Revolution *wollte*, feierte im übrigen, was den Aktivisten und Sympathisanten des Status quo die stärksten Kopfschmerzen bereitet hat: den Einzug einer »neuen Unübersichtlichkeit«. Zuverlässige Prognosen seien künftig ausgeschlossen, beruhigende Visionen hatten offenbar keinen Gebrauchswert mehr, mit liebgewonnenen Routinen war es wohl endgültig vorbei, erkämpfte »Errungenschaften« würden zu beschwerlichen »Altlasten«, lineare Lebensläufe müßten erratischen Bastelexistenzen weichen.

Kurzum: Die Revolution bestand vor allem in einer großen *Umwertung* aller Werte und besonders des Grundwerts *Sicherheit* – er galt fortan nicht mehr als Ausbund von, sondern als *das Andere der Freiheit*. Ihre Wortführer erhoben den hegemonialen Anspruch, diese Freiheit für den Menschen neu entdeckt zu haben.

6.1 Glück im Unglück

Die Wende ließe sich auch so charakterisieren: Dem *Liberalismus* war es hauptsächlich um das *Risiko der Freiheit* zu tun – welches darin besteht, daß ungesellige Menschen einander potentiell bedrohliche Rätsel darstellen; daher muß man ihnen »Geselligkeit« einbleuen, so lange, bis am Ende vor lauter »Betreuung« (Schelsky 1978) aus streunenden Wölfen wirklich weidende Schafe werden.

Der Neoliberalismus reagiert auf den sozialen Energieabbau: er preist die *Freiheit des Risikos* – wobei das »Risiko« darin besteht, daß sich eine chaotische Welt (auch statistisch) nicht mehr ausrechnen läßt; und »Freiheit« bedeutet, daß diese Unsicherheit den Menschen nicht paralysiert oder gar in Panik versetzt, sondern »revitalisiert«, sprich: ihn sogar motiviert, durch riskante, kreative Entscheidungen selbst am Chaos fröhlich mitzuwirken (O'Malley 2000).

Eine pure Selbstverständlichkeit ist diese positive Haltung nicht. Andere Analysen (von Beck 1986 bis Reich 2001) vermeinen, von anderen Präferenzen ausgehend, hinter der neuen Freiheit des Menschen den stillen Zwang der Verhältnisse erkennen zu können. Ihnen zufolge läuft wieder einmal jener Prozeß ab, den Karl Marx als »Verdampfung« der festen Verhältnisse beschrieben hat – alles, was unser Leben gehalten hat, Arbeit, Familie, Konsum, verliert seine Festigkeit, nimmt andere Formen an oder verschwindet gar ganz: nicht als gewollter Effekt freier Dezision, sondern eines »stummen Zwangs« wegen, dem sich niemand entziehen kann. Wir erleben etwa den unaufhaltsamen Niedergang des überkommenen Berufslebens mit Beschäftigungssicherheit, Lohnzuwächsen, reguliertem Arbeitseinsatz und nivelliertem Einkommen. Statt dessen läuft (fast) jeder (fast) permanent Gefahr, gefeuert zu werden, muß also, in der Hoffnung auf Anschlußjobs gleich welcher Art, »lebenslange« Anpassung »lernen« – oder sich eben mit dem Arbeitslosendasein arrangieren; wer Arbeit hat, muß damit rechnen, daß er sie nicht mehr unter gewerkschaftlicher Ägide in genau dosierten Quanten abliefern kann (wie es nach Whyte für den Einsatzwillen des *organization man* typisch war) – »der ganze Mann« ist gefragt, über-arbeiten sollen sich die Menschen und können doch nicht darauf rechnen, dafür anständig bezahlt zu werden, weil sie, im Überfluß vorhanden, wechselseitig ihre Löhne drücken. Volles Risiko, ganzer Einsatz, starker Wille sind gefordert.

Mit weiteren Verdampfungen oder anderen Verwerfungen (die dem gegenwärtigen Zeitalter den Ruf einer »Risikogesellschaft« eingetragen haben) teilt der ökonomische Kurswechsel die Qualität, daß er nicht einfach »natürliches« Schicksal, sondern politisches *Programm*, also eine *intentionale* Operation und deshalb freiheitsrelevant ist. Das »neue Zeitalter der Unternehmer« (Giersch 1985) fällt nicht einfach vom Himmel, sondern muß ideologisch begründet, strategisch vorbereitet, organisatorisch umgesetzt, rechtlich abgesichert werden – gegen Alternativen, angesichts von Widerständen, ohne Rücksicht auf die Kosten. Legitim wird das neoliberale Projekt erst dadurch, daß seine Propheten den Sicherheitsverlust als Selbständigkeitsgewinn verkaufen können. Wo Organisation war, soll Autonomie sein, Untertanen machen *Unternehmern* Platz:

»Der hoffnungslose Proletarier, der in dumpfer Handarbeit maschinengleich dahindämmert, macht immer mehr dem wachen, flinken Arbeitnehmer Platz, der gerade in seiner Arbeit-Nahme etwas wie Unternehmer-Persönlichkeit entwickeln muß: in der planvollen Steigerung seiner beruflichen Qualifikationen, in denen die besten Kräfte seiner Persönlichkeit zum Einsatz kommen; im beruflichen Ehrgeiz des ›Willens zur kleinen Macht‹ und im intellektuellen Streben nach mehr Geist, weniger Hand; im ›Verkauf der Arbeitskraft‹ zu besten Bedingungen, nur zu oft über alle Tarife hinweg; in einer Bereitschaft zum Arbeitsplatzwechsel, welche in europäischen Ländern noch bedauerlich gering ist, in ihrer amerikanischen Steigerung jedoch eine der großen Stärken zukünftiger Wirtschaft erahnen läßt« (Leisner 1983, 332).

Amerika scheint es wieder einmal besser zu haben; und in der Tat – von jenseits des großen Teiches wird eine Risikobereitschaft gemeldet, die hierzulande erst ansatzweise (»Arbeitskraftunternehmer«) oder vorübergehend (»Volksaktien«) Fuß gefaßt hat:

»Mehr als 30% aller U.S.-Haushalte besitzen irgendwelche Wertpapiere«, vor »gerade einmal zehn Jahren waren es nur 12%.« Amerikaner gehen »größere Vermögensrisiken ein als jede andere Generation in der Geschichte des Landes. Viele gehen sogar noch einen Schritt weiter, kaufen Spekulationswerte, also hochriskante Internet- oder Technologieaktien und ignorieren einfach die Möglichkeit dramatischer Kursverluste. Amerikaner wechseln die Jobs, stürzen sich dabei ins Ungewisse und glauben, das Geld liege einfach auf der Straße. Die Kündigungsrate [...] liegt bei 14,5 % – sie ist die höchste seit zehn Jahren. Sogar jene cleveren Jungprofis, die gerade ihre *Business school* absolviert haben, im Risikomanagement geschult sind und früher einen Börsenjob gesucht oder in ein Großunternehmen gegangen wären, wollen heute lieber das schnelle Geld im *dot. com*-Land machen, anstatt wie früher bei *Goldman Sachs* oder *Procter & Gamble* anzuheuern« (*Time*, 6.9.99).

Kurz, wohin das Auge schaut, *riskieren* die Leute etwas – meistens Geld oder Karrieren, manchmal auch, als ob sie gar nicht genug Adrenalin produzieren könnten, ihr Leben: Gefährliche Abenteuer in Höhlen und auf Bergen, zu Land und zu Wasser, auf Skiern, an Seilen und ohne Kondome haben anscheinend Hochkonjunktur, weit über Amerika hinaus: *From extreme sports to unprotected sex, thrill seeking is becoming more popular.* Der Verdacht drängt sich auf, daß verrückte Augenblicke lahme Zeiten kompensieren müssen: »Ist unser Alltag zu langweilig?«

(*Time*) Wir wissen, daß Heißsporne deswegen schon in den Krieg gezogen sind.

Die überschäumende *Lust* am außeralltäglichen *Risiko* ist das eigentlich Neue am neuen Liberalismus. Unter seiner Ägide gehen »männlich« und »rechtlich« mit »aufregend« (*thrilling*) zusammen, ob der Kitzel nun nützliche Effekte hat oder nicht. »Der Entschluß zum Beispiel, in eine Felswand einzusteigen«, hat keinerlei Gerbauchswert und dient allein der Ernstfall-Ästhetik: seine Folgen haben »den Charakter unabweisbarer Herausforderungen, die man bestehen muß«, schwelgt eine baden-württembergische Zukunftskommission, deren Ideale mit dem »schwäbischen« Eigenheim-Vitalismus von einst (à la Rüstow) nur noch wenig gemein haben (Bericht 1983, 36).

Was nicht implizieren soll, daß der Umschlag in allen Köpfen schlagartig vonstatten geht. Immer wieder begegnet man ungleichzeitigen Reaktionen. Zum Beispiel hebt mit schöner Regelmäßigkeit großes Geschrei unter den sogenannten kleinen Anlegern an, wann immer ihre bescheidenen Einsätze auf Nimmerwiedersehen verlorengehen, da »Volksaktien« aufs Volksempfinden nun mal keine Rücksicht nehmen und ihren Wert über Nacht einfach verlieren. Dann suchen die Gelackmeierten Sündenböcke, weil sie ein schlechtes Gewissen haben; und sie haben ein schlechtes Gewissen, weil ihr Hirn noch nicht richtig im neuen Takt tickt.

»Alt« sehen solche Übergangsmenschen aus – sie wagen das Experiment, ohne den *schlechten* Ausgang auf der Rechnung zu haben. Wer *thrill* will und deswegen sein Vermögen aufs Spiel setzt, steile Felsen erklimmt, feste Anstellungen scheut, Kondome verschmäht, für den ändert sich am Reiz rein gar nichts, wenn die Sache schiefgeht.

Freilich würde diese kategorische *Erregungsethik* als neue Freiheitsphilosophie kaum in Frage kommen, verbliebe sie auf dem moralischen Niveau von Roulettespielern oder *Bungee*-Springern. Anders gesagt: Dem Scheitern mußte ein Sinn gegeben werden.

Das erkannt und getan zu haben ist Charles Murrays systematischer Beitrag zum Aufbau des riskanten Weltbilds (Murray 1997). Damit die Operation reibungslos gelingen konnte, bedurfte es freilich kategorialer Verschiebungen, so daß ein zwangloser Anschluß an liberale *essentials* gewährleistet war.

Der Grundsatz, von dem sich alles weitere ableitet, heißt: »Ohne Freiheit und Verantwortung können verständige Menschen kein befriedigendes Leben führen« (Murray 1997, 18).

Wobei verständig im (tautologischen) Sinne Murrays bereits ist, wer nach Freiheit und Verantwortung strebt. Weitere, höhere Anforderungen gibt es nicht.

Wenn Murray also behauptet, »Freiheit und Verantwortung« gehörten »zusammen wie die zwei Seiten einer Münze«, dann heißt das: Es steht mir prinzipiell offen zu tun, was immer ich will, aber für die Folgen meiner Entscheidungen wird man mich zur Verantwortung ziehen dürfen. Diese Erinnerung ergibt nur dann einen nichttrivialen Sinn, wenn es ums *Scheitern* geht – *Erfolge* haben bekanntlich Väter resp. Verantwortliche. (Nur) darum kann die »unverständige« Alltagsmoral Verantwortung als *Preis* der Freiheit bezeichnen; und (allein) deshalb verlangt Murrays Gegenprinzip uns eine moralische Anstrengung ab: Verantwortung »ist der Lohn der Freiheit. Verantwortung bewahrt unser Leben davor, banal zu sein« (Murray 1997, 31).

So sieht das Glück im Unglück aus: (Auch) der zivile Ernstfall verleiht unserem Leben Wert und Würde, er macht es gewissermaßen »wesentlich«, verschafft ihm »Tiefe«.

Daß Vermeidung von Banalität ein kostspieliger Wunsch sein kann, verschweigt Murray, obwohl eher der schönen Seite des Risikos (dem Stolz auf Erreichtes) zugeneigt, keineswegs. Frisch gewagt ist eben auch halb verloren, und wenn das Schicksal es will, bezahlen wir den Leichtsinn teuer: »Verantwortung kann eine harte Sache sein, darwinistisch und menschlichen Schwächen gegenüber rücksichtslos« (Murray 1997, 31).

Verantwortung, das zeichnet sich hier bereits schemenhaft ab, mag zwar die Krönung der Freiheit sein, doch sie ist auch *Gift fürs Risiko*: Wer alle denkbaren Folgen seines Tuns korrekt bedenkt, läßt vielleicht die Finger davon und wird wieder so »nützlich«, wie seine Vorfahren es einst sein wollten. Exakt diesen Effekt hat Murray im Visier:

»Sobald Menschen wissen, daß sie für ihre Zukunft selbst verantwortlich sind, werden sie etwas tun, was so menschlich ist, daß es fast nach einem Klischee klingt: sie machen aus der Not eine Tugend. Die einfache Bereitschaft, für sich und seine Familie zu sorgen, gilt wieder als honorig [...] und wird ein Wert, der sich in ökonomischen Größen nicht ausdrücken läßt. Ein junger Mann, der nicht arbeitet, gilt wieder als Versager. Die Armen werden wieder in gute und schlechte eingeteilt, je nachdem, ob sie, von Schicksalsschlägen getroffen, für ihr Los nichts können, oder ob sie sich selbst in die Bredouille manövriert haben. Es wird sich zeigen, daß dieses System ganz gewöhnlichen, völlig durchschnittlichen Leuten den Respekt ihrer Umwelt einbringt. Man muß nicht reich sein, um Würde zu haben; Respekt als anständiger Bürger und tüchtiger Mensch kann jemand unabhängig von seinem Einkommen gewinnen. Alles, was einer tun muß, ist, seinen Beitrag zu leisten. Oder sich wenigstens ehrlich darum zu bemühen« (Murray 1997, 133).

Vorbei wäre es dann mit den Lustgewinnen des neuen Liberalismus, und der Geist altliberaler (»viktorianischer«) Biederkeit hätte sein angestammtes Terrain zurückgewonnen – worauf ganze Lager spekulieren (Himmelfarb 1995), was aber, prima facie wenigstens, überhaupt nicht ins Bild einer postmodernen Emanzipationseuphorie passen würde.

Gegen das allzu Leichte und Leichtfertige gibt es offenbar noch (?) gewisse Vorurteile. »Den Spekulanten«, resümiert Herbert Giersch seinen Eindruck, »mißtraut man, soweit sie auf das schnelle Geld aus sind und sich nicht in der traditionellen Produktion binden« (1994). Zu finden wäre daher eine ideologische Symbolfigur, die das prekäre Gleichgewicht hält zwischen Ernst und Spaß, Arbeit und Spiel, Tugend und Tatkraft, Solidität und Innovation, Produktion und Spekulation, Schwung und Skepsis. Gefunden hat man sie wieder einmal in der Gestalt des (kleinen) *Unternehmers*, speziell jener Sorte, deren wichtigstes Kapital die eigene *Arbeitskraft* ist. Um diese Gestalt rankt sich inzwischen ein veritabler Kult (Leisner 1983, Giersch 1985), den Preisgesänge krönen, übertönt von George Gilders hymnischer Feier eines transzendentalen *spirit of enterprise*:

»Der Geist des Unternehmertums entspringt der Weisheit von Jahrhunderten und der Geschichte des Abendlandes; er durchweht die modernsten technologischen Abenteuer. Er verbindet alte und neue Fronten, er lanciert klare Werte und verlangt harte Disziplin. Er fordert ein Leben in Arbeit und Offenheit, mit Mut und Ehrgeiz. Dabei ist er die Quelle all dessen, was wir sind und werden können: Gnade und Errettung für die Demokratie und den freien Menschen, Hoffnung der Armen und Verpflichtung für die Glücklicheren, die Erlösung einer unterdrückten und verzweifelten Welt« (Gilder 1984, 258).

Aus diesem Geist heraus kann man mit dem Körper viel »unternehmen«, aber kaum spekulieren – flüchtigen und windigen Geschäften (nach Art des Devisen- oder Derivatenhandels) sind natürliche, biologische Grenzen gesetzt. Dennoch präsentiert der Mustermann ein Muster mit eher unscharfen Grenzen – was sich daran zeigt, daß Mal für Mal weitere Unternehmeridole mit Pomp aufs Schild gehoben werden: Börsengurus, Jungunternehmer, Schlagersänger, Tennisspieler etc., deren einzige Gemeinsamkeit darin besteht, daß sie allesamt *winners* sind und darum »unverdient« hohe Profite einstreichen (Frank/Cook 1995).

6.2 *Die fröhliche Wirtschaft*

Von cleveren *Business school*-Absolventen mit einer Schwäche fürs schnelle Geld war beiläufig schon die Rede. Ihre rapide Vermehrung, so kann man lesen, hinterläßt selbst in Harvard, dem Tempel dieser Disziplin, Spuren. Dort nagen neuartige Zweifel am vormals sicheren Bewußtsein, der – richtigen – Praxis nachzueifern:

»Harvard«, so lautet ein Fazit aus jüngster Zeit, »mag die Bedeutung der Geschäftswelt voll erkannt haben, aber braucht die Geschäftswelt Harvard wirklich noch? In den letzten Jahren haben jene Instant-Millionäre des Internet und Gurus der neuen Medien, von deren unternehmerischen Heldentaten die Wirtschaftsseiten täglich berichten, das Interesse der Börse auf Silicon Valley gelenkt. Und kaum einer dieser Leute hat die *Harvard Business School* besucht. Dort in den späten neunziger Jahren zu studieren: das muß etwa so sein, wie wenn jemand 1849 Geologie studiert hätte, anstatt knietief im Sacramento River stehend Gold zu waschen« (Atlas 1999).

Schürfen statt Büffeln – »Probieren geht über Studieren«, sagt der Volksmund dazu und macht damit klar, daß ihm eine *spielerische* Haltung näherliegt als die *methodische* Operation. Er hat aber auch leicht reden, weil sein Thema gewöhnlich unkomplizierte Alltagsgeschäfte ohne weitreichende Folgen sind. Ganz anders, sollte man meinen, sieht es bei den komplexen Strategien und komplizierten Verflechtungen aus, wie sie fürs ökonomische System charakteristisch sind, gerade in seinem »gealterten«, bürokratisch durchorganisierten, oligopolistisch geregelten Stadium.

Ebendarum plädieren die Gilders dieser Welt für eine Renaissance eines jugendlichen, optimistischen, dynamischen, kurz:

vitalen Unternehmertums, das dem Bannkreis etablierter Strukturen entweicht und neues Terrain erobert. Schluß soll sein mit einem »Kapitalismus ohne Kapitalisten« (Gilder 1984, 131ff.). Das Regime ist statisch, verwaltet Bestände, scheut Risiken, setzt auf Routinen. Gegen diese Phalanx der tristen Balance rebellieren die Helden einer »fröhlichen« Wirtschaft: »Ob sie Kartoffeln lesen oder Software schreiben – sie bewegen und produzieren etwas, sind Macher, setzen Veränderungen durch, und bersten vor kreativen Ideen, wie man Geld machen kann. Sie sind Optimisten, die in jedem Sandhaufen den künftigen Garten sehen, in jedem Menschen einen potentiellen Arbeiter, in jedem Problem den möglichen Profit« (Gilder 1984, 254). Und die deutsche Stimme der jungen Welle sekundiert: Es »sind nicht nur Softwarespezialisten, Techniker und Gastwirte, die ihr Glück als Unternehmer versuchen: Junge Leute gründen professionelle Party-Servicedienste, annoncieren in Wochenblättern als ›Bersorger(innen)‹, organisieren florierende morgendliche Brötchen-Zustelldienste, betätigen sich als Vereinswarte, Tennistrainer und Urlaubsanimateure« – durchweg Tätigkeiten, die »gleichermaßen nützlich und abwechslungsreich sind« (Späth 1985, 122).

In der Tat, diese Sorte des Unternehmertums bedarf keiner methodischen Absicherung über die doppelte Buchführung hinaus; und seine Träger können auf Sozialtechnologien – selbst von einfacher Art, im Stile Franklins – weitgehend verzichten. Ihr Umfeld besteht im Grunde nur aus Chancen (*opportunity*), die ergriffen werden müssen. Das erinnert an Machiavellis rabiaten Ratschlag für den Umgang mit guten Gelegenheiten: »Fortuna ist ein Weib, und wer sie bezwingen will, muß sie schlagen« (1961, 138). Will heißen: Einziges, ebenso notwendiges wie tragfähiges Fundament unternehmerischer Selbstverwirklichung ist der »animalische Schwung« (Gilder 1981, 68), die zupackende Geste im rechten Augenblick (*occasione* bei Machiavelli).

Nun insistiert der Italiener auf einer Rahmenbedingung, die Gilders (oder auch Späths) missionarischer Voluntarismus vernachlässigt: Nur derjenige hat Glück (*fortuna*), »welcher mit seiner Art zu handeln in die Zeit paßt« (Machiavelli 1961, 135). Diese Zeiten sind freilich nicht so, daß sie den rohen *spirit of enterprise* in jedem Falle mit den höchsten Prämien belohnen würden. Fast zeitgleich mit dem neuen »Enterpreneur« hat der

»Intrapreneur« das Licht der Welt erblickt, dessen Elan, statt auf freier Wildbahn ungehinderten Auslauf zu finden, sich im diffizilen Innenraum *lose gekoppelter* Großorganisationen bewähren muß. Idealtypisch gilt:

»Die Grundeinheit der New Economy ist nicht das Unternehmen, sondern das Individuum. Tätigkeiten werden nicht innerhalb einer feststehenden Managementstruktur zugewiesen und gesteuert, sondern von unabhängigen Auftragnehmern eigenständig ausgeführt. Diese elektronisch verbundenen Freelancer – E-Lancer – bilden fließende und zeitlich beschränkte Netzwerke, um bestimmte Produkte und Dienstleistungen zu produzieren und zu verkaufen. Sobald die Aufgabe erledigt ist, löst sich das Netzwerk auf und seine Mitglieder werden wieder zu unabhängigen Individuen, die sich auf der Suche nach neuen Aufgaben frei in der Wirtschaft bewegen« (Peters 2001, 7).

Dabei werden diese »Grundeinheiten« nicht einfach allein gelassen, sondern laufend observiert, allseits evaluiert, künstlich stimuliert, gezielt mobilisiert (s. Pinchot 1988, Süssmuth Dykkerhoff 1995).

Wenn überhaupt findet *the future of success* (Reich) für das Gros unserer Heroen auf diesem Terrain statt. Und um auf ihm heldenhaft zu bestehen, benötigen sie ein System des *Selbstmanagements* (Wabner 1997), das über Franklins simples Programm, die »Mentalität des Erwerbs« (Hansen 1992) zu stabilisieren, weit hinausgeht. Tom Peters, unter den einschlägigen Ratgebern einer der populärsten, kommt auf sage und schreibe fünfzig Regeln (gegenüber Franklins dreizehn), deren Beherzigung den Möchtegernmanager seiner selbst davor bewahren soll, Schiffbruch zu erleiden. Doch mehr noch als das gewaltige Volumen springt der veränderte Geist ins Auge. Franklins Jünger glaubten ganz genau zu wissen, welchen Kurs sie einzuschlagen hatten, um den sicheren Erfolg einzuheimsen. Es sind konditionale Direktiven (Wenn-Dann-Sätze) für eine ausrechenbare Welt; wer über genügend »Charakter« verfügt, um sich im Zaum (und die anderen bei Laune) zu halten, kommt durch. Derartige Gewißheiten sucht man heute vergebens; genauer: sie sind auf einer höheren, reflexiven Ebene angesiedelt.

Den neu-liberalen (postmodernen) Adepten werden patente Regeln dafür mitgeteilt, wie sie sich auf ein hoch-*riskantes* Umfeld ohne jede Zukunftsgewißheit *optimal* einstellen können – es sind eher Dispositions- denn Handlungsanleitungen. Wohin die

Reise geht, macht schon das ekstatische »Credo« klar, dem sich der fröhliche *freelancer* besser anschließt. Es verkündet:

»Ihr Schreibtischsklaven: Streift die Stöckelschuhe ab [die männliche Frau gerät ins Visier – sekundenlang]. Lockert die Krawatten. Arbeit kann cool sein! Arbeit kann schön sein! Arbeit kann Spaß machen! Arbeit kann etwas bewirken! Sie können etwas bewirken! Nieder mit den Bürowänden! Runter mit den Dilbert-Cartoons! Die Bürorevolution ist ausgebrochen! 90 Prozent unserer Jobs sind in Gefahr! Nehmen Sie Ihr Leben selbst in die Hand! Stellen Sie Hierarchien auf den Kopf. Machen Sie jedes Projekt zu einem *Wow*! Seien Sie besonders, oder Sie werden ausgesondert! Ein neues Jahrtausend beginnt: *Wenn nicht jetzt, wann dann?*« (Peters 2001, 8)

Wieder fällt auf: das nahtlose Nebeneinander von *Aufbruch* (Freiheit) und *Alarm* (Notwendigkeit). Es ist an der Zeit, daß wir etwas *unternehmen*, aber es ist auch *höchste* Zeit. Also eine zwanghafte Fröhlichkeit, die in den einzelnen Merkposten des inneren Revolutionsprogramms wiederkehrt. Einerseits sollen wir unser Leben tatkräftig umkrempeln – und schnurstracks in eine *Ich AG* verwandeln: »*Ich AG* heißt, daß Sie Ihre Fesseln abwerfen und fortan wertvolle und unverwechselbare ›Produkte‹ (Projekte!) für konkrete ›Kunden‹ kreieren. Die Produkte/Projekte werden zu ›Vorzeigeobjekten‹. Aus Kunden werden Partner/Mitverschwörer/begeisterte Fans/Propagandaträger« (Peters 2001, 56).

Die Differenz zur Existenz des *organization man* ist unübersehbar: wo dieser auf flache Konformität und mentale Balance aus war, führen »Arbeitskraftunternehmer« ein Leben der *Totalität* und *Intensität*. Denn wer das Ich als Aktiengesellschaft begreift, unterwirft sein Selbstmanagement dem *shareholder value*: Direkt oder indirekt steigert jede Aktion den Ertrag, andernfalls wird sie gestrichen.

So gerinnen Personen zu Produkten, und das Dasein verschlankt sich zu einer Serie von Projekten. Freie Energien für belanglose Dinge? Fehlanzeige. Genauer, die Banalität gewinnt an Belang, sobald sie der totalen Betriebsprüfung unterliegt:

»Gehen Sie in den nächsten Zeitungsladen. Jetzt. Nehmen sie sich 20 Minuten Zeit. Suchen Sie sich 20 – zwanzig! – Zeitschriften aus. Keine davon sollte zu denen gehören, die Sie normalerweise lesen. Verbringen Sie den Großteil eines Tages [natürlich eines arbeitsfreien] damit, in ihnen zu blättern. Reißen Sie das eine oder andere heraus. Machen Sie sich Notizen. Legen Sie Ordner an. Ziel: Erweitern Sie Ihren Horizont. Wiederholen Sie dies – jeden Monat oder wenigstens jeden zweiten Monat« (Peters 2001, 171 f.).

Oder:

»Sie sehen mit Ihrem Ehepartner [den sollte es also schon geben] am Samstag ein gutes Theaterstück an. Rufen Sie am Montag die Direktorin des Theaters an und fragen Sie sie, ob Sie in den nächsten zwei Wochen einmal vorbeischauen und mit ihr plaudern können. (Wenn die Unterhaltung gut verläuft, bitten Sie sie, bei einem späteren ›Arbeitsessen‹ ein paar Worte an Ihre 18 Kollegen Ihrer Buchhaltung zu richten)« (Peters 2001, 176).

Wahnsinn, möchte man meinen; doch einer mit *Methode* (und in dieser Hinsicht gar nicht so weit weg von Franklins Selbsterziehungs-Programm). Die Methode besteht darin, jede Lebensäußerung dem Unternehmen »Leben« einzuverleiben. Nichts, was passiert, darf einfach flottieren, jede Aktivität wird instrumentalisiert: soll entweder Beziehungen fördern oder Horizonte erweitern, Eindruck machen oder Ideen generieren, Gewohnheiten brechen oder Gedanken stimulieren.

Daß es immer gleich um alles geht, färbt aufs soziale Umfeld ab. Die Intensivierung sozialer Bande dient dem Überleben am Markt. Das Lebensprojekt muß mitreißen, ansonsten ist es defizitär: was keine »Freunde« mobilisiert, wird »Feinde« (Konkurrenten) kaum erschrecken können. Das wäre der eigentliche Ernstfall – wenn er nicht stattfände, weil eine *performance*, statt enthusiastische »Freaks« (Peters) anzuziehen, einfach kaltläßt. Freunde sind wie Spiegel – in ihren Reaktionen lassen sich Stärken und Schwächen erkennen. Soll heißen: Fröhlichkeit muß anstecken, (nur) dann gibt es gute Gründe für sie.

Indes sind freundschaftliche Bataillone mehr als frenetische Claqueure. Die »*Ich AG* ist persönlich, bedeutet aber kein Einsiedlerdasein. *Ich AG* ist ein Mannschaftssport!« (Peters 2001, 117.) Persönliche Fanclubs bestehen aus aktiven »Partnern«, ja »Mitverschwörern«. Der clevere Selbst-Manager strickt an einem derartigen Netzwerk hilfreicher Kontakte, pflegt es gewissenhaft und führt ihm laufend neue Mitglieder zu: »Gehen Sie sorgfältig Ihr gesamtes Adreßbuch durch. Wenigstens einmal monatlich. Machen Sie zu jedem wichtigen oder potentiell wichtigen Eintrag eine Punktebewertung« – die den aktuellen Stand des Kontakts widerspiegelt, also Schwachstellen des Netzes markiert. Weiter: »Verknüpfen Sie Ihr Adreßbuch bewußt mit Ihrem Kalender. Jedes Frühstück und jedes Mittagessen ist eine Gelegenheit zur Erweiterung Ihres Adreßbuchs. Klingt machiavellistisch? Manipulativ? Stimmt! Es geht um Ihre Gemeinschaft« (Peters 2001, 119). So instrumentalisieren »Aktiensubjekte« ihre Mitmenschen schamlos – und sind doch andererseits von ihnen zutiefst abhängig. Niemand kann ohne fremde Energien, Ressourcen, Informationen, Urteile überleben.

Das Programm einer möglichst zeit- und problemnahen Supervision kulminiert schließlich in der ebenso abstrusen wie konsequenten Idee, das »verfirmte« Ich seinen eigenen Aufsichtsrat einsetzen zu lassen:

»*Ich AG* (selbst wenn Sie noch auf der Gehaltsliste eines Unternehmens stehen) = Sie sind auf sich allein gestellt. Wenigstens psychologisch. Großartig! Und doch nicht so großartig. *Ich AG* braucht verläßliche Freunde. Ich empfehle Ihnen sogar«, so krönt Tom Peters seine Ratschläge, »ein informelles – oder halbformelles – Aufsichtsgremium. Das heißt, zwei bis fünf Leute, vor denen Sie Hochachtung haben, mit denen Sie sich vierteljährlich zusammensetzen können, um – eher formell – Ihre Fortschritte und Pläne und Fehlschläge zu erörtern. An die Sie sich wenden können, wenn Sie sich mit Ihrem aufregenden Projekt beim ›Establishment‹ die Finger verbrennen« (Peters 2001, 182).

Was unweigerlich der Fall sein wird – der Feind lauert auch an dieser Front.

Zusammengefaßt produzieren die Maximen des Selbstmanagements einen Lebensstil, der sich als *totale Mobilmachung* auf *privater Ebene* darstellt. Dem Ich bleibt keine freie Minute, es ist Tag und Nacht im Einsatz – unablässig müssen Informationen gesammelt, Pläne geschmiedet, Chancen ausgewertet, Schwächen ausgemerzt, Beziehungen gepflegt, Erfahrungen erweitert, Qualitäten vermarktet, Kontrollen durchgeführt werden. Das vitale Selbst präpariert sich für den permanenten Ernstfall.

Freilich, »Raubbau treiben, prassen, vergeuden, das ganze Feuerwerk in tausend Sonnen und kreisenden Flammenrändern verspritzen, die gespeicherte Kraft verbrennen vorm Gang in die eisige Wüste« – jene Männerphantasie des orgiastischen Krieges (Ernst Jünger), die dem primitiven *spirit of enterprise* (à la Gilder) noch recht nahe war, wirkt inzwischen deplaziert. Selbst krawattenlos ist der neue Geist auf quälende Weise reflektiert und bis zum Exzeß methodisch, dauernd repetiert er Regeln des rechten Benimms und lebt ständig in Sorge, etwas zu verpassen, ganz abgesehen davon, daß sein Schicksal von komplexen Netzen abhängt, wo einstmals archaische Kämpfe darüber entschieden haben, wer überlebt.

Die Männerherzen, ganz danach sieht es aus, schlagen nicht mehr so robust wie früher – *bevor* sie ein Objekt medialer Andacht und therapeutischer Sorge geworden sind. Immer noch – oder schon wieder – macht man sich Sorgen ums »zerbrechliche Geschlecht« (*Der Spiegel*, 3.9.2001). »Der Kampf als inneres Erlebnis« ist sicher nicht völlig ausgestorben, aber als unbeschwerte Empfängnis wird er kaum erfahren. Deswegen ist das Leben nicht weniger hart und riskant, im Gegenteil: »90 Prozent unserer Jobs sind in Gefahr!« Egal, was wir tun.

6.3 Portfolio-Existenzen

Der Stellungskrieg erfordert auch unkonventionelle Schritte – und die Bereitschaft, Stellungen zu räumen, sofern dieser Verzicht strategische Vorteile verspricht:

> »Erwägen Sie«, rät Tom Peters, »einen Abteilungs- oder Jobwechsel – möglicherweise sogar eine berufliche ›Verschlechterung‹ –, die Sie aber in eine bessere Position bringt, die für eine selbständige Tätigkeit notwendigen Fähigkeiten zu erwerben. Das mag widersinnig klingen (beruflicher Abstieg?!), aber mein Irrsinn hat Methode: Sie wollen doch vorbereitet sein, wenn die große Sintflut über Sie hereinbricht, oder?« (Peters 2001, 70)

Vorbereitet will man natürlich sein, doch eine Erfolgsgarantie gibt es in diesen Zeiten nicht. Am Ende mag alles umsonst gewesen sein, und man findet sich tatsächlich einige Stufen weiter unten auf der Leiter des Erfolgs. Auch damit muß jeder rechnen.

Da fragt sich, was passiert, sollte der Absteiger in jene desolate Lage kommen, die für viele schon lange Routine ist: ein bescheidener Job ohne großen *thrill*, der kaum (Wieder-)Aufstiegschancen bietet, der gar nur den traurigen Übergang zur finalen Überflüssigkeit darstellt.

Wo diese Abwärtsspirale enden mag, *ohne* ihr Opfer aus dem Gleichgewicht zu bringen – dafür offeriert Anthony Giddens das schlagende, (für ihn) vorbildliche Beispiel: ein Muster-Ägypter, »der die Nacht in den Parkanlagen von Mailand verbringt, besorgt sich das Essen von der Fürsorge und verrichtet Gelegenheitsarbeiten, wenn er welche findet«. Sein bisheriges Leben erzählt der Elendstourist »als eine Odyssee«:

»Nach dem Krieg von 1967 beschloß ich, Ägypten zu verlassen und per Anhalter nach Europa aufzubrechen. [...] Dabei habe ich manches durchstehen müssen. Mein Weg führte mich durch den Libanon und den dortigen Krieg, durch Syrien, Jordanien, die Türkei und Jugoslawien, ehe ich hierher kam. [...] Das war ein Abenteuer, das bis jetzt zwanzig Jahre gedauert hat, doch wird es für den Rest meines Lebens weitergehen. [...] Wenn der Löwe eine Schar Gazellen hetzt, kann er jedesmal nur eine von ihnen zu fassen bekommen. Ich versuche mich auch so zu verhalten, und nicht wie die Leute im Westen, die sich verrückt machen mit ihrer Arbeit, obwohl sie auch nicht mehr essen können als ihr tägliches Brot« (Giddens 1997, 246).

Die ägyptische Odysee fasziniert ihren Propheten weniger deshalb, weil sie durch nichts, auch nicht das äußere – und äußerste – Elend, aus der Bahn geworfen wird; jede noch so heftige Turbulenz wird umstandslos dem Lebenslauf einverleibt, erscheint als x-beliebige Zwischenstation einer langen, letztlich ziellosen, daher ganz entspannten Reise. (Noch) mehr macht ihn freilich staunen, wie vollkommen arglos, ja nachgerade selbstbewußt jemand seine verrückte Leidensgeschichte als verdiente Leistungsbilanz auftischt – für Giddens die hohe, zukunftsweisende Kunst, jenseits des ausgelaugten Sozialstaats traditioneller Prägung »positive Wohlfahrt« zu realisieren (1997, 236ff.).

»Positiv« ist diese »Wohlfahrt«, weil sie, gegen äußere Umstände resistent geworden, ganz in sich ruht – ohne auf sozialstaatliche Fürsorge zu schielen. Wer ihr huldigt, vermag selbst »trostlosen Lebensbedingungen befriedigende und sogar bereichernde Erfahrungen abzugewinnen« (Giddens 1997, 246). Solches *Glück kennt kein Risiko*, die »Gunst der Fortuna« (Machiavelli) kann ihm gleichgültig sein. Es »ist nicht abhängig von äußeren Ereignissen, sondern von der Interpretation dieser Ereignisse«, und es »beruht nicht darauf, daß man die äußere Welt beherrscht, sondern daß man sein Innenleben in den Griff bekommt« (Giddens 1997, 244).

Giddens entlehnt die umwerfende Einsicht einem amerikanischen Psychologen, der hierzulande zahlreiche Freunde zu haben scheint: Mihaly Csikszentmihalyi (1993, 1999). Von ihm erfährt man genauer, *welches* Glück uns erwartet – es ist jenes (uns schon bekannte) *flow*-Gefühl, das eintritt, wenn sich die »eigene Handlungsfähigkeit« mit den »verfügbaren Möglichkeiten« in einem »feinen Gleichgewicht« befindet (Csikszentmihalyi 1999, 46). Balancierte Stimmungen sind voraussetzungsvolle Momente, denn allzuleicht passiert es dem Menschen, daß er Angst vor Überforderung empfindet – oder aber an Langeweile leidet, weil seine Aktivitäten in reiner Routine bestehen: »Flow-Erfahrungen ermöglichen blitzartige Augenblicke intensiven Lebens vor diesem glanzlosen Hintergrund« (Csikszentmihalyi 1999, 48).

Offensichtlich gleichen sich *flow* und Kampf – sie vermitteln dasselbe »innere Erlebnis« höchster Intensität und totaler Konzentration im Angesicht (außer-)gewöhnlicher Herausforderungen. Andererseits ist *flow* nicht *thrill*, sprich: keine reine, sondern kontrollierte »Erregung« – das feine Gleichgewicht ersetzt die rasante Bewegung, maßvoller Eifer löst den verzehrenden Einsatz ab.

Deshalb scheint *flow* eine erreichbare Erfahrung für breitere Kreise zu sein. Bergsteiger, Künstler, Chirurgin oder Sängerin (wieder tauchen en passant Frauen auf) mögen sie machen, aber auch der einfache Arbeiter kann sich das schöne Gefühl verschaffen – und das, etwas überraschend, nicht nur in raren Augenblicken, sondern geradezu als *Lebensform*. Csikszentmihalyi selbst berichtet vom Trost der Tristesse (aus einer desolaten Waggonfabrik):

»Der wichtigste Arbeitsplatz war eine riesige, schmutzige Fertigungshalle, in der man wegen des stetigen Lärms kaum sein eigenes Wort verstand. Die meisten der dort tätigen Schweißer haßten ihre Arbeit; sie beobachteten ständig die Uhr und sehnten das Schichtende herbei. Kaum hatten sie die Fabrikhalle verlassen, eilten sie in die nahe gelegenen Bars oder fuhren mit ihren Autos in den benachbarten Bundesstaat, um sich ein wenig zu amüsieren und Abwechslung zu verschaffen. Dies galt für alle Arbeiter – bis auf einen: Joe.« Der, Anfang sechzig, kann kaum lesen und schreiben, hat sich aber beigebracht, »jeden einzelnen Gegenstand der Fabrikausrüstung – vom Kran bis zum Computermonitor – in seiner Funktion zu verstehen und zu reparieren. Sich mit den defekten Maschinen zu befassen, dem Problem auf die Spur zu kommen und es zu beheben, dies bereitete ihm großen Spaß.« Ein Basteltrieb, dem Joe auch in seiner Freizeit frönt: »Zusammen mit seiner Ehefrau hatte er auf zwei unbebauten Grundstücken neben ihrem Wohnhaus einen großen Felsengarten angelegt; in diesem hatte er zwei Springbrunnen aufgestellt, die durch ihren Sprühnebel Regenbogen erzeugten – sogar am Abend und nachts« (Csikszentmihalyi 1999, 12f.).

Die rund hundert anderen Schweißer des Betriebs, heißt es weiter, wurden »nicht ganz klug aus ihm«. Sie sind baß erstaunt darüber, daß sich da einer der schlechten Stimmung einfach verweigert.

Wie wird aus dem ekstatischen Moment eine geglückte Biographie? *Flow*, daran erinnert Joes Arrangement, fließt zwischen zwei Polen: hier das persönliche Vermögen, dort die sachliche Herausforderung. Entsprechend drohen zwei Ungleichgewichte: Unterforderung oder Überforderung – wobei jene Frust für Absteiger, diese Angst bei Aufsteigern produziert. Folgenreicher ist aber eine andere Asymmetrie: Schwere Aufgaben laugen aus, an leichte kann man sich gewöhnen. Daher können wir nur den »absteigenden« *flow* verstetigen.

Den Menschen, dem die »positive« Reorganisation des Gemüts gelingt, nennt Csikszentmihalyi »autotelische Persönlichkeit«. Deren Leistung erläutert er so: »Üben wir eine autotelische Tätigkeit aus, so tun wir etwas um seiner selbst willen, weil es das Hauptziel ist, dies zu erleben. [...] Angewandt auf eine Persönlichkeit, bezeichnet der Begriff ›autotelisch‹ eine Person, die etwas generell um seiner selbst willen und nicht nur zur Erreichung irgendeines künftigen äußeren Ziels tut« (Csikszentmihalyi 1999, 153).

Aus dieser Fokussierung auf die Sache entsteht jene Selbstgenügsamkeit, die Anthony Giddens an seinem ägyptischen Wandervogel so bewundert:

»Ist man autotelisch, benötigt man nur wenig Besitztümer und wenig Unterhaltung, Komfort, Macht oder Ruhm, da vieles von dem, was man tut, bereits lohnend ist. Da solche Personen bei der Arbeit, in der Familie, während sozialer Interaktionen mit anderen, beim Essen und selbst beim Alleinsein *flow* erleben, sind sie weniger von äußeren Belohnungen abhängig, die bei anderen das Motiv bilden, ein aus langweiligen und sinnlosen Routinetätigkeiten bestehendes Leben weiterzuführen.« Bereitwillig »gehen sie in allem auf, was um sie herum geschieht, weil sie ganz in den Strom des Lebens eintauchen«. Und für den, der das Prinzip immer noch nicht recht verstanden hat oder auch glauben mag: »Selbst ganz mechanische, routinemäßige Aufgaben – wie beispielsweise Geschirrspülen, Sich-Anziehen, Rasenmähen – werden lohnender, wenn wir sie mit der

Sorgfalt erledigen, die auch die Hervorbringung eines Kunstwerks verlangt« (Csikszentmihalyi 1999, 154, 166).

Anders ausgedrückt: »Absteigender« *flow* ist einpolig geworden – was immer als »Aufgabe« anfällt, eignet sich für ein erfülltes Leben. *Alles* hängt von *mir* ab, und (erst) wenn es so weit kommt, tritt jener ideale Fall ein, daß das (persönliche) Glück gegen (soziale) Risiken unwahrscheinlich resistent wird.

Der »Fluß«-Typ setzt sich keine äußeren Ziele und verzichtet auf eine Karriere: was ihn für gewöhnliche Zeitgenossen zu einem Rätsel macht – auf sie wirkt er nicht nur überraschend zufrieden, sondern auch seltsam *orientierungslos*. Csikszentmihalyis »gut ausgebildete Ingenieure, die ihre Stellung kündigen und im Winter in Restaurants Teller waschen, damit sie es sich leisten können, den ganzen Sommer über im Fels zu klettern« (1999, 96), sind *freelancer* ungewohnten Zuschnitts mit verblüffenden Präferenzen. Andererseits haftet ihnen, eben »weil sie ganz in den Strom des Lebens eintauchen«, nichts Geheimnisvolles an, keine verborgene Seite, die uns unangenehm überraschen könnte. Ihr planes Naturell erscheint daher auch den anderen als *Tugend*.

»Die Tugend der Orientierungslosigkeit« gilt unter Eingeweihten (wie Ulrich Beck) als künftiges Motto der Freiheit und wird von ihren Missionaren gar als »neuer Menschen-Typus« gepriesen (Goebel/Clermont 1997, 199). Denn:

»In den Lebenswelten der 18- bis 35jährigen werden schon heute die Umrisse einer zivilen Arbeitsgesellschaft der Zukunft sichtbar. Am Beginn des 21. Jahrhunderts wagen immer mehr Menschen das Experiment des ›eigenen Lebens‹.« Und: »An die Stelle einer ängstlichen Sicherheits-Gesellschaft tritt die Mut-Gesellschaft. Die massenhaften Versuche der Lebensästheten, sich jenseits fragwürdig gewordener Strukturen durchzuwursteln, zeigen, daß eine solche Gesellschaft bereits auf dem Weg ist« (Goebel/Clermont 1997, 197).

Teils *freelancer*, teils *flow*-Geister, sind die »Lebensästheten« zu allem bereit, was *ihnen* wichtig ist – und *alles* ist für sie wichtig, jedenfalls potentiell: »Wo jedes noch so winzige Detail zum Baustein des Gesamtkunstwerks ›Ich‹ werden kann, gibt es einfach nichts Unwichtiges« (Goebel/Clermont 1997, 42).

Wo aber nichts wirklich unwichtig ist, ist auch nichts wirklich wichtig. Karriere und Kaffeefilter können die Konstruktion einer Biographie in gleicher Weise abrunden oder anknacksen – im Prinzip. »An sich« mögen sie getrennten Welten angehören (jene der »wichtigen« Sphäre, dieses einer total »unwichtigen«), doch ihr gemeinsamer Referenzpunkt – *mein*, *dein*, *sein/ihr* Leben – nivelliert den Unterschied: Mir bedeutet das Filterpapier vielleicht mehr als die Karriereleiter. Und falls nicht, dann heißt das noch keineswegs, daß mich der Ehrgeiz mit aller Macht nach oben triebe. Denn wenn »in erster Linie die Breite der Entfaltungsmöglichkeiten die Berufswahl bestimmt, rangiert das Erreichen einer Führungsposition weit abgeschlagen hinter der alles bestimmenden Frage, ›was einem die Arbeit persönlich bringt‹. So gerät häufig allein die Suche nach einer passenden Arbeit zu einer Lebensaufgabe auf Zeit.« Und: »Wenn die Höhe des Einkommens oder sogar der Tatbestand der Bezahlung überhaupt nicht mehr über die Attraktivität einer Tätigkeit entscheidet, treten auch die McJobs auf den Plan, jene mäßig bezahlten Arbeitsverhältnisse, die sich zumeist durch schlechte Arbeitsbedingungen und sofortige Kündbarkeit auszeichnen« (Goebel/Clermont 1997, 162f.).

Entfaltung ist das eine Zauberwort des Ästheten, sein anderes heißt *Abwechslung*. In Kneipen kellnern, bei der Post Briefe sortieren, als Fahrradbote durch die Straßen jagen, am Imbißstand Buletten verkaufen, ganz konventionell Taxi fahren und dergleichen mehr: Diese Tätigkeiten sollen keineswegs dem *spirit of enterprise* eine erste, noch kleine Bühne verschaffen, verbunden mit dem klaren Ziel und unbeugsamen Willen, später einmal das große Geld zu machen. Arbeitseinsätze solchen Zuschnitts haben vielmehr alle »denselben Charme des Unverbindlichen wie ein kurzer Flirt. Steht dem Lebensästheten der Sinn nach einer anderen Beschäftigung, kann der McJob von einem auf den anderen Augenblick gekündigt werden« (Goebel/Clermont 1997, 163).

Niemand wird sich dabei leidenschaftlich verausgaben; Wow-Projekte sind das sicher nicht; doch es gibt keinen Grund, warum *Flow*-Gefühle ausbleiben sollten, die das Nützliche (Flexibilität) mit dem Angenehmen (Zufriedenheit) verbinden.

Die »wilde« Freiheit der jungen Liberalen begreift das Leben als *Portfolio-Existenz* – ein Menü der Möglichkeiten, aus dem man wählen kann, was einem »schmeckt«. Natürlich nicht vollkommen beliebig – manches wird manchen immer versagt bleiben, weil es an den nötigen Voraussetzungen oder nachgefragten Ressourcen fehlt. Aber das ist beileibe kein Beinbruch – Gesamtkunstwerke gelingen mit ganz disparaten Mischungen, sofern nur Gelegenheit besteht, hinreichend viel Optionen auszuprobieren. Lebensästheten sind »Generalisten« (Goebel/Clermont 1997, 170), offen für alles – und wollen es auch bleiben: »Richtig zufrieden bin ich nur, wenn ich mich frei und niemandem verpflichtet fühle«, sprach die Fahrradbotin (Goebel/Clermont 1997, 196).

So reden *Kinder der Freiheit* (Beck 1997). In ihrer Egozentrik erinnern sie an einen alten Bekannten, *Rameaus Neffen* – und gleich ihm müßten sie dem Vernichtungsurteil Hegels verfallen: »Böser Charakter wie böser Hund«, notiert der sich (1986, 281) im einschlägigen Zusammenhang. Bekanntlich mißfällt ihm die Ironie der Distanz, deren sich diese selbstverliebten Leichtfüße rühmen: »Nicht die Sache ist das Vortreffliche, sondern Ich bin der Vortreffliche und bin der Meister über das Gesetz und die Sache, der damit, als mit seinem Belieben, *nur spielt* und in diesem ironischen Bewußtsein, in welche Ich das Höchste untergehen lasse, *nur mich genieße*« (Hegel 1986, 277, 279).

Nimmt Hegel den Spaß vielleicht zu ernst? Der junge Rameau mag eine bedrohliche Mentalität nur insofern an den Tag legen, weil seine exzentrische Geste das redliche Publikum verwirren sollte. Doch was ist davon bei unseren spielenden Freiheitskindern übriggeblieben? Wer sich in den »zugewiesenen« Platz und die »zugeteilte« Aufgabe verliebt, erregt wohl eher verwundertes Mitleid denn entfremdeten Schrecken. *Suum cuique*, jedem das Seine: dieses pazifizierende Prinzip wird nicht schon dadurch zur rebellischen Formel, daß einer will, was er kriegt.

6.4 *Das Geschlecht der Freiheit*

Zur Erinnerung: Wenn es richtig ist, daß Unternehmergeist und Risikobereitschaft das jüngste Stadium der Freiheitsidee markieren, dann produziert dieser »Fortschritt« zunächst eine ausgesprochen »reaktionäre Rhetorik« (Hirschman 1995). Denn beide Qualitäten galten lange nicht nur als typisch männlich, sondern auch als äußerst prekär, soll heißen: sie sind in hohem

Maße vom weiblichen Willen zur Subordination abhängig – den es deshalb zu sichern gilt.

George Gilders Sicherungsversion haben wir kennengelernt. Ihr zufolge leidet der Mann an einer naturgegebenen Disziplinlosigkeit; seine Energien vagabundieren frei und dysfunktional herum, wenn sie nicht ins Korsett familialer Verantwortung gepreßt werden. Frauen haben daher die zivilisatorische Pflicht, das männliche Energiebündel zu domestizieren – indem sie eben selbst »zu Hause bleiben«, also ihre (und ihrer Kinder) ökonomische Abhängigkeit gezielt verstetigen und nicht, sich eigensüchtig emanzipierend, den Partner aus seiner Verantwortung entlassen. *The spirit of enterprise* braucht diesen Klotz am Bein, sonst verwildert er.

Fehlt es dem Mann an Disziplin? Oder – eine konkurrierende Meinung – rühren seine Probleme eher von jenem Streß her, den die Berufswelt ihren Helden zumutet? Auch diese Variante ist uns bereits begegnet. Glaubt man ihr, bedürfen Männerherzen des schützenden Horts, der sie daheim empfängt und dem harten (Über-)Leben draußen sanfte, eben »weibliche« Gefühle entgegensetzt (Lasch 1979b, Behnke/Liebold 2001). Frauen hätten Männer demnach nicht unter Druck zu setzen, im Gegenteil: Sie wären jene Geschöpfe »an seiner Seite«, deren Aufgabe darin bestünde, durch allerlei Gesten die Strapazen zu kompensieren, denen ihre Partner den lieben langen Tag ausgesetzt sind.

Wie auch immer – »die Zeiten ändern sich« (Beck-Gernsheim 1998, 93), und die Dämme haben nicht gehalten. Wie sehr auch immer unsere Erinnerung das goldene Zeitalter der glücklichen Familie verklären mag (Coontz 1992) – ausgeschlossen war damals, was inzwischen zum (literarisch weitgehend verdrängten) Alltag gehört: Chirurginnen und Fahrradbotinnen penetrieren den männlichen Arbeitsmarkt, ohne jede Rücksicht auf »Pflichten« oder »Funktionen«, wie sie von besorgten Stimmen allenthalben ins Feld geführt worden sind. Der *spirit of enterprise* ist inzwischen androgyn.

Der graduell veränderten Praxis auf den Fersen folgt mittlerweile, in praktischer Absicht, eine rasch expandierende Theorie (s. Bröckling 2002). Sie sagt ihrem weiblichen Publikum, wie es, ungeachtet seines »schwachen« Geschlechts, im großen Stil gegen das »starke« reüssieren kann – dem indessen die unternehmerische Ader einen natürlichen Startvorsprung zu geben scheint. Sollen Frauen Männer einfach kopieren – was man denen ja gewöhnlich nachsagt, deren Erfolgsgeschichte diese Hybris ausgelöst hat? Oder »unternehmen« Frauen anders?

Bedingung und Bestimmung des weiblichen Lebens legen jedenfalls den Schluß nahe, daß die »Stimme der Natur« in diesem Falle kein verläßlicher Ratgeber sein kann. Im Gegenteil: »Zwischen vielen Frauen und der Fähigkeit, zu bekommen, was sie wollen, steht ihr Hang zur Selbstverneinung« (Rubin 2000, 95) – wohingegen doch alle Erfahrung zeigt, daß »etwas Forderndes in dem Wesen« des Unternehmers sein muß, »etwas, das hinaustreibt« (Sombart 1988, 197).

Andererseits können sich »Strategie und Taktik im Kampf der Geschlechter« (Rubin 2000) nicht gut auf ein simples *just say yes* (zum Erfolg) beschränken. Ganz abgesehen davon, daß dieses Bekenntnis ohne weitere Anleitungen folgenlos verpuffen müßte – derartige Lektionen wären auch kontraproduktiv, würden sie sich darauf beschränken, männliche Verhaltensmuster einfach zu kopieren, weil nämlich das maskuline Erfolgsrezept augenscheinlich von Privilegien abhängt, die der femininen Konkurrenz weder eingeräumt werden noch zuträglich wären: »In unserer von Geld regierten Gesellschaft sind es die Männer, die die Welt von ihren Schreibtischen aus bestimmen. Sie sind gebieterisch, werden respektiert und sind reich.« Diese machiavellistischen *Fürsten* geben ein ebenso verführerisches wie trügerisches Vorbild ab:

> »So manche Fürstin möchte vielleicht so sein wie sie. Aber sie kann niemals *sie selbst sein*, solange sie nur versucht, so zu sein *wie sie*. Sie kann niemals Macht ausüben, wenn sie versucht, auf dieselbe Weise wie Männer verantwortlich zu sein.« Daher die Lehre für die Kriegerin: »Wenn Sie die Machtstrukturen der Männer ausüben, machen Sie sich nur noch abhängiger von ihnen, denn Sie werden niemals in einer Sache so gut sein wie die, die dazu geboren wurden« (Rubin 2000, 60).

Was aber soll eine Seele »unternehmen«, die zu jener Art von Erfolg nicht geboren worden ist, den das Leben heute bereithält? Zwei sich ergänzende Alternativen werden ihr offeriert – der offensive Verzicht und die raffinierte List. Erstens ist des Mannes Trophäe kein Beutestück, dessentwegen sich Verbiegungen wirklich lohnen würden:

»Macht bedeutete früher die Kontrolle über viele Menschen, riesige Betriebe, Reiche, Nationen, Firmen. Je weiter die Kontrolle reicht, desto größer ist die Macht. Heute ist die einzige Macht, die zu besitzen sich lohnt, die Mikropower, die Macht, in kleinen, engen, gefährlichen Zwischenräumen zu agieren. Strategie ist die Kunst, aufgrund der leisesten Wahrnehmung mit nicht mehr als einer Geste zu handeln. Armeen sind hier nur hinderlich und mit ihren verplanten Schlachten ein Ärgernis. Einer Fürstin ist klar, daß ihr Leben davon abhängt, wie ihre eigenen Entscheidungen die anderer beeinflussen. Strategie ist ihr Heilmittel gegen Idiotie« (Rubin 2000, 50f.).

Anders gesagt: Männer sind mächtig *und* idiotisch, daher können sie instrumentalisiert und ihre Macht *übermächtigt* werden. Die machiavellistische Selbst-Unternehmerin beutet dieses überlegene Wissen strategisch aus und macht sich dadurch unbemerkt zur Herrin über den bewußtlosen »Sklaven« – der gerne weiterhin glauben darf, Herr zu sein.

Indes hat diese Überlegenheit auch ihren Preis. Schon Hegel nennt ihn: Das herr-liche Moment bindet sich ans sklavische, ohne dessen Arbeit es nichts ist (1998, 145ff.). »Fürstinnen« des Alltags beherrschen die feinsinnige Mikrophysik der persönlichen Macht über eindimensionale »Fürsten«, deren »Idiotie« aber paßgenau auf den verästelten Machtapparat *im großen und ganzen* zugeschnitten ist – dem sie selbst ja schon längst auch mit »feministischen« Winkelzügen beizukommen trachten: Was sonst sind *human relations*?

Doch ist das Repertoire weiblicher Befreiungsstrategien damit noch keineswegs ausgeschöpft. »Idiotie« läßt sich, zweitens, auch mit Ironie entwaffnen. Sie wird dann nicht »bewahrt« und transformiert (*Konversion*), sondern »vorgeführt« und demontiert (*Subversion*) – das Spiel von »Rameaus Nichte«, gewissermaßen. Sie, so heißt es bei Richard Rorty von der liberalen »Ironikerin«, »ist eine geborene Feindin des gesunden Menschenverstands, aller aufrechten Metaphysik, jeder endgültigen Festlegung, überhaupt sämtlicher Versuche, so etwas wie geistige ›Tiefe‹ zu reklamieren« (Rorty 1989, 127ff.).

Feministische Ausbruchsversuche solcher Art sind Teil eines umfassenden Dekonstruktionsplans – der, konsequent zu Ende gedacht, Hegels radikale »Ironie« nochmals radikalisiert. Ironie ist böses Bewußtsein, das im Namen des Subjekts gegebenenfalls alles zerstört *bis auf das Subjekt.* Wer auch davor nicht haltmachen will, verlangt letztlich die – ultimative – *Freiheit vom Geschlecht*. Diesen Zustand hat Judith Butler, aber beileibe nicht nur sie, im Visier:

»Das feministische ›Wir‹ ist stets nur eine phantasmatische Konstruktion, die zwar bestimmten Zwecken dient, aber zugleich die innere Vielschichtigkeit und Unbestimmtheit dieses ›Wir‹ verleugnet und sich nur durch diese Ausschließung zu repräsentieren sucht. Freilich ist der schwache oder phantasmatische Status dieses ›Wir‹ kein Grund zur Verzweiflung – oder besser gesagt: nicht *nur* ein Grund zur Verzweiflung. Die radikale Instabilität dieser Kategorie stellt die *grundlegenden* Einschränkungen der feministischen politischen Theorie in Frage und eröffnet damit andere Konfigurationen, nicht nur für die Geschlechtsidentitäten, sondern auch für die Politik selbst« (Butler 1991, 209).

Die Frauenbewegung verabschiedet die »Frau« (im Sinne von *gender*) und damit sich als »Bewegung«. So verliert sie zwar das organisierbare Machtpotential einer »natürlichen« Gemeinschaft, doch schwindet gleichzeitig der disziplinierende Effekt des »weiblichen« Kollektivs, seiner wesensbestimmten Durchschnittlichkeit. Diese »zwanghafte gesellschaftliche Fiktion« (Butler) wird gerade dadurch auf kontraproduktive Weise naturbelassen, daß in ihrem Namen Schlachten ausgetragen werden:

»Wir dürfen«, fordert dagegen Judith Butler, »die Geschlechtsidentität nicht als feste Identität oder als *locus* der Tätigkeit konstruieren, aus dem die verschiedenen Akte hervorgehen. Vielmehr ist sie eine Identität, die durch die stilisierte Wiederholung der Akte in der Zeit konstituiert bzw. im Außenraum instituiert wird. [...] Diese Formulierung verlagert die Konzeption der Geschlechtsidentität vom Boden des substantiellen Identitätsmodells zu einem Modell, das eine Konzeption der Geschlechtsidentität als konstituierte *gesellschaftliche Zeitlichkeit* erfordert. Denn wenn die Geschlechtsidentität bezeichnenderweise durch in sich diskontinuierliche Akte instituiert wird, erweist sich der *Anschein der Substanz* als eine konstruierte Identität oder als eine performative Leistung« (Butler 1991, 206ff.).

Esse sequitur operari, das Sein resultiert aus dem Handeln, nicht anders herum: so heißt die neue Einsicht, in alte Begriffe gefaßt (s. Lotter 2000).

Der falsche Eindruck, daß die Umkehrung (*operari sequitur esse*) richtig sei, rührt aus nichts als bewußtlos eingespielten und brachial aufgezwungenen Verhaltensweisen:

»Ist also die Grundlage der geschlechtlich bestimmten Identität keine scheinbar bruchlose Identität, sondern die stilisierte Wiederholung von Akten in der Zeit, so verschiebt sich die räumliche Metapher vom ›Grund‹ und enthüllt sich als stilisierte Konfigurierung, ja als durch Geschlechtsidentität bestimmte Verkörperung der Zeit (*gendered corporealisation of time*). Damit zeigt sich auch, daß das unvergängliche, geschlechtlich bestimmte Selbst durch wiederholte Akte strukturiert ist, die zwar versuchen sich dem Ideal eines substantiellen Grundes der Identität anzunähern, aber in ihrer bedingten *Dis*kontinuität gerade die zeitliche und kontingente Grundlosigkeit dieses ›Grundes‹ offenbaren« (Butler 1991, 207).

Praktische Konsequenzen aus dem theoretischen Durchblick zu ziehen mag häufig eine schwierige Geburt sein; hat frau aber den Bann endlich gebrochen, gibt es kein Halten mehr. Wird das »Original« (die menschliche Natur) als »Effekt« (ein soziales Konstrukt) erkannt, öffnet dies den Raum für Distanzierungen – Dezentrierungen – aller Art.

Ihre maximale Destruktionskraft erreicht die parodistische Subversion, wenn sie als *Travestie* sexueller Klischees auftritt. Judith Butler sieht darin nicht nur ein Element, sondern *das* Fundament feministischer Anti-Politik:

»Der hier verteidigte Begriff der Geschlechter-Parodie (*gender parody*) setzt nicht voraus, daß es ein Original gibt, das diese parodistischen Identitäten imitieren. Vielmehr geht es gerade um die Parodie des *Begriffs* des Originals als solchem. Ebenso wie der psychoanalytische Begriff der geschlechtlich bestimmten Identifizierung (*gender identification*) durch die Phantasie einer Phantasie konstituiert wird, d. h. durch die Transfiguration eines anderen, der immer schon ›Figur‹ im doppelten Sinne ist, offenbart die Geschlechter-Parodie, daß die ursprüngliche Identität, der die Geschlechtsidentität nachgebildet ist, selbst nur eine Imitation ohne Original ist. [...] Diese fortwährende Verschiebung ruft eine fließende Ungewißheit hervor, die ein Gefühl der Offenheit für deren Re-Signifizierung und Re-Kontextualisierung vermittelt« (Butler 1991, 203).

Alles ist im Fluß – und die Travestie ein theatralisches Verfahren, diese Botschaft aggressiv »an den Mann« zu bringen.

Lassen sich Ironie und Parodie noch beherrschen? Oder gehören sie zu jenen Attitüden, die, wovor Hegel ja graust, das Terrain der Regierbarkeit verlassen?

Der Liberalismus hat sich als ausgesprochen robust erwiesen (Rufin 1994), und weibliche Ironie entkommt seinen Fängen jedenfalls nicht per se. Erinnert sie doch auch an jenes harmlose *flow*-Gefühl, dem neuerdings geplagte Menschen verfallen *sollen*, um, mit unverrückbaren Grenzen der Selbst*entfaltung* konfrontiert, die Selbst*feier* als eigentlichen Lebenszweck erkiesen zu können. Wer kein Mann ist, genießt eben das Frau-Sein, wer Chirurgin nicht werden kann, radelt eben als Ironikerin durchs Leben – eine perfekte, wenngleich genüßliche Kapitulation im Geiste weiblicher Emanzipation (vom männlich geprägten »Ernst des Lebens«): *gender flow*?

Parodie und Travestie sind schwierigere Fälle. Kurzschlüssig wäre es, das mimetische *freelancing* als eine schrille Übung in reiner Lächerlichkeit abzutun. Michel Foucault ist (auch für Butler) der Gewährsmann dafür, daß dabei viel mehr auf dem Spiel stehen könnte: nämlich die Zerstörung der *Innerlichkeit* (resp. des Bewußtseins, der »Seele«, des Gewissens). So betrachtet wäre unser Innenleben nicht das, was es dem emphatisch-liberalen Verständnis nach immer gewesen ist: ein Hort der Gegenmacht, den niemand stürmen, und ein Kern des Widerstands, den keiner lähmen kann, eben die Stelle der Individualität, daher einerseits unendlich wertvoll, andererseits, wenn ungerichtet, unendlich riskant. In Hegels Problemsicht: »Das Recht, nichts anzuerkennen, was Ich nicht als vernünftig einsehe, ist das höchste Recht des Subjekts« – aber es steht unter dem Vernunft-Vorbehalt und kann deshalb verwirkt werden; kindliche, blödsinnige, verrückte, betrunkene, gereizte, kriminelle, ggf. auch, ja ganz besonders, kritische Geister sind daher in ihren Gehäusen auszuräuchern (Erziehung) oder mit ihren Körpern einzusperren (Verwahrung), solange keine Aussicht auf Besserung besteht (Hegel 1986, 245 ff.).

Der Innerlichkeit weist Foucault nach, daß sie eben kein »Original«, sondern »Effekt« resp. Produkt ist – und dennoch nicht bloßes Hirngespinst, sondern das subtile Medium handgreiflicher Macht: »Man sage nicht, die Seele sei eine Illusion oder ein ideologischer Begriff. Sie existiert, sie hat eine Wirklichkeit, sie wird ständig produziert – um den Körper, am Körper, im Körper – durch Machtausübung an jenen, die man bestraft, und in einem allgemeineren Sinne an jenen, die man überwacht, dressiert und korrigiert« (Foucault 1981, 41).

Demzufolge wäre dieses geheimnisvolle Innenleben, das letztinstanzliche Selbstverständnis, bereits der *Form* nach, nicht allein in seinem Gehalt, etwas historisch Gewordenes, oder präziser: Geschaffenes, ein patentes Instrument zur *Selbstführung* des Menschen, das fremde Steuerung ergänzt und perfektioniert. Wir wissen, daß im speziellen Fall der Form »Gewissen« Adam Smith den »Trick« schon vor langer Zeit durchschaut hat – bis hin zum erstaunlichen Extremfall, da mein Inneres geradezu danach dürstet, seine Geheimnisse zu verlieren (Beichte).

Parodien destruieren das Selbst, Travestien das »Geschlecht«; beide Handlungsstile haben ein decouvrierendes Potential. Und genau dadurch legen sie innere Kontrollpunkte lahm, mit deren Hilfe moderne Systeme monadische Subjekte zu penetrieren vermochten. Freilich, im Zuge der Veräußerlichung des Bewußtsein findet auch die Veröffentlichung seiner Heimlichkeiten statt – der Mensch wird »lesbar«. *Gender thrill* exhibitioniert sich genauso ungeschützt wie jede andere Extrovertiertheit.

Beide, Ironie wie Parodie, sind also, vom Standpunkt ihrer *Regierbarkeit* aus betrachtet, durchaus ambivalente Lebensstile. Befreiung und Beherrschung scheinen bei ihnen Hand in Hand zu gehen. Gerade am »weiblichen« Freiheitsvermögen, so könnte man sagen, vollzieht sich in postmoderner Wiederholung, was das liberale Standardproblem der »männlichen« Moderne gewesen ist: des Menschen »ungesellige Geselligkeit«.

6.5 *Macht und Ermächtigung*

Die Seele *hat* also existiert, in einem gewissen Sinne. Daß wir von ihr nicht (mehr) reden, zeigt nur, daß sie abgelöst und ersetzt worden ist. Durch was? Das »Gewissen« des Adam Smith zählt zu den Erben. Michel Foucault offeriert eine ganze, dabei unabgeschlossene Serie weiterer Bewerber: »Psyche, Subjektivität, Persönlichkeit, Bewußtsein, Gewissen usw.« (1981, 42.)

Diese Formen und Formeln sind noch zu unbestimmt, um allein mit ihrer Hilfe eine *zeitgemäße* Außenleitung der Innenleitung (oder, bei Foucault, »Führung der Selbstführung«) zu ermöglichen. Man könnte Technologien vorschlagen, die persönlichkeitsbildend wirken; oder dem Menschen ein schlechtes Gewissen machen; oder das Bewußtsein der Leute schärfen resp. ihre Psyche stärken; oder den subjektiven Faktor ausschlachten … Auf die richtige Spur – den postmodernen Herrschaftsstil – führt ein bewährter Wegweiser: Anthony Giddens. An seinen Direktiven kann man beides erkennen: *daß* die nachtheologische »Seele« selbst »ein Stück der Herrschaft ist« (Foucault); und *wie* dieses »Stück« heute modelliert werden muß. Sofern, so beginnt das Credo,

»gutes Regieren neben anderen Zielsetzungen auch den Zweck der Förderung des Glücksstrebens hat, muß sich die Regierung zweifellos mit den seelischen Zuständen ihrer Bürger befassen, und nicht nur mit dem Niveau ihres materiellen Wohlstands. Hier können viele Faktoren ins Spiel kommen. Maßnahmen, durch die Netzwerke der sozialen Interaktion gestützt oder geschaffen werden, können günstige Voraussetzungen für die psychische Entwicklung liefern; mannigfaltige Selbsthilfegruppen können eine wichtige Rolle spielen; Situationen, die zur Auszehrung der Selbstachtung führen, können energisch aufs Korn genommen werden« (Giddens 1997, 253).

Labile Seelenzustände gelten als privilegierte Objekte legitimer Regierungssorge. Der postmoderne Wohlfahrtsstaat soll sich – in erster Linie sogar – um ein gesundes Innenleben kümmern; und offensichtlich weiß er auch, wovon das seelische Gleichgewicht seiner »privaten« Patienten abhängt: der *Selbstachtung*.

Als individuelles Motiv begriffen, nimmt die Selbstachtung schon bei Immanuel Kant eine prominente Stelle ein. Sie belohnt uns nach getaner Tat dafür, daß wir stark genug waren, den harschen Forderungen einer kategorischen Pflichtenlehre nachzukommen, auch wenn dabei unser Herz gebrochen sein mag; *und*: dieser nachgerade »heiligen« Kompensation kommt keine andere gleich, so daß wir letztlich *gar nicht umhin können, das Rechte zu wollen* (Kant 1984a, 87ff.). Darauf darf der Rechtsstaat mit gutem Grund zählen, sobald seine Untertanen entsprechend konditioniert sind.

Warum ist diese kantianische »Triebfeder« überhaupt in Vergessenheit geraten, und warum wird sie heute wiederentdeckt? Die naheliegende Antwort darauf lautet: weil jenes Selbst, das sich achten könnte – der autonome, zielgerichtete, prinzipientreue, kurz: innen-geleitete Mensch –, für lange Zeit aus dem Verkehr gezogen war und erst seit kurzem wieder in Mode kommt.

Neuerdings kehrt Selbstachtung mit Aplomb zurück und stellt ihren präsumtiven Besitzern genau den heroischen Anspruch, mit dem sie bereits von Kant konfrontiert worden sind:

Nicht weniger als eine *innere Revolution* (Gloria Steinem) wird ihnen zugemutet.

Wie die neue (oder auch alte) »Technologie des Selbst« funktionieren soll – dafür gibt es ein aufschlußreiches Beispiel (Cruikshank 1996, 1999). Vor einiger Zeit hat Kalifornien eine *task force* eingerichtet, die nach Wegen suchen sollte, um der grassierenden sozialen Probleme (Drogen, Kriminalität, Gewalt etc.) Herr zu werden. Das sozial-liberale Vorgehen wäre gewesen, staatliche Hilfsgelder, -programme und -truppen in ausgewiesene Problemzonen zu entsenden: Therapeuten, Sozialarbeiter, Beschäftigungsmaßnahmen, Betreuungsstellen usw. Von alldem war in Kalifornien keine Rede, dort hieß es vielmehr: »Regierungen und Experten können die Probleme nicht stellvertretend lösen.« An ihrer Statt ist man auf eine ganz andere Lösung verfallen, eben die amtliche Stärkung der individuellen Selbstachtung:

»Als *sozialer Impfstoff*«, heißt in dem *task force*-Report, »kommt am ehesten die Selbstachtung in Frage. Sie ermächtigt uns, ein verantwortliches Leben zu führen, und immunisiert uns gegen die Verlockungen des Verbrechens, der Gewalt, des Drogenmißbrauchs, der frühen Schwangerschaft, des Kindesmißbrauchs, der Arbeitsverweigerung und des Schulversagens. Ein Mangel an Selbstachtung macht den Kern der meisten persönlichen und sozialen Krankheiten aus, die unserem Staat und der Nation zu schaffen machen« (Cruikshank 1991, 232).

Wenn dem so wäre, würde Selbstachtung das Selbst *ermächtigen*: dazu, auf den Pfad der Tugend zurückzukehren (oder ihn gar nicht erst zu verlassen), weil Untugend für den unerträglich wäre, der sich selbst achtet.

Daß jemand sich *selbst* nicht mehr leiden kann, weil er seiner unwürdige Dinge tut, die ihm von *anderen* vorgehalten werden, leuchtet nur dann ein, wenn seine Werte mit den allgemeinen übereinstimmen. Wer dafür nicht gesorgt hat, wird unweigerlich enttäuscht. So ist es dem kalifornischen Reformprojekt ergangen – seine empirischen Befunde haben ergeben, daß der postulierte Zusammenhang nicht existiert. Warum sollte sich ein Sozialschmarotzer a priori verächtlich finden? Er kann sogar seine Cleverneß bewundern, denn er ißt, während andere arbeiten. Überraschend (oder auch nicht) haben sich Kaliforniens Reformer von der mageren Ausbeute keineswegs beeindrucken lassen; im Gegenteil – sie insistieren auf der faktischen Kraft des Normativen: »Unsere Aufgabe ist es«, deklariert widerborstig ihr Bericht, »eine einleuchtende Begründung dafür zu finden, daß Selbstachtung bei der Entstehung von Gewaltkriminalität mitwirkt. Auch in anderen Bereichen wartet die Politik nicht auf endgültige Beweise [...]. Wir sehen keinen Grund, die Bedeutung der Selbstachtung herunterzuspielen« (Cruikshank 1996, 237).

In einem Satz: Man zimmert sich eine Wunschwelt und tut so, als ob es die wirkliche wäre. Dieser amtliche Konstruktivismus mag professionelle Blindheit anzeigen (»abgehobene Politiker«), doch er kann auch das schöpferische, wenngleich riskante *Kalkül* rigoroser Strategen sein. Eine Fiktion wird so lange exekutiert, bis sie Realität geworden ist – der böse Mensch hört so lange, daß er nur als guter Bürger seiner selbst würdig sein kann, bis es ihm in Fleisch und Blut übergeht: *self-fulfilling prophecy*, nicht als pathologischer Effekt, sondern als technologische List.

Diese Rechnung geht indes höchstens dort auf, wo der politischen Macht Flügel wachsen, mit deren Hilfe sie ihre frohe Botschaft bis in die hintersten Winkel tragen kann. Für Übersetzung und Verbreitung zuständig sind (seit Tocqueville vor bald 200 Jahren ihr heilsames Wirken in Amerika entdeckt hat) jene *intermediären* Gruppierungen, deren Hilfe auch Giddens gerne in Anspruch nähme: »Netzwerke der sozialen Interaktion« bzw. »mannigfaltige Selbsthilfegruppen«, denen das neoliberale Drehbuch »eine wichtige Rolle« einräumt, weil sie öffentliche Botschaften (Zielwerte, -ideale, -haltungen) an private Empfänger nicht nur weitervermitteln, sondern auch nahe genug am Schauplatz des Geschehens sind, um mit sanftem Druck die Resonanz vor Ort zu verstärken.

Selbstachtung »ermächtigt« – und muß selbst ermächtigt werden. Deswegen findet das Motto *to empower people*, wiewohl in konservativen Kreisen zuerst (wieder-)entdeckt (Berger/Neuhaus 1977), auch in progressiv gepolten Politikzirkeln großen Widerhall (s. Cruikshank 1999, 67ff.). Intermediäre Einkreisungstechniken mögen vom persönlichen Aufsichtsrat für den verunsicherten *freelancer* bis zur bewegten Frauengruppe reichen, die innere Revolutionen von Geschlechtsgenossinnen begleitet (Steinem 1992). Richard Sennett zeigt am Beispiel eines Selbsthilfezirkels frisch gefeuerter Arbeiteraristokraten, was *empowerment* unter dem typischen Umstand erzwungener Arbeitslosigkeit bedeutet:

»Ein klares Scheitern ist die persönliche Erfahrung, die die meisten Leute dazu bringt, ihre Angewiesenheit auf andere anzuerkennen. Was an der Erfahrung der IBM-Programmierer am meisten ins Auge fällt, ist die Tatsache, daß sie schließlich von ihrem Scheitern ohne Scham und Schuldgefühl sprechen konnten. Aber die Voraussetzung war, daß andere dieses Schicksal mit ihnen teilten, daß sie nicht allein waren. Auf diese Weise kamen sie einander näher. Ihre Leistung – und das ist genau das richtige Wort – liegt darin, zu einem Zustand zu gelangen, in dem sie sich weder ihrer Bedürfnisse noch ihres eigenen Versagens schämten« (Sennett 1998, 194).

Diese Gruppe setzt sich aus gescheiterten Arbeits-Unternehmern zusammen, die ohne Ermächtigungserfahrung in eine von zwei Fallen tappen würden: entweder mit anderen (dem Kapitalisten) zu hadern oder an sich selbst zu zweifeln. Beide Einstellungen wären destruktiv, weil sie keinen Neuanfang ermöglichen und dadurch eine eigen-willige Re-Integration ins normale Leben blockieren. *Fitneß* durch *empowerment.*

Von noch einem anderen, anders akzentuierten Fall der regulierten Rekonstruktion des »achtbaren« Selbst wird aus dem fernen Australien berichtet. Dort hat vor rund zwei Jahrzehnten die damals »linke« Regierung damit begonnen, ihre Arbeitslosenpolitik grundlegend umzustellen: von passiver Nothilfe auf aktivierende Ermächtigung. Auch dort sollten ausgemusterte Menschen »ermuntert« werden – wie es (s. Evers/Leggewie 1999) hierzulande inzwischen heißt. Zu diesem Zweck erfand man »einen Aktivitätstest, durch den der Unterstützungsempfänger nachweisen muß, daß er sich nicht allein aktiv um eine neue Anstellung bemüht, sondern auch bereit ist, an Schulungs- und berufsvorbereitenden Maßnahmen teilzunehmen«. Bei Langzeitarbeitslosen werden die Anforderungen vertraglich bis ins einzelne ausformuliert und verbindlich gemacht:

»Zum Aktivitätstest gehört danach neben der aktiven Jobsuche ein breites Schulungsprogramm, dessen Nützlichkeit unterstellt oder sogar einvernehmlich akzeptiert wird. Dazu gehören: Englisch-Kurse, Kurse in Schreiben und Rechnen, Spezialisierungskurse, der Beitritt zu *Job Clubs*, *On-the-Job*-Training, die Teilnahme an Ausbildungsprogrammen, die Übernahme von Teilzeit- und Saisonarbeit, eine Therapie zur Verbesserung von Selbstvertrauen, Motivation und Selbstdarstellung sowie ehrenamtliches Engagement« (Dean 1995).

Vieles davon ist direkt nützlich, einiges indirekt. Darunter zählen all jene Vertragselemente, in denen der Empfänger seine Bereitschaft erklärt, die eigene Persönlichkeit – psychologisch betreut, vom eigenen Coach (*case manager*) gelenkt, im Kreise Gleichgefährdeter – soweit fit zu halten, daß er sie selbst achten und anderen (auf dem Arbeitsmarkt) anbieten kann.

Man »geht davon aus«, daß diese Anstrengungen nützen, und macht die Unterstellung für den Klienten via Vertrag sogar obligatorisch, denn ohne seine aktive Unterstützung versackt das Ganze sowieso im Sande. Was aber, wenn alles Illusion wäre, z. B. weil der Status quo (Massenarbeitslosigkeit) signifikante Verbesserungen schlichtweg ausschließt?

Im negativen Falle nimmt »Ermächtigung« eine ganz neue Bedeutung an, und aus *unterstützenden* werden *unterdrückende* Netzwerke. Zum Beispiel der Umgang mit Drogenabhängigen – ihn kann man auch anders organisieren als auf kalifornische Art, nämlich repressiv statt suggestiv. Charles Murray, den wir als Missionar des »kreativen Scheiterns« kennen, ist keineswegs bereit, das Risiko auch dort einzugehen, wo die Gesellschaft mit abweichendem (Drogenkonsum), geschweige denn kriminellem Verhalten (Drogenhandel) umgehen muß. *Zero Tolerance* soll hier gelten, exekutiert von kleinen Gemeinschaften (*little platoons*), »ermächtigt«, vor Ort Recht und Ordnung durchzusetzen.

Einer dieser Orte wäre das Wohnviertel, dessen Regime Murray am liebsten ganz in die Hände der Eigentümer und Vermieter legen würde. Denn, was immer man ihnen nachsagen mag, sie haben nun einmal

»den einen großen Vorzug, daß sie verantwortliche Mieter haben wollen. Soll heißen: Sie bevorzugen Mieter, die regelmäßig Miete zahlen und ihre Wohnung nicht in eine Bruchbude verwandeln. Gibt man ihnen freie Hand, dann werden sie gute Mieter in Ruhe lassen und schlechte hinauswerfen, und das ist eine der wirksamsten Methoden der Sozialisation, die wir in freien Gesellschaften kennen. Doch der ganze Prozeß, in dem Vermieter und Mieter zusammenfinden, erfüllt noch sehr viel mehr Funktionen. Wohnviertel sind (oder waren jedenfalls) komplizierte Sozialgebilde, die ihre eigenen Normen entwickeln und eine ganz bestimmte Sorte von Menschen anziehen« (Murray 1990, 24).

Schulen (und Eltern) oder Firmen (und Arbeitgeber) sind weitere Beispiele dafür, wie privilegierte Agenten, so ihnen kein

»soziales« Gesetz in den Arm fällt, homogene Gemeinschaften konstruieren, um sich vor »asozialen« Risiken zu schützen. *Empowerment* meint hier die Macht zur *Exklusion*.

Ein (im Grunde altes) Muster zeichnet sich ab, das diese Politik der Nachbarschaft (die in mancherlei Varianten vorkommt) mit den kalifornischen »Revolutionsideen« und dem australischen Arbeitslosenprogramm verknüpft: Freiheit besitzen nicht »leere« Menschen, sondern definierte *Persönlichkeiten* – die versprechen, ja (miet-, arbeits-, sozial-)*vertraglich* sich verpflichten müssen, den eingeräumten Spielraum ausschließlich im Rahmen »ihrer« Persönlichkeit zu nutzen. Anders gesagt: Liberalität ist dadurch gekennzeichnet, daß sie »das abweichende Subjekt auffordert, seine Freiheit innerhalb eines Systems von Repräsentationen zu artikulieren. Diese Freiheit kehrt als Versprechen zurück, welches das Subjekt, allein oder ›gemeinschaftlich‹, in sein Versprechen einsperrt« (Bell 1996, 95).

Vertraglichkeit reguliert die *Verträglichkeit*, das Versprechen ermöglicht Vertrauen. Und wer sich in sein Versprechen (sinnbildlich) nicht einsperren läßt, der wird (handgreiflich) eingesperrt. Selbst – oder gerade? – ein agnostisch-sanfter Pragmatismus setzt auf Gewalt an den Grenzen: »institutionelle Stützen« in Gestalt »von Beamten und Polizisten« (Rorty 1988, 21).

Wo die liberalen Freiheitsschützer genau postiert sind – das ändert sich mit den Zeiten. Unter normalen Umständen agieren sie eher zurückgezogen; bei ernsten Gelegenheiten und in nervöseren Gesellschaften rücken ihre Bataillone beliebig weit vor. Zufällig oder nicht gehen dabei größte Freiheit (»Ermächtigung«) und schärfste Repression (»Macht«) ohne weiteres zusammen (Wacquant 2000, 69): Amerika sperrt pro 100 000 Einwohner 650 Menschen ein, sechs- bis zwölfmal soviel wie wir Europäer und fast soviel wie das russische Reich des Bösen.

7. Die Zumutung der Freiheit

Freiheit läßt sich aus vielerlei Perspektiven analysieren. Darunter stechen zwei hervor: der (vertraute) Blick vom Subjekt her und jener (ungewohnte) des Systems (Nagel 1992, 191ff.).

Im ersten Fall versteht man sie als »Handwerk« (Bieri 2001) und stellt sich dann konsequent auf den Standpunkt des einzelnen Menschen, der lernt, seine Freiheit auszuüben – wie eben den Schuster-, Metzger-, Brauer- oder irgendeinen anderen Beruf. Dazu muß er durch eine Schule gehen und eine Lehre absolvieren, um dann schließlich als Meister seines Faches alles zu wissen über das vorgegebene Rohmaterial, die notwendigen Arbeitsvorgänge, geeignete Werkzeuge, geforderte Qualitäten, erlaubte Toleranzen, erzielbare Preise usw.

Wer Freiheit so begreift, weiß sich eins mit dem »handwerklichen« Common sense und dessen steter Sorge um die rechte Ausübung der Freiheit. Er optiert für jenen »selbstverständlichen« Freiheitsbegriff, den wir schon von Rotteck/Welckers Staatslexikon her kennen: Freiheit als (wie Hegel sagt) »schrankenlose Unendlichkeit«, die »reine« *Fähigkeit zu wählen* – ein offenes Spektrum der Wünsche, das aber faktisch von allen möglichen Faktoren eingeschränkt wird und daher, sollen keine Illusionen entstehen oder Kollisionen stattfinden, tunlichst begrenzt werden muß. Es funktioniert wie ein Trichter: »Der Weg von den Gelegenheiten zu den Mitteln und weiter zu den Fähigkeiten ist ein Weg, der immer näher an mich heranführt. Die Spielräume werden mit jedem Schritt persönlicher. Am Ende steht der intimste Spielraum: der Spielraum meines Willens.« Doch auch unser »Wille entsteht nicht im luftleeren Raum. Was wir wünschen und welche unserer Wünsche handlungswirksam werden, hängt von vielen Dingen ab, die nicht in unserer Verfügungsgewalt liegen« (Bieri 2001, 47, 49). Solche Restriktionen muß beachten, wer seinen rohen Willen »bildet«; vor diesem Problem steht jedermann, letztlich für sich allein, eben wie ein Handwerker vor dem Material.

Das älteste Handwerk indes, man weiß es, ist die Freiheit nicht. Deswegen *haben* wir ihre Probleme nicht einfach, sondern haben sie uns irgendwann einmal *gemacht*. Als *masterless men* finden sich erst »moderne« Menschen wieder, teils gezwungenermaßen (weil sie einfach freigesetzt – etwa von ihrem Land vertrieben – worden sind), teils aus eigenem Antrieb (weil man traditionelle Beschränkungen – etwa der Berufswahl – loswerden wollte). Dem »regierenden« Blick erschien die Situation bedrohlich unsicher und ausgesprochen unhand(werk)lich – »alles Stehende und Ständische« war dabei, unwiderruflich zu »verdampfen« (Karl Marx). Dieses Bild erinnert aber eher an industrielle Prozesse, abgestimmt auf Volumen und Masse. Wäre es da nicht angemessener, eine *Industrie der Freiheit* ins Visier zu nehmen: mit ganz anderen Gesetzen, Mechanismen, Idealen, Effekten?

In diesem zweiten Fall stehen *governmental questions* im Blickpunkt: Welche Mittel ermöglichen einen Zugriff auf die menschliche Natur? Wie wird man zum vernünftigen Freiheitsgebrauch erzogen? Wieviel Polizei ist nötig, damit der freie Mensch zur Räson gebracht wird? Wann geht die Freiheit in Verrücktheit über und muß deshalb gebändigt werden? Wieviel Sicherheit soll man für die Freiheit opfern? Aus solcher Warte würde *Regierung der Freiheit* am besten so verstanden wie seit je: Die menschliche Natur muß bezwungen werden, damit ihre rohe »Ungeselligkeit« in eine »gesellige« Freiheit« übergeht. Das Verwandlungsregiment wäre zumutbar, weil ansonsten unser Leben »einsam, armselig, ekelhaft, tierisch und kurz« (Hobbes), also alles andere als freiheitlich wäre.

Doch dagegen steht eine andere Einsicht: Nicht erst der Zwang, sondern schon die *Freiheit ist eine Zumutung*. Dem Handwerker mochte das, unter seinen Lebensbedingungen, noch verborgen bleiben, obwohl auch er schon erste Anzeichen hätte erkennen können. Erinnern wir uns: 1838 stellt Carl von Rotteck in Sachen freie Entscheidung (Hegels »schrankenloser Unendlichkeit«) fest:

»Die Annahme eines solchen Vermögens, worin allein das Wesen der metaphysischen oder absoluten innern Freiheit bestehen kann, ist nun eben das Überschwengliche und Unbegreifliche, aber gleichwohl eine nothwendige Bedingung für die moralische Zurechnung, d. h. für die Idee der (moralischen) Verdienstlichkeit oder Strafbarkeit des tugendhaften oder lasterhaften Wollens; und die Stimme des das selbsteigene Wollen und Handeln richtenden Gewissens nicht minder als das Gefühl für die Hochachtung und des Abscheus, das uns gegen andere je nach der Beschaffenheit ihres Wollens und Handelns durchdringt, nöthigt uns zum Glauben daran« (Rotteck 1838, 61).

Die Rede ist von »Nothwendigkeit« und »Nöthigung« – Freiheit als notwendiges, aufgenötigtes Privileg, dessen Existenz sich keineswegs irgendwelchen metaphysischen Zwängen oder anthropologischen Konstanten verdankt; dahinter steckt vielmehr der *Systemimperativ*, für Mißstände aller Art Menschen statt Milieus verantwortlich zu machen. Weil man die beste aller Welten zu sein vorgab, unfehlbar gelenkt von »unsichtbaren Händen«, »gütigen Fürsten« oder »treuen Dienern«, mußte alles, was Ärger erregte, auf böse Absichten verantwortlicher Subjekte geschoben werden: die deswegen in ihren Entscheidungen *frei zu sein hatten*.

Freiheit als *soziales* und *funktionales Konstrukt* – Rottecks Einsicht in den Zumutungscharakter des ersten Menschenrechts ist später nie mehr überboten, wohl aber verallgemeinert worden. Zum Beispiel von Michel Foucault, dem Analytiker der »industriellen Freiheit«. Mitte des 19. Jahrhunderts sind die Evidenzen schon zu stark, als daß nicht auf den zweiten Blick deutlich geworden wären: »Die ›Aufklärung‹, welche die Freiheiten entdeckt hat, hat auch die Disziplinen erfunden« (Foucault 1981, 285).

Jedenfalls *ihre* Disziplinen, die im weiteren Verlauf vordringlich darauf gerichtet waren, fügsame Körper (für Fabrik und Heer) zu fabrizieren und sich für den Geist nur insoweit zu interessieren schienen, wie er den Körperfunktionen dienlich war oder eben im Wege stand, je nachdem:

»Der Mensch, von dem man uns spricht und zu dessen Befreiung man uns einlädt, ist bereits in sich das Resultat einer Unterwerfung, die viel tiefer ist als er. Eine ›Seele‹ wohnt in ihm und schafft ihm eine Existenz, die selber ein Stück der Herrschaft ist, welche die Macht über den Körper ausübt. Die Seele: Effekt und Instrument einer politischen Anatomie. Die Seele: Gefängnis des Körpers« (Foucault 1981, 42).

Den industriellen Charakter dieser Freiheitsproduktion mag man auch daran ablesen, daß Seelen ihrerseits nur via Körper modelliert werden konnten: Drill, nicht *thrill* beherrschte in jener Zeit die Szene.

In der Nachfolge Foucaults sind weitere Stufen regierter Freiheitlichkeit entdeckt und untersucht worden – bis hin zur neoliberalen (postmodernen) Feier des »unternehmerischen« Subjekts mitsamt seinem »riskanten« Stil (Lemke 1997, Wallulis 1998). Doch auf den allgemeinsten Begriff bringt den Zumutungscharakter jeglicher Art von Freiheit zweifellos die *Systemtheorie.*

Niklas Luhmann spricht, was das Verhältnis des Systems zum Subjekt angeht, von »Freiheitskonzession« und beschreibt damit einen realistisch zurückgeschraubten Steuerungsanspruch, dem das Wissen zugrunde liegt, daß Menschen sowieso nicht vollkommen lenkbar sind: »Der Versuch, den anderen zu berechnen, würde zwangsläufig scheitern. Mit dem Versuch, ihn aus seiner Umwelt heraus zu beeinflussen, kann man Glück haben und Erfahrungen sammeln. Die Unberechenbarkeit wird mit Freiheitskonzessionen aufgefangen, fast könnte man sagen ›sublimiert‹.« Denn, heißt es weiter, »Sublimierung heißt: daß man das, worauf man verzichten *muß*, gänzlich vergißt und es daraufhin aufgewertet zurückerhält« (Luhmann 1987, 156).

Freiheit wäre danach eine Konzession, die auf seiten des Systems als gewährtes, auf seiten des Subjekts als erkämpftes Recht erscheint – das Recht darauf, sein Selbst zu reproduzieren. In diesen Reproduktionsprozeß können moderne, soll heißen: *ausdifferenzierte* Systeme differenziert einhaken und dem Subjekt parasitär Energien entziehen, die sie für ihre Stabilität benötigen:

»Verkürzt gesagt: Die Wirtschaft beutet den ›Besitztrieb‹ des Menschen aus, um Möglichkeiten für zukünftige Zahlungen zu schaffen; das Recht beutet die ›Streitlust‹ der Menschen aus, um Möglichkeiten für zukünftige Normproduktion zu schaffen. Gleichzeitig findet eine Selbstsozialisation der beteiligten Psychen statt. Dabei werden ›Besitztrieb‹ und ›Streitlust‹ unter der Faszination geld- und normorientierter Kommunikation jeweils neu konstituiert« (Hutter/Teubner 1994, 119).

Wobei »Geld« bzw. »Recht« schlicht deshalb faszinieren, weil Subjekte, um zu »kontinuieren«, sich ihrer bedienen müssen. Und so kommt es, daß gerade ein freier Mensch immer wieder der »Gesellschaft fette Beute« wird.

Emanzipation (personale Freiheit) und *Subsumption* (funktionale Freiheit) gehen also Hand in Hand, ja steigern sich wechselseitig. Doch weder können noch dürfen beide Existenzformen jegliche Unterscheidbarkeit verlieren. Hegels End-Formel der Identität von Recht und Pflicht (1986, 304) bedeutet nicht, daß ich das, was ich tue, immer schon allein deswegen tue, weil ich es *soll*, sondern weil *ich* will. Ein *Schleier des Nichtwissens* (John Rawls) muß mich vor der deprimierenden Erkenntnis schützen, ein gut funktionierendes, weil gut geöltes, dabei leicht austauschbares Rädchen zu sein; und eine *Mauer der Trennung* (Michael Walzer) verhindert, daß mich das Sozialleben so weit auslaugt, daß mir keinerlei Reserven bleiben.

Die Existenz der »Mauer« gilt ja seit Georg Simmel als notwendige Bedingung glückender Vergesellschaftung: »Das A priori des empirischen sozialen Lebens ist, daß das Leben nicht ganz sozial ist« (Simmel 1983, 285). Denselben Status hat – wieder nach Simmel – der »Schleier«. Er sorgt dafür, daß die funktionale und existentielle Sicht der Dinge hermetisch gegeneinander abgeschlossen bleiben:

»Nun aber fühlen wir«, – sofern alles glatt läuft – »daß diese soziale Diffusion unsere Persönlichkeit nicht vollkommen auflöst; nicht nur um die schon erwähnten Reserven handelt es sich, um einzelne Inhalte, deren Sinn und Entwicklung von vornherein nur in der Einzelseele ruht und in dem sozialen Zusammenhang überhaupt keine Stelle findet; nicht nur um die *Formung* der sozialen Inhalte, deren Einheit als Individualseele nicht selbst wieder gesellschaftlichen Wesens ist [...]. Sondern vor allem: der gesamte Lebensinhalt, so restlos er aus den sozialen Antezedentien und Wechselbeziehungen erklärbar sein mag, ist doch zugleich unter der Kategorie des Einzellebens zu betrachten« (Simmel 1983, 287).

Alles hat von Anfang an seine zwei Seiten – hier der Subjekt-, dort der Systembezug –, die grundsätzlich nicht gegeneinander durchlässig resp. durchsichtig sind (sein dürfen). Wobei weder »Mauer« noch »Schleier« ein für alle Mal stationär stehen oder wehen, sondern ihre Lage durchaus verändern können. Menschen sind auch in diesem Sinne »flexibel«. Ihre jeweilige Eigenheit ist keineswegs auf heroische Konfrontation oder mürrische Segregation angewiesen, sondern kann sich auch an unscheinbare »Ausformungen« dessen, was Simmel als zweite Gestalt des Individualismus entdeckt hat (Schroer 2001, 284ff.), zeigen: die Überbietung des in den anderen repräsentierten Durchschnitts. Mit ihnen ist man zusammen frei geworden, in *gleicher* Weise; jetzt wähnt sich nur noch frei, wer sich *ungleich* machen kann, also positiv abhebt – und sei es nur in den kleinen Dingen des Alltags, dessen Differenzierung am Ende nicht einmal mehr den zentralen Arbeits- und Berufsbereich erfassen muß, sondern in individuellen Konsumunterschieden am Rande Befriedigung findet. Bescheidene Fluchten in minimale Distinktionen stehen auf dem Programm: Dieser *besondere* Mensch »kann besser oder sicherer wohnen, schöneren Urlaub genießen, kostspieligeren Freizeitbeschäftigungen nachgehen« als irgendein anderer und vorzugsweise natürlich der Nachbar (Leisner 1976, 57).

Kurzum: Das Subjekt glaubt, seine *Stelle* im System sei *seine* Stelle, jener soziale Ort, an den es der private Ehrgeiz und die persönliche Anlage hingeführt hätten, an dem es deshalb eigentümliche Freuden genießen könne und auch eine individuelle Verantwortung zu tragen habe. Nützlich, rechtlich, männlich mögen sich alle verhalten, gleichwohl »steht man seinen Mann«, unvergleichlich, unersetzlich, unabkömmlich.

Ohne »Mauer« und »Schleier« wäre nicht zu erklären, weshalb die »handwerkliche« Freiheit ihre Industrialisierung fast ungebrochen überstanden hat. Sogar Philosophen debattieren über Freiheit ungerührt so, als ob der Mensch das Maß aller Dinge und ganz Herr seiner Entscheidungen sei. Ihre Theorien spiegeln daher nur noch die halbierte Welt des Subjekts wider und leben davon, daß dessen Träume nicht erodieren. Was freilich zunehmend geschieht.

Führen wir uns noch einmal das Leben vor, dem der Stempel des »Selbstmanagements« (Peters 2001) aufgedrückt wird, weil es sich anders ökonomisch nicht mehr verwerten läßt. »Machen Sie aus sich die ICH AG«, heißt die ebenso reißerische wie treffende Devise (der Untertitel) – treffend deshalb, weil Personen mit Haut und Haar zur eigenen Disposition stehen: Jede Faser des Körpers, jede Nische des Geistes gilt als frei verfügbares Investitionsmittel, deren Einsatz pausenlos im Dienste von Überleben und Fortkommen optimiert werden muß. Man wird zum rücksichtslosen Unternehmer, der unter den besonders scharfen Bedingungen atomistischer Konkurrenz seine Faktorenausstattung laufend überprüft, einsetzt, erneuert, abschreibt, permanent den persönlichen Bankrott vor Augen.

Die »Poren des Arbeitstages« schließen sich. Freizeit ist die Fortsetzung der Arbeit mit anderen Mitteln, kein erholsamer Gegenpol fängt den Berufsstreß auf, jede Lebensäußerung wird dem Überlebenskalkül subsumiert. Die Nahrungs- dient der

Kontaktaufnahme (»Ich lasse kein Essen ungenutzt«; Peters 2001, 20), aus unterhaltsamen Journalen soll man nutzbare Inspirationen ziehen, ein richtiger Urlaub, weit davon entfernt, den Menschen auszuspannen, erzeugt Anspannung, Freunde fungieren am besten als »Aufsichtsrat« – weshalb es auch keineswegs ausgemacht erscheint, daß »Gemeinschaft als Mittel gegen Drift« dient (Sennett 1998, 159ff.). Weil jeder Stillstand Rückschritt wäre, darf es die Unterbrechung des *drift* gerade nicht geben – sie würfe zurück im existentiellen Ausscheidungskampf, vielleicht sogar aussichtslos. Das Schlimme ist die Unsicherheit. Solange Leistung sich lohnt, weiß jeder im Prinzip, wo er steht; doch unter den Auspizien des neuen Arbeitskraftunternehmer-Regimes lohnt ausschließlich der Erfolg (Neckel 1999, Minssen 2000) – und da weiß man Genaueres erst im nachhinein, also zu spät, um »Aufregungsschäden« (Luhmann) zu vermeiden.

Derartige Verhältnisse zerreißen den Schleier des Nichtwissens und schleifen die Mauern der Trennung. Hat Simmel recht, ist das eine Rechnung ohne den Menschen. Und nicht von ungefähr regt sich Skepsis:

> »Welche Folgen die vollständige Indienstnahme der Subjektivität der Arbeitenden für die Gesellschaft hätte, bedarf kaum umfangreicher Ausführungen. Könnte es in einer Welt, die durch das Modell des ›Arbeitskraftunternehmers‹ beherrscht wird, noch Menschen in nennenswerter Zahl geben, die Kinder in die Welt setzen und aufziehen, die sich in der Gemeinde, in Vereinen, Bürgerinitiativen oder Parteien engagieren? Könnte die Wirtschaft selbst am Ende unter solchen Voraussetzungen noch erfolgreich sein?« (Deutschmann 2001, 68)

Man könnte auch sagen: *Männlichkeit emanzipiert sich von Nützlichkeit und Redlichkeit*, was die Gesellschaft nicht aushält. Und *der Mann*? Scheitern ist tabu (Sennett 1998, 159ff.), gleichwohl findet es statt: Er »brennt aus«, »der Akku ist leer«, die »Herzen« versagen – nicht immer, aber immer häufiger. Die Frau an seiner Seite mag dann an seine Stelle treten oder ironisch den Herzinfarkt parodieren.

Solche freiheitlichen Perspektiven vor Augen, denkt das Lager der Regierbarkeit bereits weiter (s. Geyer 2001) und läutet die Ära des »*Lebens*« ein: »Warum nicht«, fragen neuerdings politische (oder politisierende) Biologen im Hinblick auf das Eingriffspotential genetischer Technologien, »durch gezielte

Eingriffe Krankheiten heilen, Körper verbessern und Menschen menschlicher machen? Die Idee von der Geschichtlichkeit des Menschen beschränkt sich nicht mehr allein auf Kultur und Gesellschaft, sondern umfaßt nunmehr auch die menschliche Natur und den menschlichen Körper« (Bude 2001).

Offensichtlich »ermächtigten« sich hier einige und bestimmen über das Leben anderer, dessen Qualität sie reparierend oder korrigierend heben wollen. »Aber«, hat Hans Jonas schon sehr früh gefragt, »wessen Macht ist das – und über wen oder was? Offenbar die Macht Jetziger über Kommende, welche die wehrlosen Objekte vorausliegender Entscheidungen der Planer von heute sind. Die Kehrseite heutiger Macht ist die spätere Knechtschaft Lebendiger gegenüber Toten« (Jonas 1985, 186). Die »Kinder der Freiheit« (Ulrich Beck) würden dann, kaum daß sie das Licht der postmodernen Welt erblickt haben, schon wieder zu etwas ganz anderem mutieren und sich in fügsame Geschöpfe *fremder* Freiheit verwandeln.

Eugenik statt Erziehung, wo es einmal *Erziehung statt Erkenntnis* hieß? Gegen diese (vorschnelle?) Dramatisierung kann man Differenzen stark machen (Habermas 2001): Wer repräsentiert die erziehende Generation, öffentlich bestallte Philosophen (Sloterdijk 1999) oder besorgte Eltern mit ihren privaten Sorgen? Und: Werden Wunschkinder programmiert oder einfach Krankheitsbilder korrigiert? Aus »freiheitlicher« Warte akzeptabel, ja fortschrittlich wäre vielleicht das genetische Regiment persönlich verantworteter Leidensminimierung, eben eine »liberale Eugenik« (Habermas 2001).

Unterschiede existieren gewiß und sind ethisch erheblich. Aber müssen wir nicht damit rechnen, daß – im Verein mit privatem Ehrgeiz – politische Ambitionen moralische »Mauern« früher oder später schleifen? (Fukuyama 2002) Dann würde uns die *Freiheit der Regierung* mehr beschäftigen als die Regierung der Freiheit.

Literatur

Adair, Douglass G., *The Intellectual Origins of Jeffersonian Democracy*, Lanham 2000.

Arendt, Hannah, *Über die Revolution*, München/Zürich 1986.

Anderson, Elizabeth, »John Stuart Mill: Democracy as Sentimental Education«, in: Oksenberg Rorty 1998, S. 333-352.

Archer, John M., *Sovereignty and Intelligence*, Stanford 1993.

Atlas, James, »The Million-Dollar Diploma«, in: *The New Yorker*, 19.7. 1999, S. 42-51.

Augustinus, Aurelius, *Bekenntnisse*, München 1994.

Baier, Annette C., *A Progress of Sentiments*, Cambridge/London 1991.

–, »Hume on Moral Sentiments, And the Difference They Make«, in: Oksenberg Rorty 1998, S. 227-237.

Barker-Benfield, G. J., *The Culture of Sensibility*, Chicago/London 1992.

Bataille, Georges, *Die psychologische Struktur des Faschismus*, München 1978.

Bauman, Zygmunt, »Freiheit und Sicherheit. Die unvollendete Geschichte einer stürmischen Beziehung«, in: Elisabeth Anselm u. a. (Hg.), *Die neue Ordnung des Politischen*, Frankfurt/New York 1999, S. 23-34.

Beck, Ulrich, *Die Risikogesellschaft*, Frankfurt/M. 1986.

–, (Hg.), *Kinder der Freiheit*, Frankfurt/M. 1997.

Beck-Gernsheim, Elisabeth, *Was kommt nach der Familie?*, München 1998.

Behnke, Cornelia/Renate Liebold, »Beruflich erfolgreiche Männer: Belastet von der Arbeit – belästigt von der Familie«, in: Peter Döge/ Michael Meuser (Hg.), *Männlichkeit und soziale Ordnung*, Opladen 2001, S. 141-157.

Bell, Vikki, »The Promise of Liberalism and the Performance of Freedom«, in: Andrew Barry/Thomas Osborne/Nikolas Rose (Hg.), *Foucault and the Political Reason*, Chicago 1996, S. 81-97.

Bellamy, Richard, *Liberalism and Modern Society*, University Park 1992.

Berger, Peter L./Richard J. Neuhaus, *To Empower People*, Washington 1977.

Bericht der Kommission *Zukunftsperspektiven gesellschaftlicher Entwicklungen*, Stuttgart 1983.

Berlin, Isaiah, *The Magus of the North*, New York 1993.

– *Freiheit. Vier Versuche*, Frankfurt/M. 1995.

–, »The Art of Being Ruled«, in: *Times Literary Supplement*, 15.2. 2002, S. 14-16.

Berns, Walter, *Taking the Constitution Seriously*, New York 1987.

Bieri, Peter, *Das Handwerk der Freiheit. Über die Entdeckung des eigenen Willens*, München 2001.
Blits, Jan H., »Hobbesian Fear«, in: *Political Theory* 17, 1989, S. 417-431.
Bourgeois, Léon, *Solidarité*, Paris 1922.
Bowring, John (Hg.), *The Works of Jeremy Bentham*, Bd. IV, New York 1962.
Boyer, Paul, S., *Urban Masses and Moral Order in America: 1820-1920*, Cambridge 1995.
Boyne, Roy, »Post-Panopticism«, in: *Economy and Society* 29, 2000, S. 285-307.
Bremner, Robert H., *American Philanthropy*, Chicago/London 1988.
Bröckling, Ulrich, »Das unternehmerische Selbst und seine Geschlechter«, in: *Leviathan* 30, 2002, S. 175-194.
–/Susanne Krasmann/Thomas Lemke (Hg.), *Gouvernementalität der Gegenwart*, Frankfurt/M. 2000.
Bude, Heinz, »Das Ende der Gesellschaft«, in: *Neue Zürcher Zeitung*, 15./16. 1. 2001.
Burke, Edmund, »Über die französische Revolution«, in: ders./Friedrich Gentz, *Über die französische Revolution*, Berlin 1991, S. 47-392.
Butler, Judith, *Das Unbehagen der Geschlechter*, Frankfurt/M. 1991.
Campbell, Jill: »›When Men turn Women‹: Gender Reversals in Fielding's Plays«, in: Felicity Nussbaum/Laura Brown (Hg.), *The New Eighteenth Century*, New York/London, 1987, S. 62-83.
Carnegie, Dale, *Wie man Freunde gewinnt*, Bern u. a. 2000.
Castel, Robert, »From Dangerousness to Risk«, in: Graham Burchell/Colin Gordon/Peter Miller (Hg.), *The Foucault Effect. Studies in Governmentality*, Chicago 1991, S. 281-298.
Cawelti, John G., *Apostels of the Self-Made Man*, Chicago-London 1965.
Coase, Ronald H., »The Problem of Social Cost«, in: *The Journal of Law and Economics* 3, 1960, S. 1-44.
Collini, Stefan, »The Idea of ›Character‹ in Victorian Political Thought«, in: *Transactions of the Royal Historical Society* 35, 1985, S. 29-50.
Connolly, William E., *The Augustinian Imperative: A Reflection on the Politics of Morality*, New York 1993.
Constant, Benjamin, *Über die Freiheit*, Basel 1946.
Coontz, Stephanie, *The Way We Never Were*, New York 1992.
Crèvecœur, I. Hector St. John, *Letters from an American Farmer*, New York 1986.
Cruikshank, Barbara, »Revolutions Within: Self-Government and Self-Esteem«, in: Andrew Barry/Thomas Osborne/Nikolas Rose (Hg.), *Foucault and Political Reason*, Chicago 1996, S. 231-251.
–, *The Will To Empower*, Ithaca/London 1999.
Csikszentmihalyi, Mihaly, *Flow. Das Geheimnis des Glücks*, Stuttgart 1993.

–, *Lebe gut!*, Stuttgart 1999.
Dahlmann, Friedrich Christoph, *Die Politik*, Frankfurt/Leipzig 1997.
Deutschmann, Christoph, »Die Gesellschaftskritik der Industriesoziologie – ein Anachronismus«, in: *Leviathan* 29, S. 58-69.
Dean, Mitchell, »Governing the Unemployed in an Active Society«, in: *Economy and Society* 24, 1995, S. 559-583.
–, *Governmentality*, London u. a. 1999.
Descartes, René, *Abhandlung über die Methode des richtigen Vernunftgebrauchs*, Stuttgart 1963.
Deutschmann, Christoph, »Die Gesellschaftskritik der Industriesoziologie – ein Anachronismus«, in: *Leviathan* 29, 2001, S. 58-69.
Diderot, Denis, *Rameaus Neffe*, Stuttgart 1987.
Dietze, Gottfried, *Zur Verteidigung des Eigentums*, Tübingen 1978.
Donzelot, Jacques, *Die Ordnung der Familie*, Frankfurt/M. 1979.
–, *L'invention du social*, Paris 1984.
Douglas, Ann, *The Feminization for American Culture*, New York 1977.
Drescher, Seymour (Hg.), *Tocqueville and Beaumont on Social Reform*, New York 1968.
Dunn, John, »From Applied Theology to Social Analysis: The Break Between John Locke and the Scottish Enlightenment«, in: Istvan Hont/Michael Ignatieff (Hg.), *Wealth and Virtue*, Cambridge 1983, S. 119-135.
Durkheim, Emile, *Erziehung, Moral und Gesellschaft*, Frankfurt/M. 1984.
–, *Über soziale Arbeitsteilung*, Frankfurt/M. 1992.
Ehrenreich, Barbara, *The Hearts of Men*, New York u. a. 1983.
–, *Blutrituale*, Reinbek b. Hamburg 1999.
Emerson, Ralph Waldo, *Essays*, Zürich 1983.
Etzioni, Amitai, *The Moral Dimension*, New York 1988.
–, *Die Verantwortungsgesellschaft*, Frankfurt/M. 1997.
–, *The Limits of Privacy*, New York 1999.
Evers, Adalbert/Claus Leggewie, »Der ermunternde Staat«, in: *Gewerkschaftliche Monatshefte* 6, 1999, S. 331-340.
Ewald, François, *Der Vorsorgestaat*, Frankfurt/M. 1993.
Feeley, Malcolm/Jonathan Simon, »Actuarial Justice: The Emerging New Criminal Law«, in: David Nelken (Hg.), *The Futures of Criminology*, London u. a. 1994, S. 173-201.
Forde, Steven, »Benjamin Franklin's ›Autobiography‹ and the Education of America«, in: *American Political Science Review* 86, 1992, S. 357-368.
Foucault, Michel, *Überwachen und Strafen*, Frankfurt/M. 1981.
–, *Der Wille zum Wissen*, Frankfurt/M. 1983.
–, *In Verteidigung der Gesellschaft*, Frankfurt/M. 1999.

Frank, Robert H./Philip J. Cook, *The Winner-Take-All-Society*, New York u. a. 1995.
Franklin, Benjamin, *The Papers of Benjamin Franklin*, Bd. IV, hg. v. Leonhard W. Labaree, New Haven 1961.
–, *Autobiographie*, Leipzig/Weimar 1983.
Freud, Sigmund, »Das Unbehagen in der Kultur«, in: ders., *Abriß der Psychoanalyse – Das Unbehagen in der Kultur*, Frankfurt/M. 1990, S. 63-129.
Fukuyama, Francis, *Das Ende des Menschen*, Stuttgart/München 2002.
Galbraith, John K., *Gesellschaft in Überfluß*, München 1972.
Gay, Peter, »Locke on the Education of Paupers«, in: Oksenberg Rorty (1998), S. 190-191.
Gert, Bernard, »Hobbes' Psychology«, in: Tom Sorell (Hg.), *The Cambridge Companion to Hobbes*, Cambridge 1996, S. 157-174.
Geyer, Christian (Hg.), *Biopolitik*, Frankfurt/M. 2001.
Giddens, Anthony, *Jenseits von Links und Rechts*, Frankfurt/M. 1997.
Giersch, Herbert, »Das neue Zeitalter der Unternehmer«, in: *Frankfurter Allgemeine Zeitung*, 30. 3. 1985.
–, »Moral als Standortfaktor«, in: *Frankfurter Allgemeine Zeitung*, 31. 12. 1994
Gilder, George, *Wealth and Poverty*, New York u. a. 1981.
–, *The Spirit of Enterprise*, New York 1984.
Gillespie, Michael A., »Theological Origins of Modernity«, in: *Critical Review* 13, 1999, S. 1-30.
Gilligan, Carol, *Die andere Stimme*, München 1985.
Goebel, Johannes/Christoph Clermont, *Die Tugend der Orientierungslosigkeit*, Berlin 1997.
Greven, Philip, *The Protestant Temperament*, Chicago 1988.
–, *Spare the Child*, New York 1991.
Gunn, J. A. W., »›Interest will not lie‹«, in: *Journal for the History of Ideas* 29, 1968, S. 551-564.
Habermas, Jürgen, *Strukturwandel der Öffentlichkeit*, Neuwied/Berlin 1965.
–, *Die Zukunft der menschlichen Natur. Auf dem Weg zur liberalen Ethik?* Frankfurt/M. 2001.
Hacking, Ian, *The Taming of Chance*, Cambridge 1995.
Hahn, Alois: »Zur Soziologie der Beichte und anderer Formen institutionalisierter Bekenntnisse: Selbstthematisierung und Zivilisationsprozeß«, in: *Kölner Zeitschrift für Soziologie und Sozialpsychologie* 34, 1982, S. 408-434.
Halter, Martin, »Die Spürnase Gottes«, in: *Frankfurter Allgemeine Zeitung*, 5. 3. 2001.

Hamann, Johann Georg, »Brief an Christian Jacob Kraus [Königsberg, 18. 12. 1784]«, in: Ehrhard Bahr (Hg.), *Was ist Aufklärung*, Stuttgart 1992, S. 18-21.
Hamilton, Alexander/George Madison/John Jay, *Die ›Federalist‹-Artikel*, Paderborn u. a. 1994.
Hansen, Klaus, *Die Mentalität des Erwerbs*, Frankfurt 1992.
Hasbach, Wilhelm, »Larochefoucauld und Mandeville«, in: *Jahrbuch für Gesetzgebung und Volkswirtschaft im deutschen Reich* 14, 1890, S. 1-43.
Hegel, Georg W. F., *Grundlinien der Philosophie des Rechts*, Frankfurt/M. 1986.
–, *Vorlesung über die Philosophie der Geschichte*, Stuttgart 1989.
–, *Phänomenologie des Geistes*, Frankfurt/M. 1998.
Hellmuth, Eckhart, »Praktische Philosophie und Wirtschaftsgesinnung«, in: *Archiv für Kulturgeschichte* 68, 1986, S. 135-149.
Herrmann, Ulrich, »Die Pädagogik der Philanthropen«, in: Hans Scheuerl (Hg.), *Klassiker der Pädagogik I*, München 1991, S. 135-158.
Herzog, Don, *Happy Slaves*, Chicago/London 1989.
–, *Poisoning the Minds of the Lower Orders*, Princeton 1998.
Hettling, Manfred/Stefan-Ludwig Hoffmann, »Der bürgerliche Wertehimmel«, in: *Geschichte und Gesellschaft* 23, 1997, S. 333-359.
Hill, Christopher, *Liberty Against the Law*, London 1996.
Himmelfarb, Gertrude, »The Haunted House of Jeremy Bentham«, in: Richard Herr/Harold D. Parker (Hg.), *Ideas in History*, Durham, N. C. 1965, S. 199-238.
–, *The Idea of Poverty*, New York 1985.
–, *The De-Moralization of Society*, New York 1995.
Hirschman, Albert O., *Leidenschaften und Interessen*, Frankfurt/M. 1980.
–, »Der Begriff des Interesses: Von der Beschönigung zur Tautologie«, in: ders., *Entwicklung, Markt und Moral*, Frankfurt/M. 1993, S. 132-149.
–, *Denken gegen die Zukunft*, Frankfurt/M. 1995.
Hobbes, Thomas, *Der Leviathan*, Frankfurt/M. 1986.
–, *Behemoth oder Das Lange Parlament*, Frankfurt/M. 1991.
–, *Vom Bürger. Vom Menschen*, Hamburg 1994.
Holmes, Stephen, *Passions and Constraints*, Chicago/London 1995.
Hume, David, »Concerning Moral Sentiment«, in: *The Philosophical Works of David Hume*, Edingburgh 1826, S. 366-377.
–, *Ein Traktat über die menschliche Natur I*, Hamburg 1989.
–, *Ein Traktat über die menschliche Natur II-III*, Hamburg 1978.
–, *Eine Untersuchung über die Prinzipien der Moral*, Stuttgart 1984.
–, »Idea of a Perfect Commonwealth«, in: ders., *Essays – Moral, Political, and Literary*, Indianapolis 1987, S. 512-529.
Honneth, Axel, *Der Kampf um Anerkennung*, Frankfurt/M. 1992.

Howard, Dick, *Die Grundlegung der amerikanischen Demokratie*, Frankfurt/M. 2001.
Hundert, Ed J., »The Making of ›homo faber‹: John Locke between Ideology and History«, in: *Journal of the History of Ideas* 32, 1972, S. 3-22.
–, »Augustine and the Sources of the Divided Self«, in: *Political Theory* 20, 1992, S. 86-104.
Hutcheson, Francis, *Philosophical Writings*, London 1994.
Hutter, Michael/Gunther Teubner, »Der Gesellschaft fette Beute. *Homo juridicus* und *homo oeconomicus* als kommunikationserhaltende Fiktionen«, in: Peter Fuchs/Andreas Göbel (Hg.), *Der Mensch – Medium der Gesellschaft?*, Frankfurt/M. 1994, S. 110-145.
Jonas, Hans, *Technik, Medizin und Ethik*, Frankfurt 1987.
Jünger, Ernst, *Tagebücher I*, Stuttgart 1978.
–, *Essays I*, Stuttgart o. J.
Kahn, Paul W., *The Reign of Law*, New Haven/London 1997.
Kant, Immanuel, *Schriften zur Geschichtsphilosophie*, Stuttgart 1974.
–, *Anthropologie in pragmatischer Hinsicht*, Stuttgart 1983.
–, *Kritik der praktischen Vernunft*, Stuttgart 1980.
–, *Grundlegung zur Metaphysik der Sitten*, Stuttgart 1984a.
–, *Zum ewigen Frieden*, Stuttgart 1984b.
–, *Die Metaphysik der Sitten*, Frankfurt/M. 1989.
–, »Über Pädagogik«, in: ders., *Schriften zur Anthropologie, Geschichtsphilosophie, Politik und Pädagogik 2*, Frankfurt/M. 1991, S. 691-761.
–, »Beantwortung der Frage: Was ist Aufklärung?«, in: Ehrhard Bahr (Hg.), *Was ist Aufklärung?*, Stuttgart, 1992, S. 9-18.
Kersting, Wolfgang, *Die politische Philosophie des Gesellschaftsvertrags*, Darmstadt 1994.
Kohut, Heinz, *Narzißmus*, Frankfurt/M. 1976.
König, Helmut, *Zivilisation und Leidenschaften. Die Masse im bürgerlichen Zeitalter*, Reinbek b. Hamburg 1992.
Kracauer, Siegfried, *Die Angestellten*, Frankfurt/M. 1980.
Kriegel, Blandine, *The State and the Rule of Law*, Princeton 1995.
Krüger, Herbert, »Brüderlichkeit – das dritte, fast vergessene Ideal«, in: Hans Spanner u. a. (Hg.), *Festgabe für Theodor Maunz*, München 1971, S. 249-265.
Kupiec Cayton, Mary, *Emerson's Emergence*, Chapel Hill/London 1989.
La Rochefoucauld, François, *Maximen und Reflexionen*, Stuttgart 1988.
Lasch, Christopher, *The Culture of Narcissism*, New York 1979a.
–, *Haven in a Heartless World*, New York 1979b.
Lavater, Johann Caspar, *Von der Physiognomik*, Frankfurt/M. 1991.
–, *Physiognomische Fragmente*, Stuttgart 1999.
Le Bon, Gustave, *Psychologie der Massen*, Stuttgart 1982.

Leisner, Walter, »Kleineres Eigentum – Grundlage unserer Staatsordnung«, in: Otmar Issing/Walter Leisner, *›Kleineres Eigentum‹ – Grundlage unserer Staats- und Wirtschaftsordnung*, Göttingen 1976, S. 51-88.
–, *Der Führer*, Berlin 1983.
Leites, Edmund, *Puritanisches Gewissen und moderne Sexualität*, Frankfurt/M. 1988.
Lemke, Thomas, *Eine Kritik der politischen Vernunft*, Hamburg/Berlin 1997.
Locke, John, *Versuch über den menschlichen Verstand*, Bd. I/II, Hamburg 1981.
–, *Gedanken über Erziehung*, Stuttgart 1983.
–, *Über die Regierung*, Stuttgart 1988.
Lotter, Maria-Sibylla, »Das individuelle Gesetz. Zu Simmels Kritik an der Lebensfremdheit der kantischen Moralphilosophie«, in: *Kant-Studien* 91, 2000, S. 178-203.
Lovejoy, Arthur O., *Reflections on Human Nature*, Baltimore 1961.
–, *Die große Kette der Wesen*, Frankfurt/M. 1985.
Luhmann, Niklas, »Die Voraussetzung der Kausalität«, in: Niklas Luhmann/Karl Eberhard Schorr (Hg.), *Zwischen Technologie und Selbstreferenz*, Frankfurt/M. 1982, S. 41-50.
–, *Soziale Systeme*, Frankfurt/M. 1987.
Machiavelli, Nicolo, *Der Fürst*, Stuttgart 1961.
Maier, Hans, *Die ältere deutsche Staats- und Verwaltungslehre*, München 1986.
Mandeville, Bernard, *Die Bienenfabel*, Frankfurt/M. 1980.
–, *Eine Streitschrift für öffentliche Freudenhäuser oder ein Versuch über die Hurerei*, München/Wien 2001.
Marshall, David, »Rousseau and the State of Theatre«, in: *Representations* 13, 1986, S. 84-113.
Marx, Karl, »Manifest der Kommunistischen Partei«, in: ders., *Die Frühschriften*, Stuttgart 1971, S. 525-560.
Marx, Leo, *The Machine in the Garden*, New York 1967.
Matthews, Richard K, *The Radical Politics of Thomas Jefferson*, Lawrence 1986.
–, *If Men Were Angels*, Lawrence 1995.
Maus, Ingeborg, *Zur Aufklärung der Demokratietheorie*, Frankfurt/M. 1992.
McCoy, Drew R., *The Elusive Republic*, New York/London 1980.
Melzer, Arthur M., *The Natural Goodness of Man*, Chicago/London 1990.
Metha, Uday Singh, *The Anxiety of Freedom*, Ithaca/London 1992.
Mill, John Stuart, *Betrachtungen über die repräsentative Demokratie*, Paderborn 1971.
–, *Über die Freiheit*, Stuttgart 1974.

–, *Principles of Political Economy, Books IV and V*, London 1985.
Minssen, Heiner (Hg.), *Begrenzte Entgrenzungen*, Berlin 2000.
Mitchell, Joshua, *The Fragility of Freedom*, Chicago/London 1995.
Mohl, Robert v., *Die Polizei-Wissenschaft nach den Grundsätzen des Rechtsstaates, Bd. II*, Tübingen 1844.
Mohl, Robert v./K. Mathy, Artikel »Gewerbe- und Fabrikwesen«, in: Rotteck/Welcker, S. 738-780.
Montaigne, Michel de, *Die Essays*, Stuttgart 1989.
Montesquieu, Charles Louis Secondat, Baron de, *Vom Geist der Gesetze*, Stuttgart 1965.
Morgan, Edmund S., *The Puritan Family*, New York 1966.
–, »Safety in Numbers: Madison, Hume and the Tenth ›Federalist‹«, in: *Huntington Library Quarterly* 49, 1986, S. 95-112.
Murray, Charles A., »How To Win the War on Drugs«, in: *The New Republic*, 21. 5. 1990, S. 19-25.
–, *What It Means to be a Libertarian*, New York 1997.
Myers, Milton L., *The Soul of Modern Economic Man*, Chicago/London 1983.
Nagel, Thomas, *Der Blick von nirgendwo*, Frankfurt/M. 1992.
Neckel, Sighard, »Blanker Neid, blinde Wut? Sozialstruktur und kollektive Gefühle«, in: *Leviathan* 27, 1998, S. 145-165.
Neumann, Franz, *Die Herrschaft des Gesetzes*, Frankfurt/M. 1980.
Nida-Rümelin, Julian, »Bellum omnium contra omnes«, in: Wolfgang Kersting (Hg.), *Thomas Hobbes. Leviathan*, Berlin 1996, S. 109-130.
Nietzsche, Friedrich, *Zur Genealogie der Moral*, Frankfurt/Leipzig 1991.
Nitschke, August, »Der Abschied vom Individuum«, in: August Nitschke u. a. (Hg.), *Jahrhundertwende. Der Aufbruch in die Moderne 1880-1930*, Bd. 2, Reinbek b. Hamburg 1990, S. 221-248.
Oksenberg Rorty, Amélie (Hg.), *Philosophers on Education*, London/New York 1998.
Olmsted, Frederick Law, *Civilizing American Cities* (hg. von S. B. Sutton), New York 1997.
O'Malley, Michael, »Specie and Species: Race and the Money Question in Nineteenth-Century America«, in: *The American Historical Review* 99, 1994, S. 369-395.
O'Malley, Pat, »Uncertain Subjects: Risks, Liberalism and Contract«, in: *Economy and Society* 29, 2000, S. 460-484.
Ortega y Gasset, José, *Der Aufstand der Massen*, Reinbek b. Hamburg 1959.
Pangle, Lorraine Smith/Thomas L. Pangle, *The Learning of Liberty*, Lawrence 1993.

Passmore, J. A., »The Malleability of Man in Eighteenth-Century Thought«, in: Earl R. Wasserman (Hg.), *Aspects of Eighteenth Century*, Baltimore 1965, S. 20-46.
Peel, John D. Y., *Herbert Spencer. The Evolution of a Sociologist*. New York 1971.
Perrow, Charles, *Normale Katastrophen*, Frankfurt/M. 1989.
Peters, Emil, *Menschenkenntnis und Charakterkunde*, Konstanz 1922.
Peters, Tom, *Selbstmanagement*, München 2001.
Peterson, Merrill D., *The Portable Thomas Jefferson*, New York 1985.
Pinchot, Gifford, *Intrapreneuring: Mitarbeiter als Unternehmer*, Wiesbaden 1988.
Pocock, John A. G., *Die andere Bürgergesellschaft*, Frankfurt/M. 1993.
Podhoretz, Norman, *Doings and Undoings: The Fifties and After in American Writing*, New York 1964.
Porter, Theodore, *The Rise of Statistical Thinking*, Princeton 1986.
Procacci, Giovanna, *Gouverner la misère*, Paris 1993.
Pufendorf, Samuel von, *Über die Pflicht des Menschen und des Bürgers nach dem Gesetz der Natur*, Frankfurt/Leipzig 1994.
Quételet, Adolphe, *A Treatise on Man*, New York 1968.
Randall, Marilyn, *Pragmatic Plagiarism*, Toronto 2001.
Rawls, John, »Justice as Fairness«, in: *The Philosophical Review* 67, 1958, 164-194.
–, *Eine Theorie der Gerechtigkeit*, Frankfurt/M. 1979.
–, *Politischer Liberalismus*, Frankfurt/M. 1998.
Reich, Robert B., *The Future of Success*, New York 2001.
Reulecke, Jürgen, *»Ich möchte so einer werden wie die ...«. Männerbünde im 20. Jahrhundert*, Frankfurt/New York 2001.
Riesman, David, *Die einsame Masse*, Reinbek b. Hamburg 1958.
Ritter, Joachim, *Hegel und die französische Revolution*, Frankfurt/M. 1972.
Rorty, Richard, *Solidarität oder Objektivität*, Stuttgart 1988.
–, *Kontingenz, Ironie und Solidarität*, Frankfurt/M. 1989.
Rose, Nikolas, *Governing the Soul*, London/New York 1989.
–, *Powers of Freedom*, Cambridge 1999.
Rotteck, Carl v., Artikel »Freiheit«, in: Rotteck/Welcker, S. 60-75.
Rotteck, Carl v./Carl Welcker (Hg.), *Das Staats-Lexikon. Encyklopädie der sämmtlichen Staatswissenschaften für alle Stände*, Altona 1838ff.
Rotundo, E. Anthony, *American Manhood*, New York 1993.
Rousseau, Jean-Jacques, *Bekenntnisse*, Frankfurt/M. 1985.
–, *Schriften*, Bd. I, Frankfurt/M. 1988.
–, *Politische Schriften*, Zürich 1989.
–, *Gesellschaftsvertrag*, Stuttgart 1991.
Rubin, Harriet, *Machiavelli für Frauen*, Frankfurt/M. 2000.

Rüstow, Alexander, »Nicht Versorgungsstaat, sondern Vitalpolitik«, in: *Vorträge anläßlich der Internationalen Frühjahrstagung des Wirtschaftsrings e. V.*, Bonn, Aachen 1958, S. 3-26.
Rufin, Jean-Christophe, *Die Diktatur des Liberalismus*, Reinbek b. Hamburg 1994.
Sandel, Michael, *Liberalism and the Limitis of Justice*, Cambridge, Mass. 1987.
Schelsky, Helmut, *Der selbständige und der betreute Mensch*, Frankfurt/M. u. a. 1978.
Sartori, Giovanni, *Demokratietheorie*, Darmstadt 1992.
Schmidt, Daniel, *Der pädagogische Staat*, Baden-Baden.
Schneider, Manfred, »La Rochefoucauld und die Aporien der Selbsterkenntnis«, in: *Merkur* 475/476, 1988, S. 730-741.
Schroer, Markus, *Das Individuum der Gesellschaft*, Frankfurt/M. 2001.
Schwarz, Michael, »›Proletarier‹ und ›Lumpen‹. Sozialistische Ursprünge eugenischen Denkens«, in: *Vierteljahresschrift für Zeitgeschichte* 42, 1994, S. 537-570.
Sennett, Richard, *Verfall und Ende des öffentlichen Lebens. Die Tyrannei der Intimität*, Frankfurt/M. 1986.
–, *Der flexible Mensch*, Berlin 1998.
Shain, Barry Allen, *The Myth of American Individualism*, Princeton 1994.
Simmel, Georg, *Schriften zur Soziologie*, Frankfurt/M. 1983.
Skinner, Quentin, *Liberty Before Liberalism*, Cambridge 1998.
Sloterdijk, Peter, *Regeln für den Menschenpark*, Frankfurt/M. 1999.
Slotkin, Richard, *Regeneration Through Violence*, Hanover 1973.
–, *The Fatal Environment*, Middletown 1986.
Smith, Adam, *Der Wohlstand der Nationen*, München 1978.
–, *Theorie der ethischen Gefühle*, Hamburg 1985.
Smith, Henry Nash, *Virgin Land*, Cambridge/Mass. 1978.
Sombart, Werner, *Warum gibt es in den Vereinigten Staaten keinen Sozialismus?*, Tübingen 1906.
–, *Händler und Helden*, München/Leipzig 1915.
–, *Der Bourgeois*, Reinbek b. Hamburg 1988.
Sommer, Manfred, *Identität im Übergang: Kant*, Frankfurt/M. 1988.
Späth, Lothar, *Wende in die Zukunft*, Reinbek b. Hamburg 1985.
Spencer, Herbert, *Social Statics*, London 1851.
–, *The Principles of Ethics*. Indianapolis 1978.
–, *The Man versus the State*, Indianapolis 1981.
Spinoza, Baruch de, *Die Ethik – Schriften – Briefe*, Stuttgart 1982.
Stanitzek, Georg, *Blödigkeit*, Tübingen 1989.
Steinem, Gloria, *Revolution From Within: A Book of Self-Esteem*, London 1992.
Süssmuth Dyckerhoff, Claudia, *Intrapreneuring*, Stuttgart/Wien, 1995.

Talmon, Jacob L., *Die Ursprünge der totalitären Demokratie*, Opladen 1961.
Taylor, Charles, *Quellen des Selbst*, Frankfurt/M. 1996.
Theweleit, Klaus, *Männerphantasien*, 2 Bde., Reinbek b. Hamburg 1980.
Thiele, Leslie Paul, *Friedrich Nietzsche and the Politics of the Soul. A Study of Heroic Individualism*, Princeton 1990.
Thompson, Edward P., *Die Entstehung der englischen Arbeiterklasse*, Frankfurt/M. 1987.
Tocqueville, Alexis de, *Über die Demokratie in Amerika*, München 1976.
Trachtenberg, Alan, *The Incorporation of America: Culture and Society in the Gilded Age*, New York 1982.
Trilling, Lionel, *Das Ende der Aufrichtigkeit*, Frankfurt/M. 1989.
Tully, James, »Governing Conduct«, in: Edmund Leites (Hg.), *Conscience and Casuistry in Early Modern Europe*, Cambridge 1988, S. 12-71.
Turner, Frederick Jackson, *The Frontier in American History*, Tucson 1986.
Unger, Roberto Mangabeira, *Knowledge and Politics*, New York 1984.
Veblen, Thorstein, *Theorie der feinen Leute*, München 1981.
Wabner, Rolf, *Selbstmanagement*, Niedernhausen/Ts. 1997.
Wacquant, Loic, *Elend hinter Gittern*, Konstanz.
Wallulis, Jerald, *The New Insecurity*, Albany 1998.
Walzer, Michael, »Liberalism and the Art of Separation«, in: *Political Theory* 12, 1984, S. 315-330.
–, *Exodus und Revolution*, Berlin 1988.
Weber, Max, *Die protestantische Ethik*, Hamburg 1979.
Welcker, Carl, Artikel »Sittlichkeit, Sitten-, Religions- u. Unterrichtspolizei etc.«, in: Rotteck/Welcker, S. 572-605.
Whyte, William H., Jr., *The Organization Man*, Garden City, N. Y., 1957.
Willms, Bernhard, »Die Angst, die Freiheit und der Leviathan«, in: Udo Bermbach/Klaus-M. Kodalle (Hg.), *Furcht und Freiheit. Leviathan – Diskussion 300 Jahre nach Thomas Hobbes*, Opladen, 1982, S. 79-106.
Wood, Neal, »›Tabula Rasa‹, Social Environmentalism, and the ›English Paradigm‹«, in: *Journal of the History of Ideas* 53, 1992, S. 647-668.
Wrong, Dennis H., »The Oversocialized Conception of Man in Modern Sociology«, in: *American Sociological Review* 26, 1961, S. 183-193.
Yates, Richard, *Revolutionary Road*, Boston 1961.
Yolton, John W., »Locke: Education for Virtue«, in: Oksenberg Rorty 1998, S. 173-189.
Zolberg, Aristide, »Moments of Madness«, in: *Politics and Society* 2, 1972, S. 183-207.

Kommentierte Auswahlbibliographie

1. Einführung – Überblick

»Freiheit. Absolute oder metaphysische, moralische und juristische Freiheit. Innere und äußere Freiheit. Rein menschliche, bürgerliche und politische Freiheit. Freiheiten. – Freiheit! Schmeichelndes, doch vieldeutiges Wort...« – an dieser Einschätzung (Carl von Rottecks) hat sich bis heute nichts geändert, im Gegenteil. Zu den zahllosen Freiheiten von damals sind noch weitere dazugekommen, von denen sich früher niemand hat träumen lassen: Aussteiger verschmähen die kleinen Freiheiten des Alltags, von der »großen Freiheit für kleine Monster« ist die Rede (im Zusammenhang mit Alternativschulen), Frauen emanzipieren sich bis zur Unkenntlichkeit (*queer*), Schwule wollen heiraten, ein taubes Lesben-Paar nimmt sich die Freiheit, ein taubes Kind »machen« zu lassen, die »Theologie der Befreiung« wird erfunden, der Drogenrausch gilt als ultimative Befreiung, Terroristen befreien die Welt gewaltsam von ihrem Unglauben, gleichzeitig offeriert man harmlose Späße unter dem Motto »Ferien, Freiheit, Abenteuer« (in einem Handbuch für »Freizeiten«).

In dieses Chaos läßt sich eigentlich nicht einführen, und bei ein paar tausend Titeln verliert man zwangsläufig den Überblick. Gleichwohl gibt es Werke, die zum Verständnis der Problematik ganz allgemein hilfreich sind, weil sie zentrale Texte und Kontexte erläutern. Besonders aufschlußreich ist das *Staatslexikon* von Rotteck/Welcker, weil seine wichtigsten Stichworte, zusammen gelesen, den ganzen bürgerlichen Wertehimmel öffnen – an dem viele Sterne leuchten (Freiheit sicher am hellsten, aber dieses Firmament bevölkern auch Gleichheit, Arbeit, Recht, Gemeinwohl, Sicherheit etc.). Den engeren Bereich der politischen Freiheit durchleuchten die *Federalist Papers* (Pamphlete zur amerikanischen Verfassungsdebatte am Ende des 18. Jahrhunderts) besonders gut.

Berlin, Isaiah, *Freedom and its Betrayal* (hg. von Henry Hardy), Princeton 2002.

Böckenförde, Ernst-Wolfgang, *Recht – Staat – Freiheit*, Frankfurt/M. 1992.

Dworkin, Ronald, *Bürgerrechte ernstgenommen*, Frankfurt/M. 1990.

Gauchet, Marcel, *Die Erklärung der Menschenrechte: Die Debatte um die bürgerlichen Freiheiten 1789*, Reinbek b. Hamburg 1991.

Gellner, Ernest, *Bedingungen der Freiheit. Die Zivilgesellschaft und ihre Rivalen*, Stuttgart 1995.

Hamilton, Alexander/James Madison/John Jay, *Die ›Federalist‹-Artikel*, Paderborn u. a. 1994.
Rotteck, Carl v./Carl Welcker (Hg.), *Das Staats-Lexikon. Encyklopädie der sämmtlichen Staatswissenschaften für alle Stände*, Altona 1838ff.
Steinforth, Ulrich, *Freiheitstheorien in der Philosophie der Neuzeit*, Darmstadt 1994.

2. *Moderne Freiheit*

Fest steht einerseits: Kaum eine Diskussion ist so unüberschaubar wie die Freiheitsdebatte. Andererseits ist kaum eine so einfach zu sortieren, jedenfalls dann, wenn man nur aufs Große und Ganze schaut, so wie es sich seit den Anfängen des *Kampfes um den rechten Begriff* in der Moderne darstellt.

Einschlägige Beiträge gruppieren sich hauptsächlich um die Achse: *positive* (politische) vs. *negative* (private) Freiheit oder: Mitbestimmung vs. Selbstbestimmung. Diese Dichotomie geht zurück auf Benjamin Constant, der die erste Freiheit im klassischen Griechenland florieren sah, sie aber ihres großen Zeit- und Energieaufwands wegen für obsolet hielt: das Privatleben »moderner« Menschen sei mit – vorwiegend ökonomischen – Aktivitäten so ausgefüllt, daß für öffentliche Angelegenheiten (zu) wenig Raum bleibe.

Constants Antipode ist Jean-Jacques Rousseau, der den prominentesten Versuch unternommen hat, das antike Modell zu reaktivieren (es gibt freilich eine englische Vorgeschichte dieser Renaissance, die an Machiavelli anschließt). Für Rousseau ist die ideale Gesellschaft dadurch gekennzeichnet, daß sie private (negative) in öffentliche (positive) Freiheit transformiert: ihre Mitglieder opfern jene und gewinnen diese. Der Tauschvorschlag hat ihm – von Constant und später immer wieder (Berlin, Talmon) – den (etwas übereilten) Vorwurf eingetragen, sein Freiheitsideal sei in Wahrheit freiheitsfeindlich und verkläre, gewollt oder nicht, totalitäre Zustände.

Constants eher soziologische Begründung des »negativen« Freiheitsverständnisses basiert auf einem ideologischen Fundament, das vor allem John Locke gelegt hat. Locke läßt die politische Aktivität zum Wahlrecht von Eigentümern schrumpfen – deren »öffentliches« Interesse sich darin erschöpft, ihr privates Eigentum vor Regierungseingriffen zu schützen. Nicht-Eigentümer werden, weil ohne legitimes Motiv, zur Wahl gar nicht erst zugelassen: *life* ohne *property* bedarf keiner *liberty*.

Berlin, Isaiah, *Freiheit. Vier Versuche*, Frankfurt/M. 1995.
Bienfait, Agathe, *Freiheit, Verantwortung, Solidarität*, Frankfurt/M. 1999.
Bock, Gisela/Quentin Skinner/Maurizio Viroli, *Machiavelli and Republicanism*, Cambridge 1990.
Constant, Benjamin, *Über die Freiheit*, Basel 1946 (auch in: *Political Writings*, Cambridge 1998).
Euchner, Walter, *Naturrecht und Politik bei John Locke*, Frankfurt/M. 1979.
Fetscher, Iring, *Rousseaus politische Philosophie: Zur Geschichte des demokratischen Freiheitsbegriffs*, Frankfurt/M. 1981.
Frankfurt, Harry G., *Freiheit und Selbstbestimmung* (hg. von Monika Betzler), Berlin 2001.
Geuss, Raymond, *Privatheit*, Frankfurt/M. 2002.
Locke, John, *Über die Regierung*, Stuttgart 1988.
Melzer, Arthur M., *The Natural Goodness of Man: On the System of Rousseau's Thought*, Chicago/London 1990.
Mill, John Stuart, *Über die Freiheit*, Stuttgart 1974.
Morgan, Edmund S., *Inventing the People*, New York/London 1989.
Neumann, Franz, »Zum Begriff der politischen Freiheit«, in: ders., *Demokratischer und autoritärer Staat*, Frankfurt/M. 1967, S. 76-117.
Pocock, John A. G., *The Machiavellian Moment*, Princeton 1975.
–, *Die andere Bürgergesellschaft*, Frankfurt/M. 1993.
Ritter, Joachim, *Hegel und die französische Revolution*, Frankfurt/M. 1972.
Rössler, Beate, *Der Wert des Privaten*, Frankfurt/M. 2001.
Rousseau, Jean-Jacques, *Gesellschaftsvertrag*, Stuttgart 1991.
Skinner, Quentin, *Liberty Before Liberalism*, Cambridge 1998.
–, *Visions of Politics*, 3 Bde., Cambridge 2002.
Starobinski, Jean, *Rousseau. Eine Welt von Widersprüchen*, München/Wien 1988.
Talmon, Jacob L., *Die Ursprünge der totalitären Demokratie*, Opladen 1961.
Taylor, Charles, *Negative Freiheit?*, Frankfurt/M. 1992.
Viroli, Maurizio, *Die Idee der republikanischen Freiheit*, Zürich/München 2002.
Wokler, Robert (Hg.), *Rousseau and Liberty*, Manchester/New York 1995.

3. Freiheit – Leben – Eigentum

Life, liberty, property (Locke) gehen im Liberalismus eine vollkommene Symbiose ein – und wenn die Amerikaner nach 1776 *property* durch *pursuit of happiness* (Thomas Jefferson) ersetzen, dann zeigt dies nur, daß auch Glück ohne Eigentum zu dieser Zeit undenkbar erscheint. Was diese Eigentumsversessenheit zu bedeuten hat – darüber freilich herrscht Uneinigkeit unter den einschlägigen Interpreten. Einige sehen von allem Anfang an das schnöde Erwerbsmotiv am unseligen Werk (MacPherson), dessen Regime Menschen einander entfremdet, ja aufeinanderhetzt (*bellum omnium contra omnes* als rabiater Konkurrenzkampf); andere (wie Pocock) interpretieren speziell das frühe Eigentum an Grund und Boden als Fundament republikanischer Verhältnisse – weil es einerseits Menschen privat unabhängig macht, andererseits dafür sorgt, daß sie am öffentlichen Leben Anteil nehmen, weil ihr besonderes Interesse nur mit dem allgemeinen zusammen floriert (immobiles Eigentum »immobilisiert« den Eigentümer, weil der mit seinem Kapital nicht »flüchten« kann).

Wirklich virulent geworden ist das Verhältnis von Eigentum und Freiheit aber erst im 19. Jahrhundert, als die Nicht-Eigentümer, deren einziger Besitz Kinder waren (»Proletarier«), nicht nur zur Masse anwuchsen, sondern auch als Klasse aufmuckten und ihre bürgerlichen Zeitgenossen in helle Aufregung versetzten. Eine präzise Rekonstruktion der liberalen Antwort(en) auf die »soziale Frage« findet sich bei Bellamy; Donzelot und Ewald demonstrieren am französischen Fall en détail, wie »freiheitliche« Theorie und Politik den »sozialistischen« Ernstfall verarbeitet – oder verdrängt – haben. Am fernen Ende der hitzigen Debatten steht hier wie anderswo der moderne *Sozialstaat*.

Während die Schlachten des 19. Jahrhunderts im wesentlichen geschlagen und – zugunsten eines sozialstaatlich gebändigten Eigentums – entschieden worden sind, entstehen heute neue Fronten, darunter eine, an der sich die Gemüter besonders erhitzen: Es geht ums »geistige Eigentum«, speziell das Recht an seiner Verwertung (Patente etc.). Dabei stoßen nicht Arme und Reiche aufeinander, sondern (forschende, investierende) »Reiche« fallen zivilisiert (vor Gericht) übereinander her – häufig genug, wie man weiß, auf dem Rücken von Armen.

Appleby, Joyce, *Capitalism and a New Social Order*, New York/London 1984.

Bellamy, Richard, *Liberalism and Modern Society*, University Park 1992.

Blumenwitz, Dieter, *Das Grundrecht des Eigentums: Grundsätze und aktuelle Probleme*, München 2000.
Brewer, John, *Early Modern Conceptions of Property*, London 1995.
Donzelot, Jacques, *L'invention du social*, Paris 1984.
Ewald, François, *Der Vorsorgestaat*, Frankfurt/M. 1993.
Fach, Wolfgang, »Eigentum verpflichtet«, in: ders., *Tod und Verklärung*, Wien 1989, S. 77-95.
Frankel, Ellen Paul, *Property Rights*, Cambridge 1994.
Grant, Ruth W., *John Locke's Liberalism*, Chicago/London 1987.
Hösch, Ulrich, *Eigentum und Freiheit*, Tübingen 2000.
Isensee, Josef (Hg.), *Freiheit und Eigentum*, Berlin 1999.
Issing, Otmar/Walter Leisner, *Kleineres Eigentum: Grundlage unserer Staats- und Wirtschaftsordnung*, Göttingen 1976.
Kramer, Mathew H., *John Locke and the Origins of Private Property*, Cambridge 1997.
Leisner, Walter, *Eigentum*, Berlin 1996.
MacPherson, Crawford B., *Die Theorie des Besitzindividualismus: Von Hobbes bis Locke*, Frankfurt/M. 1967.
May, Christopher, *A Global Political Economy of Intellectual Property Rights: The New Enclosures?*, London 2000.
McCoy, Drew R., *The Elusive Republic. Political Economy in Jeffersonian America*, New York/London 1980.
Pipes, Richard, *Property and Freedom*, New York 2000.
Rittstieg, Helmut, *Eigentum als Verfassungsproblem*, Darmstadt 1975.
Siegrist, Hannes/David Sugarman (Hg.), *Eigentum im internationalen Vergleich (18.-20. Jahrhundert)*, Göttingen 1999.
Stehr, Nico, *Arbeit, Eigentum und Wissen*, Frankfurt/M. 1994.
–, *The Radicalism of the American Revolution*, New York 1992.
Zuckert, Michael P.: *Natural Rights and the New Republicanism*; Princeton 1998.

4. *Freiheit – Markt – Staat*

Die soziale Frage des 19. Jahrhunderts, so heißt es häufig, hat im 20. ihre dramatische Fortsetzung und perverse Verdoppelung erlebt: durch den nationalen (Faschismus) resp. staatlichen (Stalinismus) »Sozialismus«. Seine Popularität verdankt dieses Theorem einem *ökonomisch* geprägten (»negativen«) Liberalismus (mit Hayek als erstem Propheten), der die liberale Marktordnung gegen jede (»positive«) Politisierung aus zweierlei Gründen abdichtet: weil sie alternativlos *freiheitlich* und (dadurch) alternativlos *»intelligent«* sei. Private Eigentums- und dezentrale Marktordnung, so lautet das Argument bis heute, schaffen freie Bürger, erziehen souveräne Konsumenten, belohnen »unternehmende« Menschen und produzieren informierte Entscheidungen, während das politisierte resp. bürokratisierte Kollektiv nichts von alledem zustande bringt. Anstatt sich teils gutwillig, teils machtgierig, immer aber wahllos einzumischen, soll der »soziale« Souverän lieber das konsequent machen, was seine eigentliche Aufgabe ist: die freiheitsverbürgende Rechtsordnung garantieren (gegebenfalls mit autoritärem Schwung; s. Cristi). Im Strudel dieser Staatskritik versinkt inzwischen nicht nur jenes »idealistische« Gesellschaftsbild, das mit Hegel im Staat den obersten Rechts- *und* Vernunftgaranten sah; auch Adam Smith, dem liberalen Stammvater, haftet inzwischen das Odium an, nicht marktwirtschaftlich genug gedacht zu haben (diese »libertäre« Position ist gut zusammengefaßt bei Lepage). Dabei repetiert man, wissentlich oder nicht, hundert Jahre alte Argumente des »Sozialdarwinisten« Herbert Spencer. Freilich melden sich inzwischen auch erste Konvertiten zu Wort, denen der Sinn wieder nach etwas mehr Staat steht, weil ihnen die (Welt-)Wirtschaft über ihre Köpfe zu wachsen droht (Soros).

Albert, Michel, *Kapitalismus contra Kapitalismus*, Frankfurt/New York 1992.

Buchanan, James M., *Die Grenzen der Freiheit*, Tübingen 1984.

Cristi, Renato, *Le libéralisme consérvateur. Trois essais sur Schmitt, Hayek et Hegel*, Paris 1993.

Dahrendorf, Ralf, *Markt und Plan: zwei Tpyen der Rationalität*, Tübingen 1966.

Dyson, Kenneth H. F., *The State Tradition in Europe*, Oxford 1980.

Epstein, Richard A., *Principles for a Free Society*, Reading 1998.

Forsthoff, Ernst, *Rechtsstaat im Wandel*, München 1976.

Friedman, Milton, *Kapitalismus und Freiheit*, Frankfurt/Berlin/Wien 1984.

Gray, John N., *Freiheit im Denken Hayeks*, Tübingen 1995.

Hayek, Friedrich August, *Die Verfassung der Freiheit*, Tübingen 1991.

–, *Der Weg zur Knechtschaft*, München 1994.

–, *Die verhängnisvolle Anmaßung: Die Irrtümer des Sozialismus*, Tübingen 1996.

Hegel, Georg W. F., *Grundlinien der Philosophie des Rechts*, Frankfurt/M. 1986.

Lepage, Henri, *Der Kapitalismus von morgen*, Frankfurt/New York 1979.

Parijs, Philippe van, *Real Freedom for All*, Oxford 1997.

Rothbard, Murray N., *Die Ethik der Freiheit*, Sankt Augustin 1999.

Rothschild, Emma, *Economic Sentiments: Adam Smith, Condorcet and the Enlightenment*, Cambridge 2001.
Smith, Adam, *Der Wohlstand der Nationen*, München 1978.
Soros, George, *Die Krise des globalen Kapitalismus: offene Gesellschaft in Gefahr?*, Berlin 1998.
Spencer, Herbert, *The Man versus the State*, Indianapolis 1981.
Ward, Benjamin, *Die Idealwelten der Ökonomen*, Frankfurt/New York 1981.
Weizsäcker, Carl Christian v., *Logik der Globalisierung*, Göttingen 2000.

5. Freiheit – Gerechtigkeit – Gemeinschaft

Sozialpolitische Staatseingriffe reflektieren entweder ein strategisches Kalkül (Befriedung der gefährlichen »Massen«) oder ein schlechtes Gewissen (Befriedung des unruhigen »Herzens«). Beide Motive waren unter Liberalen immer umstritten – würde es wirklich lohnen, deswegen das hohe Gut der Freiheit zu gefährden? Was sind die Gefahren? Abgesehen davon, daß man den »Sozialismus« heraufziehen sah (Transformation des Systems), ging die Angst umher, jene Armen, deren private Misere öffentlich verhandelt wurde, verdienten diese Sorge vielleicht gar nicht (*the undeserving poor*). Wer gutes Geld schlechten Motiven hinterherwerfe, dürfe sich nicht wundern, wenn das liberale Credo Schaden nehme, weil Versorgung dann mehr zähle als Verdienst (oder Gleichheit mehr als Freiheit).

Die Sache verblieb (auch) theoretisch in einer Grauzone. Schärfere Konturen gewann sie erst durch zwei Monumente des philosophischen Nachkriegsdiskurses: Nozicks Begründung *minimaler* (asozialer) und Rawls' Rechtfertigung *sozialer* Staatlichkeit. Dabei vollbrachte Rawls zweifellos das erstaunlichere Kunststück, weshalb sein Entwurf besonders nachhaltig diskutiert wurde: war darin doch die Quadratur des Kreises vorgeführt worden – ein *liberaler* »Sozialismus«, dem es gelingt, Freiheit mit Gleichheit zu versöhnen.

Die Kritik kam, wie zu erwarten, aus zwei Richtungen. Den einen galt der liberale »Sozialismus« als zu »sozialistisch«, um noch liberal zu sein. Das kam nicht überraschend – im Unterschied zum umgekehrten, *kommunitaristischen* Argument: Rawls' »Gerechtigkeit« sei zu liberal angelegt, als daß sie »sozialistische«, sprich: solidarische Verhaltensweisen rechtfertigen könne (meinungsführend: Sandel). Hinter dem modernen Kommunitarismus steckt eine ältere Vorliebe (mehr oder minder freiheitlicher Provenienz) für kleine Gemeinschaften (Familien, Vereine, Verbände) als den eigentlichen Agenturen der sozialen Abfederung liberaler Härten. Die »weiche« Sorge verband sich indes mit einem »harten« Kalkül, von dem schon Tocqueville wußte: Der Staat sollte »außen vor » gehalten werden – es galt, in Gestalt des »intermediären« Sektors eine Pufferzone aufzubauen, mit deren Hilfe die individuelle Bürgerfreiheit gegen den »despotischen« Wohlfahrtsstaat verteidigt werden könnte.

Berger, Peter L./Richard J. Neuhaus, *To Empower People*, Washington 1996.

Angehrn, Emil, *Gemeinschaft und Freiheit*, Bern/Stuttgart 1995.

Drescher, Seymour (Hg.), *Tocqueville and Beaumont on Social Reform*, New York 1968.

Gutmann, Amy (Hg.), *Freedom of Association*, Princeton 1998.

Heins, Volker, *Das Andere der Zivilgesellschaft*, Bielefeld 2002.

Himmelfarb, Gertrude, *The Idea of Poverty*, New York 1985.

Honneth, *Kommunitarismus: eine Debatte über die moralischen Grundlagen moderner Gesellschaften*, Frankfurt/M. 1994.

Kersting, Wolfgang, *Theorien der sozialen Gerechtigkeit*, Stuttgart/Weimar 2000.

Ladeur, Karl-Heinz, *Negative Freiheitsrechte und gesellschaftliche Selbstorganisation*, Tübingen 2000.

Kymlicka, Will, *Liberalism, Community and Culture*, Oxford 1992.

Mitchell, Joshua, *The Fragility of Freedom: Tocqueville on Religion, Democracy, and the American Future*, Chicago/London 1995.

Nozick, Robert, *Anarchie, Staat und Utopie*, München 1976.

Philosophische Gesellschaft Bad Homburg/Wilfried Hinsch (Hg.), *Zur Idee des politischen Liberalismus*, Frankfurt/M. 1997.

Rawls, John, *Theorie der Gerechtigkeit*, Frankfurt/M. 1979.

–, *Die Idee des politischen Liberalismus*, Frankfurt/M. 1992.

–, *Justice as Fairness: A Restatement*, hg. von Erin Kelly, Cambridge 2001.

Rosenblum, Nancy L., *Another Liberalism: Romanticism and the Reconstruction of Liberal Thought*, Cambridge 1987.

–, (Hg.), *Civil Society and Government*, Princeton 2002.

Sandel, Michael, *Liberalism and the Limits of Justice*, Cambridge, Mass., 1987.

Tocqueville, Alexis de, *Über die Demokratie in Amerika*, München 1976.

Tönnies, Ferdinand, *Gemeinschaft und Gesellschaft*, Darmstadt 1991.

Wolin, Sheldon, *Tocqueville between Two Worlds: The Making of a Political and Theoretical Life*, Princeton 2001.

Walzer, Michael, *Sphären der Gerechtigkeit*, Frankfurt/New York 1992.

Zahlmann, Christel, *Kommunitarismus in der Diskussion: eine streitbare Einführung*, Berlin 1992.

6. *Freiheit – Ordnung – Moral*

Gerechtigkeit und Gemeinschaft wurden bis vor nicht allzu langer Zeit – etwa von Rawls, aber auch von seinen Kritikern – primär als Kategorien des *sozialen Ausgleichs* angesehen. Doch diese Zuspitzung ist eher das zufällige Resultat einer politischen Konjunktur (»Jahrhundert der Sozialdemokratie«) denn Ausdruck systematischer Zwänge. Indes mehren sich die Stimmen, die daran erinnern, was in den liberalen Anfängen als selbstverständlich galt: daß Gerechtigkeit wie Gemeinschaft als Elemente der *liberalen Ordnung* zu gelten haben.

Das heißt: Gerechte Gesellschaften sind nicht notwendig sozial (-staatlich) aufgerüstet, und Gemeinschaften dienen nicht zuerst als soziales Auffangnetz. Statt dessen liegt ihre wichtigste Aufgabe darin, Ordnung zu schaffen. Dann stehen weniger Rechte als Pflichten im Vordergrund, und Netzwerke sind hauptsächlich dafür da, die Tugend, nicht das Wohlbefinden zu garantieren (soziale Kontrolle).

Obgleich diese Verhärtung selbst ein Kind ihrer Zeit – der letzten zwei Jahrzehnte – ist (*austerity*), enthüllt sie doch eine bis dato verborgene oder wenigstens verdrängte Qualität des freiheitlichen Denkens: seine moralische Aufladung. Isaiah Berlin hat noch gemeint, konkrete Ordnungsvorstellungen seien ein Privileg der positiven (politischen) Freiheit, wohingegen negative Freiheit sich darin erschöpfe, für beliebige Werte eine neutrale Ordnung wechselseitiger Nichteinmischung bereitzustellen (»reine Toleranz«). Jetzt aber wurde offenbar, daß auch die scheinbar »leere« Freiheit mit *Moralität als Normalität* rechnet, d. h. stillschweigend voraussetzt, Menschen würden ihre Spielräume »richtig« nutzen: so wie man das eben von guten Bürgern, Angestellten, Familienvätern, Ehefrauen, Nachbarn etc. erwartet. Niemand hat das pointierter festgehalten als Hegel (in seiner Rechtsphilosophie), doch war dies durchaus keine »preußische« Spezialität – vergleichbar strenge Töne findet auch, wer ansonsten die Moral dem Spiel von Angebot und Nachfrage überlassen will (und dann, wie Adam Smith, auf Naturkonstanten des Menschen zurückgreift, um sicherzustellen, daß der Markt auch »richtig« entscheidet).

Berkowitz, Peter, *Virtue and the Making of Modern Liberalism*, Princeton 1999.

Eisenach, Eldon J. (Hg.), *Mill and the Moral Character of Liberalism*, University Park 1998.

Etzioni, Amitai, *The Moral Dimension*, New York 1988.

–, *Die Verantwortungsgesellschaft*, Frankfurt/M. 1997.
–, *The Limits of Privacy*, New York 1999.
Galston, William, *Liberal Purposes*, Cambridge 1991.
–, *Liberal Pluralism*, Cambridge 2002.
Gröll, Johannes, *Das moralische bürgerliche Subjekt*, Münster 1991.
Himmelfarb, Gertrude, *The De-Moralization of Society*, New York 1995.
Holmes, Stephen, *Passions and Constraints*, Chicago/London 1995.
Hume, David, *Eine Untersuchung über die Prinzipien der Moral*, Stuttgart 1984.
Kant, Immanuel, *Die Metaphysik der Sitten*, Frankfurt/M. 1989.
Kersting, *Wohlgeordnete Freiheit: Immanuel Kants Rechts- und Staatsphilosophie*, Frankfurt/M. 1993.
Macedo, Stephen, *Liberal Virtues: Citizenship, Virtue, and Community in Liberal Constitutionalism*, Oxford 1991.
Mead, Lawrence, *Beyond Entitlement: The Social Obligations of Citizenship*, New York 1986.
Menke, Christoph, *Tragödie im Sittlichen: Gerechtigkeit und Freiheit nach Hegel*, Frankfurt/M. 1996.
Patten, Alan, *Hegel's Idea of Freedom*, Oxford 1999.
Smith, Adam, *Theorie der ethischen Gefühle*, Hamburg 1985.
Wilson, James Q., *The Moral Sense*, New York 1993.
–, *On Character*, Washington 1995.
Wolfe, Alan, *Moral Freedom*, New York/London 2001.

7. Postmoderne Freiheit

Alle bisherigen Diskussionen um die recht verstandene Freiheit haben eines gemein: Sie waren Teil des liberalen Weltbilds und damit einer großen – der *modernen* – Erzählung mit ihren ausdrücklichen oder stillschweigenden Prämissen: daß Menschen »an sich« vernünftig seien, dem Menschengeschlecht »aufgeklärte« Zeiten winkten, Obrigkeiten für Ordnung zu sorgen hätten, Freiheit als hohes, ja höchstes Gut gelten müsse …

Diese Selbstverständlichkeiten stehen zur Disposition, seitdem die *Postmoderne* samt ihren Überzeugungen den Schauplatz des Denkens erobert. Sie hat einerseits den etablierten Commonsense »dekonstruiert« (Michel Foucaults Arbeitsfeld), andererseits, in expliziter Frontstellung zum Alten, neue Ideale formuliert (Richard Rortys Terrain).

An Foucault und/oder Rorty scheint kein Weg mehr vorbeizuführen (s. Habermas) – doch wäre die Postmoderne nicht postmodern, ließe sie sich auf so einfache Weise *repräsentieren*. Nur in der philosophischen Kritik des modernen (liberalen) Status quo und seinem mentalen (liberalen) Korsett stimmen ihre unübersichtlich vielen Wortführer grundsätzlich überein.

Die Wege trennen sich (auch) dort, wo es darum geht, das praktische Potential des neueröffneten Erfahrungsraums einzuschätzen: Wird dem Menschen eine *größere Freiheit* eingeräumt oder nicht eher ein *höheres Risiko* aufgebürdet?

Hier also: *the affluent society*, die »der reiche Ästhet, der Manager und der Therapeut« (Rorty) verkörpern, also Leute in komfortablen Verhältnissen, mit ein paar Krankheiten der Seele geschlagen, aber ohne materielle Sorgen; dort dagegen *the risk society* samt ihren kleinen, freigesetzten Helden, die, an der langen Leine einer aufgedrängten »Sorge um sich« (Foucault), Tag für Tag ums individuelle Überleben kämpfen.

Politische Wortmeldungen wie jene (besonders auffälligen) von Ulrich Beck und Anthony Giddens sind von dieser Spannung – spielerische Beliebigkeit vs. biographische Katastrophe – nachgerade durchtränkt. Ob jemand den »Kindern der Freiheit« zuzuschlagen ist oder als Opfer des Risikos eingestuft werden sollte, läßt sich kaum noch entscheiden. Weshalb gerne (besonders prononciert bei Murray) eine dialektische Lösung vorgeschlagen wird: Freiheit = Risiko. Daß diese Gleichung (gerade im Anschluß an Foucault) selbst wiederum systematisch dekonstruiert worden ist, verwundert wenig.

Beck, Ulrich, *Risikogesellschaft*, Frankfurt/M. 1986.

– (Hg.), *Kinder der Freiheit*, Frankfurt/M. 1997.

–, *Individualisierung in modernen Gesellschaften*, Frankfurt/M. 1998.

Bröckling, Ulrich/Susanne Krasmann/Thomas Lemke, *Gouvernementalität der Gegenwart*, Frankfurt/M. 2000.

Castel, Robert, »From Dangerousness to Risk«, in: Graham Burchell/Colin Gordon/Peter Miller (Hg.), *The Foucault Effect. Studies in Governmentality*, Chicago 1991, S. 281-299.

Cruikshank, Barbara, *The Will to Empower*, Ithaca/London 1999.

Dean, Mitchell, *Governmentality*, London u. a. 1999.

Evers, Adalbert/Claus Leggewie, »Der ermunternde Staat«, in: *Gewerkschaftliche Monatshefte* 50, 1999, S. 331-340.

Foucault, Michel, *Überwachen und Strafen*, Frankfurt/M. 1981.

–, *Sexualität und Wahrheit, Bd. 3: Die Sorge um sich*, Frankfurt/M. 2000.

–, »Omnes et Singulatim. Zur Kritik der politischen Vernunft«, in: Joseph Vogl (Hg.), *Gemeinschaften. Positionen zu einer Philosophie des Politischen*, Frankfurt/M. 1994, S. 65-93.

–, *In Verteidigung der Gesellschaft*, Frankfurt/M. 1999.

Giddens, Anthony, *Jenseits von Links und Rechts*. Frankfurt/M. 1997.

Habermas, Jürgen, *Der philosophische Diskurs der Moderne*, Frankfurt/M. 1989.
Lemke, Thomas, *Eine Kritik der politischen Vernunft*, Hamburg/Berlin 1997.
Murray, Charles A., *What It Means to be a Libertarian*, New York 1997.
O'Malley, Pat, »Risk and Responsibility«, in: Andrew Barry/Thomas Osborne/Nikolas Rose (Hg.), *Foucault and Political Reason*, London 1996, S. 189-207.
Rorty, Richard, *Solidarität oder Objektivität*, Stuttgart 1988.
–, *Kontingenz, Ironie und Solidarität*. Frankfurt/M. 1989.
–, *Eine Kultur ohne Zentrum*, Stuttgart 1993.
Rose, Nikolas, *Governing the Soul*, London/New York 1989.
–, *Powers of Freedom*, Cambridge 1999.
Wagner, Peter, *Soziologie der Moderne: Freiheit und Disziplin*, Frankfurt/New York 1995.

8. Blinde Flecken

Zwar läßt sich die große Masse der *politisch* ausgerichteten Freiheits-Literatur zwanglos an einer Achse (negativ/positiv) spiegeln. Doch bleibt ein beträchtlicher Rest, dem so nicht oder nicht angemessen beizukommen ist und der deshalb lange keine rechte Beachtung gefunden hat. Der böse Satz, die etablierte (Sozial-/Geistes-)Wissenschaft sei traditionell ein Refugium »toter weißer Männer« (also der Lockes, Kants, Hegels) gewesen, trifft einen wunden Punkt. Oder traf ihn jedenfalls.

Denn der postmoderne Impetus samt seinen Vorläufern (die immerhin einige Jahrzehnte zurückreichen) hat auch hier den Diskussionsstand merklich umgekrempelt. Sicher, nicht alle Abweichungen vom herrschenden Kanon sind auf ihn zurückgegangen; doch ist es ihm zu verdanken, wenn sich das geistige Klima so geändert hat, daß »alternative« Freiheitssubjekte und -themen außerhalb des gängigen Spektrums von weiß, tot, männlich und damit auch westlich inzwischen mit breiter Resonanz rechnen können.

Zu den einstigen Marginalitäten, die im Zuge der neuentdeckten *Kontingenz* (Richard Rorty) unserer Freiheitsvorstellungen stärker ins Zentrum gerückt sind, zählen vernachlässigte Gruppen, besonders Frauen (Holland-Cunz), und, dort, wo ihr Schicksal ein schlechtes Gewissen bereitet hat, Schwarze (Foner). Dann erlebt, als Folge des erweiterten Blickfelds, die Armutsfrage ihre Renaissance – schließlich gibt es weite Landstriche, wo erst einmal das schiere (Über-)Leben gesichert sein muß, bevor an Freiheit oder Eigentum gedacht werden kann (Sen). Nicht zu vergessen endlich: auch in unseren Breitengraden ist dieses nackte Leben keineswegs etwas Gegebenes (Agamben).

Agamben, Giorgio, *Homo sacer. Die souveräne Macht und das nackte Leben*, Frankfurt/M. 2002.
Foner, Eric, *The Story of American Freedom*, New York/London 1998.
Holland-Cunz, Barbara, *Die alte neue Frauenfrage*, Frankfurt/M. 2003.
Sen, Amartya, *Ökonomie für den Menschen*, München 2002.

Namensverzeichnis

Augustinus, Aurelius, 354-430, abendländischer Kirchenvater
Bataille, Georges, 1897-1962, französischer Schriftsteller und Essayist
Bourgeois, Léon, 1851-1920, französischer Politiker und Gesellschaftstheoretiker
Constant, Benjamin, 1767-1830, französischer Schriftsteller
Dahlmann, Friedrich Christoph, 1785-1860, deutscher Historiker und Politiker
Descartes, René, 1596-1650, französischer Philosoph, Mathematiker und Naturwissenschaftler
Diderot, Denis, 1713-1784, französischer Schriftsteller und Philosoph
Durkheim, Emile, 1858-1917, französischer Soziologe
Emerson, Ralph Waldo, 1803-1882, amerikanischer Dichter, Essayist und Philosoph
Franklin, Benjamin, 1706-1790, amerikanischer Politiker, Naturwissenschaftler und Schriftsteller
Hamilton, Alexander, 1755-184, amerikanischer Politiker und Jurist
Hegel, Georg Wilhelm Friedrich, 1770-1831, deutscher Philosoph
Hobbes, Thomas, 1588-1679, englischer Philosoph und Staatstheoretiker
Hume, David, 1711-1776, schottischer Philosoph, Ökonom und Historiker
Hutcheson, Francis, 1694-1746, irisch-schottischer Moralphilosoph und Ästhetiker
Jay, John, 1745-1829, erster Präsident des amerikanischen Verfassungsgerichts
Jonas, Hans, 1903-1993, deutscher Philosoph
Kant, Immanuel, 1724-1804, deutscher Philosoph
Kracauer, Siegfried, 1889-1966, deutscher Soziologe
La Rochefoucauld, François, 1741-1794, französischer Moralphilosoph
Lavater, Johann Caspar, 1741-1801, schweizerischer Pfarrer
Locke, John, 1632-1704, englischer Philosoph
Madison, George, 1751-1836, 4. Präsident der USA
Mandeville, Bernhard, 1670-1733, englischer Arzt, Philosoph und Schriftsteller
Mill, John Stuart, 1806-1873, englischer Philosoph und Ökonom
Mohl, Robert von, 1799-1875, deutscher Staatsrechtslehrer und Politiker
Montaigne, Michel de, 1533-1592, französischer Schriftsteller und Philosoph
Montesquieu, Charles Louis Secondat, Baron de, 1689-1765, französischer Schriftsteller und Staatstheoretiker
Nietzsche, Friedrich, 1844-1900, deutscher Philosoph

Ortega y Gasset, José, 1883-1955, spanischer Kulturphilosoph
Pufendorf, Samuel von, 1632-1694, deutscher Jurist, Philosoph und Historiker
Rotteck, Carl von, 1775-1840, deutscher Staatsrechtslehrer, Historiker und Politiker
Rousseau, Jean-Jacques, französisch-schweizerischer Philosoph und Schriftsteller
Simmel, Georg, 1858-1918, deutscher Soziologe
Smith, Adam, 1723-1790, schottischer Philosoph und Ökonom
Sombart, Werner, 1863-1941, deutscher Nationalökonom
Spencer, Herbert, 1820-1903, englischer Sozialtheoretiker
Spinoza, Baruch de, 1632-1677, niederländischer Philosoph
Tocqueville, Alexis de, 1805-1859, französischer Politiker und politischer Schriftsteller
Veblen, Thorstein, 1857-1929, amerikanischer Ökonom und Soziologe
Weber, Max, 1864-1920, deutscher Soziologe
Welcker, Carl, 1790-1869, deutscher Staatsrechtslehrer und Politiker

Neue Sozialwissenschaftliche Bibliothek
Herausgegeben von Josef Esser

Die rasanten Veränderungen unter dem Vorzeichen der Globalisierung hinterlassen bei vielen Menschen das Gefühl, sie lebten in unübersichtlichen Zeiten. Deshalb sind heute die Sozialwissenschaften besonders herausgefordert. Es besteht ein Bedarf an Aufklärung über die gesellschaftlichen Vorgänge in der unmittelbaren Umgebung wie auf der anderen Seite des Globus. Gleichzeitig müssen sich die Sozialwissenschaften fragen, wie sie ihre Theorien und Methoden ändern müssen, um Analyse, Interpretation und Erklärung bereitstellen zu können. Auf beide Momente – die Notwendigkeit gesellschaftlicher Analyse und die unabdingbare Veränderung der Untersuchungsverfahren – reagiert die *Neue Sozialwissenschaftliche Bibliothek*. Ziel dieses gesellschaftspolitisch wie wissenschaftlich anregenden Projekts ist es, erstens, eine neue Übersichtlichkeit zu erreichen, indem die sozialwissenschaftlichen Erkenntnisse über Wirtschaft, Gesellschaft, Politik und Kultur solide und kritisch-reflexiv geordnet, aufgearbeitet und verständlich dargeboten werden; zweitens, die Frage zu beantworten, inwieweit bisher für gesichert gehaltene Erkenntnisse reinterpretiert, verworfen oder von neuen Erklärungsmodellen abgelöst werden sollten, und drittens eine für alle benutz- und lesbare »Enzyklopädie« zu bieten.

Weitere geplante Titel:

Hartmut Häußermann/Walter Siebel: Stadt, Metropole, Region
Ronald Czada: Entgrenzte Wirtschaft und sozialer Staat
Hans-Peter Müller: Klassen, Geschlecht, Lebensstile
Claus Offe: Die vielen Gesichter der Macht
Ursula Apitzsch: Die rätselhafte Ethnizität
Fritz Sack: Kontrolle in der Sicherheitsgemeinschaft
Karin Knorr Cetina: Wissensgesellschaft
Ulrich Menzel: Hegemonie in der Weltgesellschaft
Georg Simonis: Entwicklung der Unterentwicklung
Wilhelm Heitmeyer: Individuum und Gesellschaft
Josef Esser: Die Moderne im Kapitalismus
Wolfgang Fach: Die Suche nach dem Politischen

Geschichte und Politik in der edition suhrkamp Eine Auswahl

Hannah Arendt revisited. »Eichmann in Jerusalem« und die Folgen. Herausgegeben von Gary Smith. es 2135. 320 Seiten

Stephen Bronner. Augenblicke der Entscheidung. Übersetzt von Petra Willim. es 1981. 247 Seiten

Marie-Janine Calic. Der Krieg in Bosnien-Hercegovina. Ursachen – Konfliktstrukturen – Internationale Lösungsversuche. es 1943. 256 Seiten

Lorraine Daston. Vom Nutzen und Nachteil der Historie für die Wissenschaften. es 2199. 80 Seiten

Kurt Eisner. Zwischen Kapitalismus und Kommunismus. Herausgegeben und mit einer biographischen Einführung versehen von Freya Eisner. Mit Abbildungen. es 1982. 311 Seiten

Europa im Krieg. Die Debatte über den Krieg im ehemaligen Jugoslawien. es 1809. 157 Seiten

Richard J. Evans. Im Schatten Hitlers? Historikerstreit und Vergangenheitsbewältigung in der Bundesrepublik. Übersetzt von Jürgen Blasius. es 1637. 283 Seiten

Fluchtpunkt Europa. Migration und Multikultur. Herausgegeben von Martina Fischer. es 2062. 248 Seiten

NF 315/1/11.00

Juan Goytisolo
- Ein algerisches Tagebuch. Übersetzt von Thomas Brovot. Mit Abbidungen. es 1941. 120 Seiten
- Landschaften eines Krieges: Tschetschenien. Übersetzt von Thomas Brovot. es 1768. 110 Seiten
- Notizen aus Sarajewo. Mit zahlreichen Abbildungen. Übersetzt von Maralde Meyer-Minnemann. es 1899. 140 Seiten
- Weder Krieg noch Frieden. Palästina und Israel heute. Übersetzt von Thomas Brovot. Mit Fotos. es 1966. 108 Seiten

Ludolf Herbst. Das nationalsozialistische Deutschland. Herausgegeben von Hans-Ulrich Wehler. 1933-1945. Die Entfesselung der Gewalt: Rassismus und Krieg. NHB. es 1285. 495 Seiten

Alfred Herzka. Kuba. Abschied vom Kommandanten? es 2061. 258 Seiten

Die Hexen der Neuzeit. Studien zur Sozialgeschichte eines kulturellen Deutungsmusters. Herausgegeben von Claudia Honegger. Mit 15 Abbildungen. es 743. 393 Seiten

Wolfgang Hoffmann-Riem
- Kriminalpolitik ist Gesellschaftspolitik, es 2154. 240 Seiten
- Modernisierung von Recht und Justiz. Eine Herausforderung des Gewährleistungsstaates. es 2188. 368 Seiten

Dick Howard. Die Grundlegung der amerikanischen Demokratie. Übersetzt von Ulrich Rödel. es 2148. 450 Seiten

Konrad H. Jarausch. Die unverhoffte Einheit. 1989-1990. es 1877. 416 Seiten

NF 315/2/11.00

Judentum im deutschen Sprachraum. Herausgegeben von Karl E. Grözinger. es 1613. 435 Seiten

Ketzer, Zauberer, Hexen. Die Anfänge der europäischen Hexenverfolgungen. Herausgegeben von Andreas Blauert. es 1577. 285 Seiten

Ekkehart Krippendorff. Kritik der Außenpolitik. es 2139. 240 Seiten

Kritisches Wörterbuch der Französischen Revolution. Herausgegeben von François Furet und Mona Ozouf. Zwei Bände. es 1522. 1712 Seiten

André Leroi-Gourhan. Die Religionen der Vorgeschichte. Paläolithikum. Übersetzt von Michael Bischoff. Mit Abbildungen. es 1073. 171 Seiten

Christian Meier. Die Ohnmacht des allmächtigen Diktators Caesar. Drei biographische Skizzen. es 1038. 287 Seiten

Oskar Negt/Alexander Kluge. Geschichte und Eigensinn. Drei Bände. Mit zahlreichen Abbildungen. es 1700. 1249 Seiten

»Niemand zeugt für den Zeugen«. Erinnerungskultur und historische Verantwortung nach der Shoa. Herausgegeben von Ulrich Baer. es 2141. 278 Seiten

Frank Niess. Die europäische Idee – aus dem Geist des Widerstands. es 2160. 260 Seiten

Ostdeutsche Biographien. Lebenswelt im Umbruch. Herausgegeben von Rainer Zoll unter Mitarbeit von Thomas Rausch. es 2078. 416 Seiten

NF 315/3/11.00

Politik ohne Projekt? Nachdenken über Deutschland. Herausgegeben von Siegfried Unseld. es 1812. 494 Seiten

Schattenseiten der Globalisierung. Rechtsradikalismus, Rechtspopulismus und separatistischer Regionalismus in westlichen Demokratien. Herausgegeben von Dietmar Loch und Wilhelm Heitmeyer. es 2093. 544 Seiten

Bernhard Schlink. Heimat als Utopie. es-Sonderdruck. 48 Seiten

Alessandro Silij. Verbrechen, Politik, Demokratie in Italien. Übersetzt von Ulrich Hausmann. es 1911. 389 Seiten

Der Spanische Bürgerkrieg. Eine Bestandsaufnahme von Manuel Tuñón de Lara, Julio Aróstegui, Angel Viñas, Gabriel Cardona, Joseph M. Bricall. es 1401. 708 Seiten

Standort Europa. Europäische Sozialpolitik. Herausgegeben von Stephan Leibfried und Paul Pierson. es 2021. 400 Seiten

Dietrich Staritz. Geschichte der DDR. 1949-1989. Aktualisierte Neuausgabe. NHB. es 1260. 350 Seiten

Hans-Peter Ullmann. Das Deutsche Kaiserreich 1871-1918. NHB. es 1546. 308 Seiten

Paul Veyne. Foucault: Die Revolutionierung der Geschichte. Übersetzt von Gustav Roßler. es 1702. 84 Seiten

Vom Ewigen Frieden und vom Wohlstand der Nationen. Dieter Senghaas zum 60. Geburtstag. Herausgegeben von Ulrich Menzel. es 2173. 640 Seiten

NF 315/4/11.00

Von der Risikogesellschaft zur Chancengesellschaft. Herausgegeben von Erwin Teufel. es 2209. 300 Seiten

Was hält die moderne Gesellschaft zusammen? Herausgegeben von Erwin Teufel. es 1977. 340 Seiten

Der Zusammenbruch der DDR. Soziologische Analysen. Herausgegeben von Hans Joas und Martin Kohli. es 1777. 325 Seiten

Eine kleine Geschichte ...

Eine kleine Geschichte Brasiliens. Von Walther L. Bernecker, Horst Pietschmann und Rüdiger Zoller. es 2150. 368 Seiten

Kleine Geschichte Haitis. Von Walther L. Bernecker. Unter Mitarbeit von Sören Brinkmann und Patrick Ernst. Mit Abbildungen. es 1994. 220 Seiten

Eine kleine Geschichte Polens. Von Rudolf Jaworski, Christian Lübke. Michael G. Müller. es 2179. 384 Seiten

Eine kleine Geschichte der Schweiz. Der Bundesstaat und seine Traditionen. Von Manfred Hettling, Mario König, Martin Schaffner, Andreas Suter, Jakob Tanner. es 2079. 322 Seiten

Eine kleine Geschichte Ungarns. Von Holger Fischer und Konrad Gündisch. es 2114. 302 Seiten

NF 315/5/11.00